Gerhard Antretter

Deutsch zu zweit

Ein romantisch-grammatisches Arbeitsbuch

Gerhard Antretter

Deutsch zu zweit

Ein romantisch-grammatisches Arbeitsbuch
für Deutsch als Fremdsprache

Mit Zeichnungen von Babette Dieterich

SCHUBERT Verlag

Leipzig

Im Internet finden Sie unter

www.schubert-verlag.de/deutschzuzweit.php

ergänzendes Material zu diesem Buch.

www.schubert-verlag.de
2., veränd. Auflage 2017

Printed in Germany
ISBN: 978-3-941323-32-2

Inhalt

Vorbemerkung 7

Sprachen lernen 11
- Lerntechnik 11
- Lehrmaterialien und Unterricht 19
- Deutsch zu zweit im Alltag 21

Aussprache 25
- Wie Sprachlaute gebildet werden 25
- Hauptschwierigkeiten der deutschen Aussprache 26
- Intonation 32

***Gestern du gehen wo?* – Etwas Grammatik** 19
- Verben: Person und Zeit 33
- *Wo?* und *wohin?* 34
- Wo steht das Verb? 35
- Der Imperativ 37
- Das Geschlecht (Genus) 38
- Die Fälle (Kasus) 38
- Die Adjektivdeklination 40
- Der Artikel 40
- Die Wortstellung in Nebensätzen 41
- Nachbemerkung: Ist Deutsch eine schwere Sprache? 43

Üben – Spielen – Sprechen 45
- Vorbemerkung 45
- Vorspiel 46

1 Verben im Präsens (1) 51
  Zwischenspiel 58

2 Verben im Präsens (2) 60
  Zwischenspiel 65

3 Modalverben 68
  Zwischenspiel 74

4 Trennbare Verben 76
  Zwischenspiel 82

5 Nomen – Geschlecht und Zahl 84
  Zwischenspiel 88

6 Deklination (1) 90
  Zwischenspiel 97

7 Deklination (2) 99
  Zwischenspiel 102

8 Schwierige Personen (Pronomen) 104
  Zwischenspiel 108

9 Präpositionen (1) 109
  Zwischenspiel 114

10 Präpositionen (2) 115
Zwischenspiel. 124
11 Vergangenheit (1) 126
Zwischenspiel. 133
12 Präpositionen (3) 135
Zwischenspiel. 139
13 Zeitangaben 141
Zwischenspiel. 147
14 Vergangenheit (2) 149
Zwischenspiel. 153
15 Vergleiche 155
Zwischenspiel. 159
16 Adjektive (1) 161
Zwischenspiel. 167
17 Adjektive (2) 169
Zwischenspiel. 173
18 Adjektive (3) 175
Zwischenspiel. 178
19 Verben mit Präpositionen 179
Zwischenspiel. 186
20 Hauptsatz und Nebensatz 189
Zwischenspiel. 200
21 Relativsatz (1) 202
Zwischenspiel. 209
22 Relativsatz (2) 211
Zwischenspiel. 215
23 Konjunktiv (1) 217
Zwischenspiel. 223
24 Konjunktiv (2) 225
Zwischenspiel. 232
25 Passiv 234
Zwischenspiel. 238
Schluss: Unter Linden 241

Grammatikübersichten 245
Die Konjugation (Präsens) 245
Zeitstufen des Verbs 247
Konjunktiv 249
Passiv 251
Deklination 251
Wo? und *wohin?* 254
Zeitangaben 255
Hauptsätze und Nebensätze 256

Register 259

Vorbemerkung

Die erste Sprachlernpartnerin im Leben eines Menschen ist gewöhnlich dasselbe Wesen, dem auch das erste Menschenwort gilt – die Mama natürlich. Wir kennen noch nicht alle didaktischen Kniffe, die ihr als Spracherzieherin zu Gebote stehen, aber wir wissen doch, dass sie ihren Job gut macht. Per Konversationskurs ganz ohne langweilige Grammatik führt sie uns in kurzer Zeit auf Oberstufen-Niveau, und wir nennen uns deshalb ganz zu Recht Muttersprachler.

Späteren Partnerinnen und Partnern lässt sich, mit Bezug auf ihre Qualitäten als Sprachlernhelfer, leider kein ebenso uneingeschränktes Lob aussprechen. Zwar ist die Auffassung verbreitet, dass der sicherste Weg zur Beherrschung einer Fremdsprache durch Muttersprachler-Herzen führt, oder weniger poetisch: dass man in der zweisprachigen Beziehung gut und schnell die Partnersprache lernt. Aber der seit vielen Jahren Deutsch als Fremdsprache unterrichtende Autor hat einige Zweifel an der Richtigkeit dieser Auffassung. Jedenfalls reicht sein geschultes Ohr nicht aus, um unter den Kursteilnehmern die glücklich mit Deutschen verbandelten herauszuhören. Auch an Prüfungsergebnissen lässt sich alles ablesen, nur nicht, ob einer Single ist.

Zugegeben, bei ganz ernsthafter Betrachtung liegen die Dinge gleich wieder kompliziert. Natürlich besteht kein Zweifel, dass häufige Gelegenheit zur Freizeitkonversation einen Vorsprung beim Sprachenlernen verschaffen kann. Das heißt aber noch keineswegs, dass in Partnerschaften nicht reichlich Lernchancen verschenkt würden. Plaudern kann man mit jeder Freundin, jedem Kollegen und jeder Kneipenbekanntschaft. Eine Zweierbeziehung aber bietet andere Möglichkeiten.

Man verbringt – so ist zu hoffen – genügend Zeit miteinander, um einen kleinen Teil davon für das eigentliche Üben zu zweit aufbringen zu können. Indem der deutsche Partner in dieses Üben einbezogen ist, lernt er die eigene Sprache von der Seite kennen, von der sie sich dem lernenden darbietet. Im einfach Erscheinenden entdeckt er das Problem für den Lerner, er entwickelt ein Gespür für Fehlerursachen und findet Ansatzpunkte für hilfreiche Korrekturen. Schon solche Einblicke machen ihn zu einem besseren, verständnisvolleren Sprechpartner auch außerhalb der gemeinsamen Lektionen.

Aber vor allem werden Partner, die zusammen üben, die Erfahrung machen, dass gemeinsam Erarbeitetes in ihrem sprachlichen Alltag präsent bleibt. Redemittel, Sprechanlässe und Konversationsthemen sind in nicht nur einem Kopf abgespeichert und man wird ausreichend Gelegenheit finden darauf zurückzukommen. Gelerntes kann im partnerschaftlichen Beisammensein kontinuierlich wieder aufgenommen und so gefestigt werden. Die Kluft zwischen simulierter Lehrbuch-Kommunikation und spontanem Sprachgebrauch, die im Unterricht so schwer zu überbrücken ist, wird sich leichter schließen.

Um für dieses Unternehmen ausgestattet zu sein, sollte sich aber der deutsche Leser zunächst etwas theoretisches Rüstzeug verschaffen. Die drei ersten Kapitel sind diesem Zweck gewidmet. Der Lernpartner eignet sich in Kapitel 1 ein Grundwissen zur Sprachlerntechnik an, das er bei Bedarf weitergeben kann. Dort finden sich auch Kriterien zur Auswahl geeigneter Lehrmaterialien und Unterrichtsangebote sowie Bemerkungen zur Gestaltung der Alltagskommunikation mit Deutschlernenden. Zweitens erfährt der deutsche Leser einiges zur – im Unterricht oft vernachlässigten – Aussprache des Deutschen und wie sie sich verbessern lässt; das Kapitel enthält auch eine Anzahl von Ausspracheübungen, die die Lernpartner umgehend in Angriff nehmen können. Und drittens wird der Lernhelfer mit Grundstrukturen der deutschen Grammatik vertraut gemacht und wird dabei sicher feststellen, dass diese sich ihm leichter erschließt als befürchtet.

Denn hier liegt ja wohl eine der Hauptursachen für unterlassene linguistische Hilfeleistung in Beziehungen. Die Grammatik der eigenen Sprache kennen die wenigsten, das Fach überhaupt ist etwa so populär wie Mathematik und gilt als fast ebenso kompliziert. Nur soll es natürlich nicht Zweck des Buches sein, den deutschen Partner zum Grammatikexperten oder überhaupt zum Deutschlehrer des lernenden zu machen. Das ist nicht nur unmöglich per Schnellkurs, es wäre auch ganz überflüssig. Es geht nicht darum, die Beziehung in einen Mini-Sprachkurs zu verwandeln, sondern darum, den ohnehin gegebenen Kommunikationsrahmen in effektiver, sozusagen beiläufig lernförderlicher Weise auszufüllen. Und zu diesem Zweck ist eben die Auseinandersetzung mit einigen Grundlagen der deutschen Grammatik zwar nicht ganz unentbehrlich, aber jedenfalls nützlich – u. a. um das Korrekturverhalten des deutschen Partners zu lenken.

Die Übungen und Spiele im Buch waren zum Teil für Partnerarbeit im Unterricht bestimmt und wurden dann umgearbeitet, zum Teil wurden sie ganz neu erstellt. Fast alle haben einen Zuschnitt auf die spezifische (romantische) Lernkonstellation zu zweit erhalten. Das äußert sich u. a. darin, dass in vielen Übungen kleine Rollenspielchen (oder Szenen einer Beziehung) angedeutet sind, die gelegentlich auch ausgebaut und dramatisch zugespitzt werden können. Außerdem sind die Übungen thematisch weitgehend im Umkreis von Haus und Freizeit angesiedelt und damit von gleicher unmittelbarer Relevanz für beide Partner. Besonders wurde auch darauf geachtet, dass Übungen und Spiele, mit ganz wenigen Ausnahmen, ohne Vorbereitungsaufwand durchzuführen sind – wofür dann andererseits die Fantasie der Übenden und Spielenden etwas stärker beansprucht wird.

Das Buch ist nach grammatischen Themen gegliedert, die in jeweils einem oder mehreren Kapiteln durchgenommen werden. Der Lehrstoff entstammt im Großen und Ganzen dem Grundstufen-Curriculum, mit einigen Ausblicken auf die Mittelstufe. Bei der Auswahl wurde – schon aus Platzgründen – so ökonomisch wie möglich verfahren: Der Lernende wird mit denjenigen Basisstrukturen vertraut gemacht, mit deren Beherrschung der größtmögliche Zuwachs an Ausdrucksmöglichkeiten einhergeht und gleichzeitig die ergiebigsten Fehlerquellen trockengelegt sind. Die grammatischen Themen werden also nicht erschöpfend abgehandelt, viele Nebenregeln und Fußnoten sind ausgelassen. Unterricht oder Selbststudium mit einem Lehrwerk – v. a. auch zum Zweck der Prüfungsvorbereitung – können die Materialien deshalb nicht ersetzen. Dem Buch lassen sich aber Anregungen zum gemeinsamen Üben auch mit anderen Lehrwerken entnehmen.

Zwischen zwei Grammatik-Kapitel ist jeweils ein kürzeres, „Zwischenspiel" betiteltes eingeschoben. Auch dort werden Spiele oder Sprechanlässe angeboten, die in Bezug zur zuletzt behandelten Grammatik stehen. Daneben finden sich freiere Aufgabenformen zu situativem Sprachgebrauch oder zur Auswertung von Lesetexten, weiter Bemerkungen und Übungen zu lerntechnischen Fragen sowie einiges „Vermischte".

Die Strukturierung nach Grammatikthemen besagt nicht, dass diese alleine den Übungsschwerpunkt bilden. Es wurde versucht, die Balance zu halten zwischen Wortschatzarbeit und Grammatiktraining und wo immer möglich beides sinnvoll zu verknüpfen. Besonders nützlich sollte für den Lerner die Auswahl der im Register aufgeführten etwa 250 Wörter und Ausdrücke sein, zu denen sich im Übungsteil Satzbeispiele oder auch ausführlichere Erläuterungen finden. Es handelt sich einerseits um besonders fehlerträchtige Ausdrücke und zum andern um solche, die, obwohl besonders häufig gebraucht und an sich unproblematisch, von Lernern oft lange nicht ins Repertoire übernommen werden. In einem Anhang finden sich außerdem einige Grammatikübersichten, die sich im Unterricht als besonders nützlich erwiesen haben.

Das Buch eignet sich für Lerner, die den allerersten Einstieg hinter sich gebracht haben, von etwa der 20. Unterrichtsstunde an. Es soll ein nützlicher Begleiter durch die gesamte Grundstufe sein, in der Mittelstufe kann es zu Wiederholung und Festigung herangezogen werden.

Mehr romantische als grammatische Stunden wünscht

Der Autor

Sprachen lernen

In diesem Kapitel soll zunächst einiges Grundsätzliche zur Lerntechnik besprochen werden. Daran schließen sich Hinweise zu Lehrmaterialien und Unterricht an und schließlich werden einige Fragen behandelt, die den Sprachalltag jenseits des gemeinsamen Übens betreffen.

Lerntechnik

Wir beschränken uns auf zwei besonders wichtige Themen, nämlich Wortschatzerwerb und Arbeit an der Grammatik. Im Übungsteil finden Sie zu diesen und anderen lerntechnischen Fragen viele weitere Anregungen, die sich dort gleich praktisch bewähren sollen. Zunächst zum Thema Wörterlernen.

Schluss mit dem Vokabelpauken?

Wann immer sich eine neue Sprachlernmethode am Markt etablieren möchte, wirbt sie mit Slogans wie: „Schluss mit dem Vokabelpauken!“ Aber wie kann eigentlich ein solches Motto gemeint sein, wo doch der Sprach-Lernstoff nun einmal im Wesentlichen aus den Wörtern der Sprache, den Vokabeln also, besteht? Zwei Interpretationen legen sich nahe. Entweder soll es darum gehen, die separate Wortschatzarbeit zwar beizubehalten, aber angenehmer und effizienter zu gestalten – die Betonung liegt auf dem „Pauken“. Oder man strebt an, das Wörterlernen als eigenständigen Programmpunkt ganz vom Lernplan zu streichen und dafür in andere Lernaktivitäten zu integrieren.

Wir wollen die Devise: „Schluss mit dem Vokabelpauken!“ übernehmen – aber entschieden in der ersten Auslegung. Denn das Vokabelheft würde nur dann entbehrlich, wenn sich die Lernaktivitäten so gestalten ließen, dass alle neuen Wörter wiederholt und in sinnvollen Verwendungszusammenhängen eingeübt werden. Das ist aber so schwer zu bewerkstelligen, dass Wortschatzarbeit in der Praxis doch unverzichtbar ist, zumindest wenn das Lernen einigermaßen effizient organisiert sein soll. Grundsätzlich und zuallererst soll also empfohlen werden, das Wörterlernen ernst zu nehmen und ihm viel Raum innerhalb der Lernaktivitäten zu geben. Wie es in effizienter und vielleicht sogar unterhaltsamer Weise durchzuführen ist, soll im Anschluss an die Erörterung eines wichtigen Lerngrundsatzes besprochen werden.

Verstehen und Verwenden

Dieser Grundsatz besagt: Lerne so, dass du das Gelernte nicht nur verstehen, sondern auch verwenden kannst. Im Hintergrund steht natürlich die Unterscheidung zwischen „aktiver“ und „passiver“ Orientierung des Lernens. Wir veranschaulichen an einigen Beispielen, was es damit auf sich hat.

Ein Deutschlerner, der zum ersten Mal auf das Wort *Angst* stößt, kann es im Wörterbuch nachschlagen und zusammen mit der muttersprachlichen Entsprechung memorieren. Will er dann aber das Wort selbst verwenden – z. B. um sein Verhältnis zu Hunden zu beschreiben –, wird er feststellen, dass im Verstehenkönnen das Verwendenkönnen nicht sozusagen schon inbegriffen war. Aus der Bedeutung lässt sich kein Aufschluss darüber gewinnen, wie das Wort im Satzzusammenhang zu gebrauchen ist. *Angst* wird im Deutschen u. a. in dem Ausdruck *Angst haben vor* verwendet, aber dieser Gebrauch mit Verb *haben* und Präposition *vor* ergibt sich nicht irgendwie zwangsläufig aus seinem Inhalt. Andere Sprachen verwenden das Wort für *Angst* in anderen Konstruktionen oder drücken das Konzept *Angst haben vor* in ganz anderer Weise aus.

Zum Wort muss daher zumindest mitgelernt werden, in welchen verschiedenen Formen es auftreten und in welcher Weise es im Satz in Beziehung zu anderen Wörtern treten kann. Was da jeweils mit zu berücksichtigen ist, wird gleich an einigen Beispielen erläutert; da es sich nicht restlos verallgemeinern lässt, sollte sich der Lernende grundsätzlich die Frage stellen: Verfüge ich über das notwendige Wissen, um ein Wort in verschiedenen Kontexten richtig gebrauchen zu können?

Für ein Nomen wie *Angst* ist diese Frage positiv zu beantworten, wenn erstens das Geschlecht und die Pluralform bekannt sind: *die Angst* und *die Ängste*. Zweitens muss eben der Ausdruck *Angst haben vor* gelernt werden und dazu der Fall, den die Präposition *vor* fordert, der Dativ: *Angst haben vor jemandem*. Später (da natürlich nicht alle möglichen Verwendungen im ersten Anlauf mitgelernt werden können und sollen) wird man beispielsweise noch *jemandem Angst machen*, die Konstruktion *mir ist angst* oder einen Ausdruck wie *vor Angst (vor Angst zittern)* hinzulernen.

Handelt es sich um ein Verb, müssen zunächst die verschiedenen Formen für verschiedene Personen, die Vergangenheitsformen usw. gelernt werden. Weiter muss der Lernende wissen, welche Ergänzungen das Verb fordert. Das Verb *heiraten* z. B. wird oft falsch verwendet:

*Jens hat mit Eva geheiratet.

Hier war nicht klar, dass das Verb nicht mit der Präposition *mit*, sondern mit einfachem Akkusativ verwendet wird (*er heiratet sie*). Auch das Verb *lieben* wird oft falsch gebraucht:

*Ich liebe schwimmen.

Hier wurde nicht gelernt, dass *lieben* nicht mit einem einfachen Infinitiv (*schwimmen*) verwendet werden kann (sondern gewöhnlich mit Nomen: *Eva liebt Fritz*). Viele derartige Fehler sind natürlich durch muttersprachlichen Einfluss bedingt. Man übernimmt einfach die Konstruktion, in der ein Wort in der Muttersprache gebraucht wird. Aber diesem Einfluss entzieht man sich eben nur durch systematisches Lernen der Verwendungsregeln zu neuen Ausdrücken.

Man könnte meinen, dass jeder Lernende bald mit der Nase auf diese Einsicht gestoßen wird. Wenn er immer wieder Wörter falsch gebraucht und korrigiert wird, sollte ihm nicht die Unzweckmäßigkeit seiner Lernweise irgendwann selbst deutlich werden?

Unter vielen Gründen, warum dem nicht immer oder nicht bei allen Lernern so ist, seien nur zwei angeführt. Erstens verführt der Lerngegenstand Sprache zu einer passiven Orientierung. Wer die Bedeutung von Wörtern kennt, hat ja damit ein Können schon erworben, nämlich die Fähigkeit zu verstehen – und damit gewissermaßen die Hälfte dessen, was Kommunikation ausmacht. Die Versuchung ist groß, es dabei bewenden zu lassen in der Hoffnung, der Rest käme dann schon von alleine. (Man könnte den Grund also im Lernsündenregister auch unter „Bequemlichkeit“ einordnen.)

Und als weitere Ursache ist anzuführen, dass eine gewisse Kenntnis sprachlicher Strukturen Voraussetzung für ein verwendungsorientiertes Lernen ist. Ein Lernender muss erst einmal durchschaut haben, dass z. B. bestimmte Ausdrücke immer mit einer bestimmten Präposition – wie *Angst* mit *vor* – verwendet werden, bevor er sie auch in dieser Form lernen kann. Wenn sich ihm die fremde Sprache als Chaos darstellt, in dem in unberechenbarer Weise alles anders organisiert ist als in der eigenen, wird er auch aus Fehlern nicht so richtig klug werden. – Damit zur Umsetzung in die Praxis.

Vokabellernen

Klar ist somit, was in jedem Fall nicht das letzte Ziel des Vokabellernens sein kann: Die Bedeutung des zu lernenden Wortes, und nicht mehr, zu kennen. Daher scheidet ein Eintrag ins Vokabelheft wie dieser aus: *Angst – fear, anxiety*.

Bevor wir auf die bessere Alternative eingehen, eine Bemerkung zu den Lernmitteln. Vokabelhefte sind methodisch nicht mehr der allerletzte Schrei. An ihrer Stelle, oder zumindest ergänzend, sollten Karteikärtchen verwendet werden, die auf einer Seite mit dem Ausdruck auf Deutsch, auf der anderen mit der Übersetzung in die Muttersprache beschrieben werden. Das Verfahren ist vorzuziehen, weil es die Möglichkeit bietet, gelernte Vokabeln abzulegen und die Reihenfolge der zu lernenden zu ändern. Allerdings ist das Anlegen einer Wortschatzkartei etwas aufwändiger, daher spricht nichts dagegen, nur wichtigere Wörter in dieser Weise zu lernen.

Wie sollen die Einträge auf diesen Kärtchen aussehen? Ziel soll es sein, die Wörter in allen Kontexten richtig verwenden zu können. Deshalb müssen zunächst, wie oben schon angesprochen, einige Merkmale und Formen mitnotiert werden, so bei Nomen grammatisches Geschlecht und Plural:

die Angst, die Ängste

Oder Vergangenheitsformen und bestimmte Unregelmäßigkeiten bei Verben:

fahren, du fährst; fuhr, gefahren

(Weshalb gerade diese Formen, wird später klar werden.)

Es sollen aber auch nicht zu viele oder überflüssige Angaben eingetragen werden. Nicht bei allen Verben brauchen die Vergangenheitsformen aufgeschrieben zu werden, die meisten werden nämlich nach dem gleichen Schema gebildet. Auch bei unregelmäßigen Verben sollten diese Formen nur dann notiert werden, wenn sie nicht schon bekannt sind. Das zu erwähnen mag überflüssig erscheinen, aber viele Lerner entwickeln beim Anlegen von eigenen Materialien einen merkwürdigen Drang zu Vollständigkeit und äußerster Präzision – was dann fast so ineffizient sein kann wie völlig unstrukturiertes Lernen. Lernkärtchen usw. sind nur Hilfsmittel, deren man sich entledigen will, sobald der Lernstoff seinen Bestimmungsort erreicht hat: den großen Vokabelspeicher im Kopf.

Des Weiteren, und damit kommen wir zur Hauptsache, sollen neue Wörter eben nicht isoliert gelernt werden, sondern so, dass die Art ihrer Verbindung mit anderen Wörtern aus dem Eintrag ersichtlich wird. Für das Wort *Angst* reicht es für den Anfang, ein Kärtchen (oder einen Eintrag ins Vokabelheft) wie folgt anzulegen:

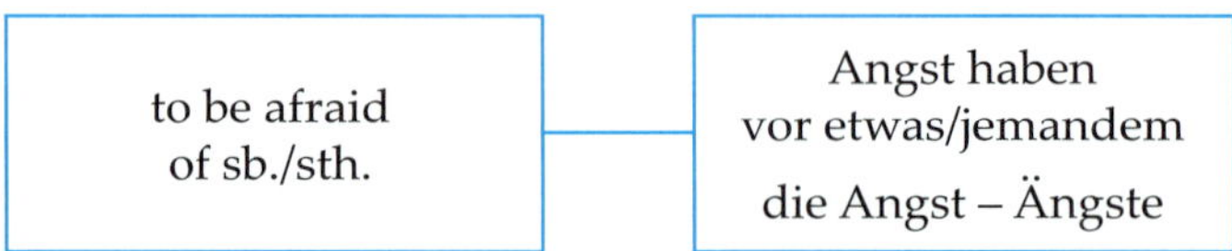

Dass *vor* mit einem bestimmten Fall, dem Dativ, verwendet wird, ist an der Endung *jeman***dem** abzulesen, braucht also nicht mehr vermerkt zu werden. Ebenso gut oder zusätzlich kann ein Satz notiert werden:

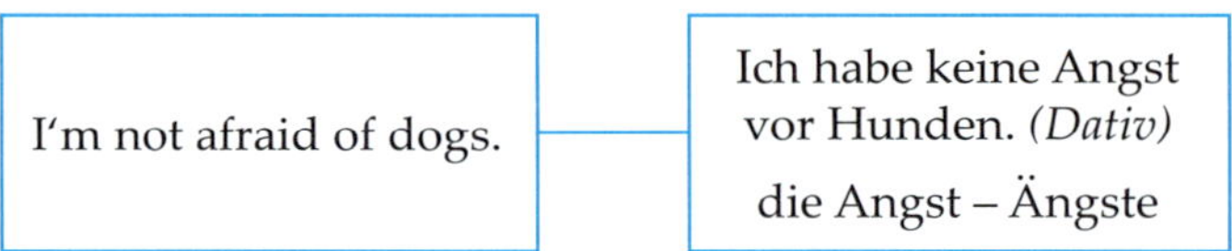

Später können noch andere Verwendungsweisen ergänzt werden: *mir ist angst* usw. Dabei dürfte aber klar geworden sein, dass nicht ein Kärtchen verschiedene Lernwörter aufnehmen soll. Pro Kärtchen sollte ein Wort gründlich abgehandelt werden, mit allen nötigen Angaben, am besten in einem aussagekräftigen, die Bedeutung besonders gut erhellenden Kontext, und mit vielleicht noch ein, zwei weiteren Beispielsätzen oder -halbsätzen. Betont wird das deshalb, weil manche Lerner Karteikarten wie Vokabelhefte handhaben, also mit unterschiedlichen Wörtern und deren Übersetzungen voll schreiben, wodurch natürlich der Witz der Methode verloren geht.

Ganz besonders ist darauf zu achten, dass die muttersprachlichen Einträge angemessene Entsprechungen darstellen: Die Übersetzungen müssen stimmen. Wenn die Einträge aus zuverlässigen Wörterbüchern oder Glossaren übernommen werden, ist das kein großes Problem. Aber erstens sind Wörterbücher usw. eben nicht immer zuverlässig, und zweitens sollen Lerner ja auch selbstständig lernenswerte Ausdrücke z. B. aus Texten entnehmen. Vor allem weniger erfahrene Sprachenlerner neigen dann zu möglichst „wörtlichem" Übersetzen. Sehen wir uns das wegen der großen Wichtigkeit für das Sprachenlernen überhaupt an einem neuen Beispiel an.

Wenn ein italienischer Deutschlerner auf den Ausdruck *ich schwimme gerne* stößt, ist er in Versuchung, Wort für Wort zu übersetzen: *Nuoto volentieri,* also eben *(ich) schwimme gerne.* Auf Italienisch wäre aber die natürlichere Ausdrucksweise *mi piace nuotare,* was wörtlich heißt: *Mir gefällt schwimmen.* Für das Verstehen des deutschen Ausdrucks ergeben sich dabei keine Probleme; wenn nun aber der italienische Lerner bei nächster Gelegenheit sein ihm geläufigeres *mi piace nuotare* auf Deutsch ausdrücken möchte, wird er eben nicht auf die angemessene Entsprechung verfallen (eben *Ich schwimme gerne*), sondern wahrscheinlich sagen: *Mir gefällt schwimmen* – was natürlich falsch ist. Er hat ja gerade die treffende Zuordnung des deutschen zum anders formulierenden italienischen Sprachgebrauch nicht gelernt. Hinter dieser Übersetzungsfrage steht also das Grundproblem des Fremdsprachenlernens überhaupt: die für viele unerfahrene Lerner so schwer zu akzeptierende Tatsache, dass in der anderen Sprache nicht nur anders lautende Wörter verwendet und Formen gebildet werden, sondern dass man sich „anders ausdrückt".

Wie ist nun mit den Kärtchen (oder Vokabelheft-Einträgen) zu verfahren? Ziel ist natürlich, irgendwann auf das muttersprachliche Stichwort hin den deutschen Eintrag korrekt abrufen zu können. Zu diesem Zweck kann der Lerner die Kärtchen nach mehr oder weniger ausgeklügelten Systemen ablegen und wieder vornehmen. Wenn ein gestern gelerntes Wort heute noch präsent ist, kann es trotzdem in der nächsten Woche aus dem internen Speicher getilgt sein. Man sollte deshalb Kärtchen erst dann ganz aussortieren, wenn die neuen Ausdrücke auch nach längeren Intervallen noch sitzen. Manche Lerner (oder Didaktikexperten) entwickeln sehr komplizierte Systeme mit Karteikästen, in denen Wörter in verschiedene Abteilungen mit unterschiedlichem Wiedervorlageintervall einsortiert werden.

Anstatt uns mit solchen (vielleicht aber gar nicht unwichtigen) Details zu befassen, wollen wir aber die Lernenden lieber zum Experimentieren auffordern. Wenn sie nur den angeführten Grundsatz beachten und dann unterschiedliche Verfahrensweisen mit den Kärtchen erproben – und dabei aufmerksam ihren Lernfortschritt mit der einen oder anderen Variante beobachten –, ist vielleicht mehr gewonnen als durch penible Beachtung von Lernregeln. Sprachlerntipps (nicht nur zum Thema Vokabeln) mögen noch so fundiert und gut gemeint sein, sie können doch einen unerwünschten Effekt haben: dass der Lerner dem Spezialistenwort zu viel und der eigenen Stimme der Erfahrung zu wenig Gehör schenkt. Schließlich haben die Lernexperten das Lernen nicht erfunden.

Eine wichtige Frage ist noch offen: Kann Wörterlernen Spaß machen? Das Abfragen von Karteikarten-Einträgen fällt vielleicht nicht gerade in die Rubrik Freizeitvergnügung, es muss und soll aber auch keine Plackerei sein. Schließlich hat es einiges mit dem Lösen von Rätselaufgaben gemeinsam und außerdem verschafft es doch eine gewisse Befriedigung, wenn die abzuarbeitenden Stapel immer kleiner und die erledigten größer werden. Richtig unangenehm wird das Vokabellernen erst, wenn man sich zu viel vornimmt und zumutet. Man sollte zwar regelmäßig, am besten täglich seinen Wortschatz-Pflichten nachkommen, aber nie in strapaziösem Maß. (Grundsatz wie beim Sport: Besser täglich wenig als nur einmal pro Woche viel.) Wir sind offenbar ohnehin so eingerichtet, dass Lernen kaum noch funktioniert, wenn nicht wenigstens ein bisschen Neugier und Lust noch mit im Spiel sind. Aber alles in allem ist Karteikarten-Lernen doch eher dem Stichwort „Effizienz" zuzuordnen.

Es gibt neben dem Vokabellernen andere Möglichkeiten der Wortschatzaneignung oder -festigung. Moderne Lehrbücher bieten reichlich Übungen zum Vokabular an, deren Durchführung, oft auch in Partner- oder Gruppenarbeit, durchaus vergnüglich sein kann. Auch in unserem Übungsteil finden sich noch einige Anregungen zum gemeinsamen Vokabellernen sowie eine Anzahl von Wortschatz-Aufgaben. Auch sind viele Grammatik-Übungen so angelegt, dass sie der Festigung des Wortverwendungswissens und der grammatischen Strukturmuster im gleichen Maß zugute kommen.

Ein besonders wichtiger Beitrag zur Wortschatzarbeit in diesem Buch besteht aber in der im Register aufgeführten Auswahl nützlicher und schwieriger Wörter und den Satzbeispielen und Erläuterungen dazu im Übungsteil. Der deutsche Partner sollte sie konsequent in den Lerndialog einbringen und der lernende sich ihrer besonders gründlich per Karteikarten-Technik annehmen.

Zum Schluss soll aber auch hier noch ein Beispiel für eine Alternative zum Vokabellernen vorgestellt werden. Sie ist leicht umzusetzen und manchmal sehr amüsant (allerdings für die allerersten Anfänge noch nicht so gut geeignet). Neue Wörter bleiben desto besser im Gedächtnis haften, je häufiger der Lernende Gelegenheit hat, sie in interessanten, einprägsamen Kontexten anzuwenden. Deshalb besteht eine sinnvolle Übungsform darin, mit neuem Vokabular kleine Geschichten zu erzählen. Dabei darf viel und auch ganz absurde Phantasie walten, auf Handlungslogik oder Stimmigkeit der Charaktere und dergleichen braucht keine Rücksicht genommen zu werden. Es geht nur darum, alle oder eine bestimmte Auswahl neuer Wörter in einen wild fabulierten Handlungsstrang hineinzuflechten. Die grammatisch korrekte Verwendung des neuen Vokabulars sollte dann natürlich vom Lernpartner oder Lehrer geprüft werden.

Grammatik

Man trifft immer wieder auf Deutsch-Anfänger, die in vier Wochen dicke Grammatiken von der ersten bis zur letzten Seite durcharbeiten. Dort werden sie, natürlich in der Muttersprache, in Kenntnis sämtlicher grammatischer Regeln und Nebenregeln des Deutschen gesetzt, denen zur Illustration jeweils ein paar wenige deutsche Beispielsätze beigegeben sind. Natürlich sind die wenigsten dieser fleißigen Lerner anschließend in der Lage „Guten Tag" zu sagen oder ihren Wohnort in verständlicher Form anzugeben. Sie verfügen, wenn überhaupt etwas hängen geblieben ist, über ein rein theoretisches und damit – für Nicht-Sprachwissenschaftler – vollkommen nutzloses Wissen.

Die Versuchung zu einer stark grammatikorientierten Lernweise – wenn auch nicht immer zu solchen Exzessen – ist aus verschiedenen Gründen groß. Vor allem meinen Lernende, mit einer neuen Grammatikregel einen viel größeren Sprung vorwärts zu tun als mit ein paar neuen Wörtern. Und dass manche sogar eine Form von Neugier auf die Geheimnisse der fremdartigen Satzkonstruktionen entwickeln, trägt ihnen vielleicht Sympathien von Sprachlehrerseite ein. Trotzdem bringt das Schmökern in der Grammatik nichts, und nur wer einsieht, dass Regelkenntnis nur das allererste Vorspiel zu regelgemäßem Sprechenkönnen ist, wird effizient lernen.

Die erhellendsten Parallelen finden sich im Bereich motorischer Aktivitäten, im Sport oder im Instrumentenspiel zum Beispiel. Beim Schwimmenlernen, beim Einüben einer Klaviersonate geht es darum, neue Bewegungsabläufe zuerst je für sich und dann koordiniert auszuführen, dadurch ein „Gefühl" für den Gesamtablauf und mit der Zeit die nötige Sicherheit zu erwerben; ganz ähnlich müssen grammatische Formen und Strukturen, zunächst isoliert und dann im Zusammenspiel, so lange praktiziert werden, bis ihre Anwendung sicher und automatisiert, ohne Nachdenken und aus dem „Gefühl" heraus erfolgt. „Fließend sprechen" setzt ja immer voraus, dass man sich auf Inhalte konzentrieren kann statt über die Regeln zu ihrer Formulierung nachdenken zu müssen.

Grammatik lernen heißt also niemals nur die Funktion von Wortformen und Ausdrucksstrukturen zu begreifen. Auch das ist nicht immer ganz einfach, aber die eigentliche Arbeit fängt danach an – wenn es darum geht, das Wissen in ein Können zu verwandeln. An einem Beispiel soll gezeigt werden, über welche Etappen der Weg zum Können führt. Zur Illustration wählen wir die Verbkonjugation, also die verschiedenen Endungen, durch die am Verb die Person ausgedrückt wird. Man kann diese Formen üben, indem man sie immer wieder in der Abfolge herunterbetet, in der sie die Grammatik gewöhnlich aufführt:

ich gehe, du gehst, er geht, wir gehen, ihr geht, sie gehen

... und da capo, bis alle Formen sitzen. Für den allerersten Anfang kann das ein nützliches Verfahren sein, aber bald muss man sich anderen Übungsformen zuwenden. Zum Beispiel können die Verb-Endungen in kleinen Dialogen eingeübt werden:

A	B
Gehst du?	Ich gehe.
Und er?	Er geht auch.
Trinkst du?	Ich trinke.
Und er?	Er trinkt auch.

Je für sich sind solche Minidialoge schon ein wenig näher an realem Kommunikationsgeschehen – nur eben ziemlich inhaltsarm. Als Nächstes sollte der Lerner daher nicht nur mechanisch Endungen durch andere zu ersetzen haben, sondern dabei auch noch als denkendes Wesen in Anspruch genommen werden. Man könnte ihm z. B. Pflichtenlisten bestimmter Personen vorlegen, wobei die Tätigkeiten nur symbolisch dargestellt sind. Diese hätte er zu versprachlichen:

A	B
Was machst du?	Ich koche Kaffee.
Was macht Eva?	Sie spült Geschirr.
Was mache ich?	Du putzt.

Auch in einer solchen freieren Übungsform würden noch die Verben eingeübt, gleichzeitig aber halbwegs realistische Kommunikationsereignisse simuliert. Wenn schließlich der Lerner aufgefordert wird, tatsächlich anstehende Tätigkeiten oder Aufgaben verschiedener Personen im eigenen Haushalt anzugeben:

Ich koche heute Kaffee.
Du spülst heute Geschirr. ...

und ihm dies relativ fehlerfrei gelingt, ist ein Lernziel erreicht: Er verwendet bestimmte Ausdrucksmittel zu dem Zweck, noch umgrenzte, aber doch eigene und auf die tatsächlichen Gegebenheiten bezogene Ausdrucksabsichten zu realisieren.

Dieses Ziel sollte beim Grammatik-Training immer vor Augen bleiben. Man sollte so früh wie möglich zu Übungen übergehen, in denen Neuerworbenes situationsadäquat und ohne Vorgaben angewandt wird. Das bedeutet nicht, dass das anfängliche Formenpauken und die stark gesteuerten Übungsformen nicht ihren Nutzen hätten, aber sie sollten bald durch andere abgelöst werden.

Daraus ergeben sich Konsequenzen für die Durchführung der Übungen im Buch. Sie werden hier viele Sprechübungen finden, in denen Ihr Partner auf variierende Stichwörter hin Serien gleich strukturierter Sätze produzieren soll:

A	B
Möchtest du heute nicht einkaufen?	Nein, heute kaufe ich nicht ein.
Möchte er heute nicht aufstehen?	Nein, heute steht er nicht auf.
Möchtet ihr heute nicht fernsehen?	Nein, heute sehen wir nicht fern.

Solange sich Ihr Partner noch mit dem eigentlichen Lernstoff, in diesem Fall den Verben, schwer tut, sollten Sie eine Übung langsam und vielleicht mit Hilfestellungen durchführen. Aber wenn sie dann in Fluss kommt, fangen Sie an, den monotonen Ablauf ein wenig zu stören, z. B. durch Rückfragen: „Warum möchtest du heute nicht einkaufen?". Oder durch Kommentare: „Das ist schlecht!", auf die der Partner dann wieder zu reagieren hat, wodurch er ein wenig aus dem Trott kommt. So lässt sich erreichen, dass nicht die Aufmerksamkeit ganz auf die formale Seite gerichtet bleibt.

Wo immer sich Gelegenheit bietet, sollte auch der Bezug zur eigenen Lebenswelt, den gegebenen Umständen jeder Art hergestellt werden – was sich meist auf ganz einfache Weise bewerkstelligen lässt. In den ersten Kapiteln wird das noch an vielen Beispielen vorexerziert; wenn sich später nur noch vereinzelt Anregungen zum Weiterspinnen finden, sollten Sie auf den eigenen Erfindungsgeist setzen.

Nicht nur für die hier besprochenen, sondern für alle Arten von Lernaktivität gilt: Je sprachadäquater, je näher an der kommunikativen Realität das Üben ist, desto effektiver ist es. „Sprechen lernt man durch Sprechen" ist nach wie vor die beste Maxime für das Sprachenlernen. Den äußersten Gegensatz dazu stellt beispielsweise die früher beliebte Lehrerschikane dar, Wörter oder Sätze x-mal schreiben zu lassen. Zwar ist auch so etwas eine Form des „Praktizierens", aber eben in völlig sinnwidriger, die Bestimmung sprachlicher Ausdrucksmittel verfehlender Weise.

Dabei ist aber darauf hinzuweisen – mit in Richtung Ihres Partners mahnendem Zeigefinger –, dass auch solche und noch unsinnigere Lernaktivitäten für manche Lerner große Attraktivität besitzen. Oft liegt das daran, dass sie, wie in diesem Fall, ein sichtbares, den eigenen Fleiß dokumentierendes Resultat erbringen; aber es sind Scheinaktivitäten.

Fazit: Mit einem zuverlässigen Fremdsprachen-Lerninstinkt sind wir leider nicht ausgestattet. Und wenn grundsätzlich vielleicht doch gilt: Die beste Methode ist die eigene, dann jedenfalls nur bei gegebener Bereitschaft, durch Erfolgskontrolle und Lernen aus Erfahrungen diesen Mangel zu kompensieren.

Lehrmaterialien und Unterricht

Zum Thema Sprachenlernen gehören auch einige Bemerkungen über Lehrmaterialien und Unterrichtsangebote.

Lehrmaterialien

- Anfänger sollten sich mit der Anschaffung einer Grammatik Zeit lassen. Es ist gut möglich, dass sie nie eine brauchen werden, wenn in guten Lehr- und Wörterbüchern alles enthalten ist, was sie in der Grammatik suchen.
- Nicht alles, was sich an Lehrmaterialien in den Buchhandlungen findet, ist wirklich zweckdienlich. Hundertseitige Auflistungen deutscher Verbformen z. B. sind äußerst entbehrlich, auch die mittlerweile verbreiteten Karteikästen mit Vokabelkärtchen entsprechen nicht immer den oben beschriebenen Anforderungen. Grammatikübersichten auf wenigen Seiten sind ebenfalls meist von eher beschränktem Nutzen (als Spickzettel z. B.). Da auch die Beratung im Buchladen nicht durchweg qualifiziert ist, beschränke man sich zu Anfang am besten auf das wirklich Notwendige: das Lehrbuch und vielleicht bald ein Wörterbuch.
- Zu Lehrbüchern lassen sich nicht so leicht Empfehlungen geben. Wer einen Kurs besucht, wird ohnehin das von der Schule verwendete Buch anschaffen müssen. Die heute erhältlichen Lehrwerke sind didaktisch zum größten Teil auf neuestem und insgesamt sehr hohem Stand. Vorsicht ist manchmal bei älteren Lehrbüchern geboten, die zwar hierzulande kaum mehr vertrieben werden, aber im Auslands-Deutschunterricht gelegentlich noch zum Einsatz kommen (und vielleicht von Ihrem Partner mitgebracht wurden.) Solche Materialien sind zum Teil noch einer überholten Didaktik verhaftet, für die sich Sprachenlernen praktisch im Erwerb grammatischer Regeln erschöpft. Bei ganz alten Lehrwerken kann auch der verwendete Wortschatz problematisch sein („Wünschen Sie dieses oder jenes Kleid, junges Fräulein?").
- Bei der Auswahl eines Wörterbuches ist das oben zum Vokabellernen Bemerkte zu bedenken. Es muss alle diejenigen Informationen enthalten, die benötigt werden, um Wörter nicht nur verstehen, sondern auch verwenden zu können. Das fängt bei der Aussprache an, geht weiter über alle nötigen Angaben zu Beugungsformen und zur Verwendung im Satzzusammenhang und hört erst bei (möglichst vielen) Beispielen auf, die ein präzises Erfassen der Bedeutung erlauben. Die schiere Zahl der eingetragenen Stichwörter sollte demgegenüber als Auswahlkriterium nur eine untergeordnete Rolle spielen. – Es gibt heute von verschiedenen Verlagen sehr gute Lernwörterbücher DaF (Deutsch als Fremdsprache), die für jeden, der nicht von Berufs wegen mit der Sprache umzugehen hat, völlig ausreichen. Letztere sind aber nicht zu verwechseln mit einem – immer sehr viel schmaleren – „Grundwortschatz", der tatsächlich nur das Vokabular etwa der Grund- und teilweise der Mittelstufe umfasst. Bevor man mit einem solchen arbeitet, sollte man zuerst einmal versuchen, sich seinen eigenen Grundwortschatz, auf Karteikärtchen und/oder im Vokabelheft, aufzubauen. Man lernt mehr, wenn man selbst die Auswahl trifft. Gewöhnlich ist auch Verlass darauf, dass ein modernes Lehrwerk den Grundwortschatz durcharbeitet.

Unterricht

Private Sprachschulen sind Wirtschaftsunternehmen. Ein Instituts-Verantwortlicher wird es sich dreimal überlegen, bevor er einen potentiellen Käufer seiner Ware Unterricht abweist, nur weil momentan nicht das Passende im Angebot ist. Passend bezieht sich dabei mit Blick auf Sprachunterricht in erster Linie auf das Niveau. Zwar ist irgendeine Form von Heterogenität von Sprachklassen unvermeidlich, aber manche Schulen haben keine Skrupel, Anfänger mit Fortgeschrittenen, Kinder mit Erwachsenen, Lerner, die nur einen Crashkurs wünschen, mit solchen, die ein ganzes Jahr am Unterricht teilnehmen, in eine Klasse zu setzen. Ausbaden müssen das nicht nur die Teilnehmer selbst, sondern auch die Lehrer, die oft vor unlösbare Aufgaben gestellt werden. Daraus lässt sich ableiten, dass kleinen Schulen gegenüber mehr Vorsicht am Platz ist als großen. Da es aber durchaus möglich ist, dass kleinere Institute sogar besonders innovative Konzepte und engagiertes Lehrpersonal haben, sollte man sich im Vorgespräch zumindest einige Informationen verschaffen:

- Werden Kurse auf allen Niveaus bis zur Mittelstufe angeboten? Sonst ist, wie gesagt, die Gefahr größer, dass der Interessent in einem Kurs über oder unter Niveau landet. Das muss aber natürlich nicht so sein, denn warum soll unter den zwei Kursen, die eine kleine Schule im Moment nur anbietet, nicht zufällig der richtige sein? Man darf als Einsteiger oberhalb der Anfängerstufe auch nicht immer völlige Passgenauigkeit erwarten – schließlich hat jeder Schüler seinen individuellen Lernweg hinter sich.
- Gibt es einen Einstufungstest? (Sonst steht dem Lerner oft eine kleine Odyssee durch die bestehenden Gruppen bevor.)
- Außerdem ist natürlich die Kursgröße ein wichtiges Auswahlkriterium. Bei einer Zahl von acht bis zwölf, vielleicht 15 Teilnehmern hat jeder Einzelne noch Gelegenheit, ausreichend zu Wort zu kommen; je mehr Lerner in der Klasse sitzen, desto größer wird die Wahrscheinlichkeit, dass der Einzelne die Unterrichtszeit vor allem schreibend und zuhörend verbringt.
- Nimmt die Schule Prüfungen ab, werden diese anerkannt von den Institutionen, an denen der Lernende sie womöglich vorzulegen hat? Dabei ist zu beachten, dass bestimmte Prüfungen nur von Volkshochschulen und Goethe-Instituten abgenommen werden können. Das bedeutet natürlich nicht, dass man sich bei der Schulwahl auf diese beiden Institutionen beschränken sollte; aber es wäre zu klären, ob die gegebenenfalls ausgewählte private Schule in angemessener Form auf die interessierenden Prüfungen vorbereitet (die dann vielleicht an anderem Ort abzulegen sind).
- Wenn Sie Gelegenheit zu einer Probestunde haben – und das sollten Sie natürlich –, achten Sie darauf, ob die Grundregel eingehalten wird, die jeder Lehrer mit auf den Weg bekommt (oder bekommen sollte): Die Schüler sprechen mehr als der Lehrer. Auch wenn der Unterricht nur aus der Erklärung und – sei's noch so schönen – Darstellung von grammatischen Sachverhalten an der Tafel besteht oder diese stark überwiegt, können Sie wahrscheinlich etwas Besseres bekommen.

Deutsch zu zweit im Alltag

Worauf sollte man im alltäglichen Sprachverkehr mit einem Deutsch lernenden Partner achten? Mit einigen Bemerkungen zu dieser Frage schließen wir das Kapitel „Sprachen lernen" ab.

Korrigieren

Eine kleine Anekdote. Ein deutsch-equadorianisches Paar zu Gast bei Bekannten aus Korea. Der junge Deutsche lässt der Gattin kaum einen Satz unkorrigiert durchgehen und jedes Mal verbessert sie sich brav: „Gib mir eine Löffel" – Ein<u>en</u> Löffel!" – „Ah ja, ein<u>en</u> Löffel." – „Der Wein ist in die Küche" – „In <u>der</u> Küche!" – „In <u>der</u> Küche ..." Das Unvermeidliche passiert: Auch die koreanische Gastgeberin möchte eine Flasche auf <u>dem</u> Tisch stellen und die deutsche Korrigiermaschine kann nicht an sich halten ... Die junge Frau allerdings, statt sich zu verbessern, geht stillschweigend über die unerbetene Korrektur hinweg und der Deutsche guckt ein bisschen verlegen – als er zu sich kommt.

Die junge Equadorianerin hat recht gut gelernt, aber dass dazu das permanente Korrigieren einen großen Beitrag leistete, lässt sich bezweifeln. Das Nachsprechen der richtigen Formen erfolgte so gedankenlos und automatisiert wie die Korrekturen selbst, und das sind keine guten Bedingungen für Lernen und Behalten. In jedem Fall sollte man das Korrigieren anderen als nur Gesichtspunkten des Lernfortschritts unterordnen. Die Fehler laufen schließlich nicht davon.

Am empfehlenswertesten dürfte es sein, konsequent Korrektur-Schwerpunkte zu setzen. Voraussetzung dafür ist natürlich die Fähigkeit, schwerer wiegende von lässlicheren Fehlern zu unterscheiden. Wichtig ist daneben der Symptomcharakter von Fehlern: Man sollte erkennen können, wenn Fehler anzeigen, dass Regeln nicht verstanden wurden. Im Grammatik-Kapitel werden Sie mit dem nötigen Wissen ausgestattet um in beiden Hinsichten klarer zu sehen.

Natürlich sollte sich ein guter Lernpartner nicht aufs Korrigieren beschränken, nicht auf Fehler fixiert bleiben, sondern auch die Fortschritte hören – die endlich nicht mehr verwechselten Endungen von Akkusativ und Dativ, den Ausdruck, der genau passt an dieser Stelle – und er sollte das auch aussprechen.

Ein weiterer Punkt. Wer als Lernpartner Fehler korrigiert, sollte nicht nur oder nicht in erster Linie auf grammatische Richtigkeit achten, sondern mindestens ebenso sehr auf „Natürlichkeit" des Sprechens. Zur Erläuterung ein sehr verbreiteter Fehler. Viele Lerner sagen:

*Ich liebe schwimmen.
oder: *Ich mag schwimmen.

Das sind entweder wörtliche Übersetzungen aus der Muttersprache oder es erscheint den Lernern einfach natürlich, die Verben *lieben* und *mögen* auf diese Art zu verwenden. Es soll ja nichts anderes als eine Vorliebe für das Schwimmen ausgedrückt werden – warum also nicht „Ich liebe schwimmen"?

Deutsche Helfer neigen dazu, in solchen Fällen nur die Grammatik zu korrigieren:

Ich liebe es zu schwimmen.

anstatt die wirklich angemessene Formulierung anzubieten:

Ich schwimme (sehr) gerne.

„Wie würde ich mich hier ausdrücken?" sollte also die Testfrage für solche Fälle sein. Anlässlich dieses Beispiels ist auch darauf hinzuweisen, dass Fehler, die besonders häufig auftreten oder eine gewisse Plausibilität aufweisen, oft überhört werden. Es kann selbst Lehrern passieren, dass sie derartige Ausdrücke irgendwann nicht mehr als Fehler registrieren. Sie sind's aber!

Wie spricht man mit einem Deutschlerner?

Recht einfach zu beantworten ist die Frage, wie man mit einem Deutschlerner <u>nicht</u> sprechen sollte:

Wo du wohnen?
Sie Chinesisch?
Das nix richtig.

Aber so weit versteht es sich von selbst, und die Unsitte dieses so genannten „Foreigner talk" hat sich hierzulande auch schon ein wenig gelegt. Es grenzt ja auch ans Beleidigende und ist daneben überflüssig, weil für einen Lerner kein Problem darin liegt, etwa die Form *wohnst* auf *wohnen* zurückzuführen oder *Chinese* auf *Chinesisch*. Wenn aber doch Probleme auftreten, die nur aus der Unkenntnis abgeleiteter Formen resultieren, wenn ein Lerner z. B. *iss!* nicht auf *essen* zurückführen kann, dann kann man entweder umformulieren: „Du sollst das bitte essen" oder kurz auf die „Metaebene" ausweichen: *„Iss* ist eine Form von *essen"* oder sich anders aus der Affäre ziehen, ohne die Grammatik zu opfern. Erster, selbstverständlicher Grundsatz also: Nie ungrammatisches, falsches Deutsch sprechen.

Jenseits dieses Grundsatzes lässt sich eine angemessene Sprechweise nur schwer detaillierter charakterisieren, deshalb nur einiges Bedenkenswerte.

Ein Lerner sollte sich so bald wie möglich daran gewöhnen, in normalen Sprechsituationen, in denen also wenig Rücksicht auf sein eingeschränktes Sprachvermögen genommen wird, zurechtzukommen. Das lernt er umso schneller, je häufiger er solchen Situationen ausgesetzt ist, und deshalb sollte sich auch der Sprachgebrauch des Partners nicht allzu weit vom normalen Umgangsdeutsch entfernen. Allerdings ist dieser Grundsatz mit Vorsicht zu handhaben und es sind gewisse Einschränkungen zu beachten.

Einerseits sollte der deutsche Partner sich nicht den Zwang antun, seine Sprechweise auf eine Art Lehrbuchdeutsch zurechtzustutzen. Auf die vielen „überflüssigen", eher sinnnuancierenden Wörter zum Beispiel, die wir in alltäglichen Dialogen verwenden:

Was machste denn jetzt schon wieder? (= Was machst du?)
Das is' ja vielleicht 'ne lustige Sache. (= Das ist lustig.)

brauchen Sie nicht unbedingt zu verzichten. Überhaupt braucht nicht jedes Wort, das Sie äußern, Ihrem Partner bekannt zu sein. Vieles lässt sich aus dem Kontext erschließen, und der Partner soll möglichst schnell lernen, sich die wichtigen, den Hauptsinn tragenden Wörter herauszupicken und daraus schlau zu werden.

Ebendiese Wörter aber müssen, wenn die Kommunikation nicht ganz zusammenbrechen oder zum Ratespiel werden soll, verstanden werden, und hier sieht sich der muttersprachliche Part mit zwei Problemen konfrontiert. Zunächst muss er ein Gespür dafür bekommen, welche Wörter niveaugemäß sind, welches z. B. Anfängerwörter sind. Dazu werden natürlich die folgenden Übungen beitragen, ebenso gegebenenfalls ein wenig Lektüre im Lehrbuch des Partners.

Und zweitens ergeben sich leicht Probleme aus dem „idiomatischen" Gebrauch von Ausdrücken. Gemeint ist damit deren Verwendung auf eine Weise, die sich nicht aus der ursprünglichen Bedeutung ableiten lässt.

> Wie geht's?

ist ein idiomatischer Ausdruck, weil die Frage nicht zu verstehen ist, solange nur die Bedeutung der Wörter *wie, gehen* und *es* bekannt ist. (Wörtlich genommen fragt der Satz ja, auf welche Weise ein sächliches Etwas sich fortbewegt.) Die Bedeutung dieser Floskel lernt man gewöhnlich in der ersten Unterrichtsstunde, aber viele andere solcher idiomatischen Nüsse muss der Lerner alleine knacken:

> 100 Vokabeln am Tag lernen? Das geht nicht.
> *bedeutet:* Das ist nicht möglich.
>
> Hier rauchen? Das geht nicht.
> *bedeutet:* Das ist verboten.
>
> Die Waschmaschine geht nicht.
> *bedeutet:* Sie funktioniert nicht.

Der Deutsche reagiert oft seinerseits verständnislos, wenn ein Lernender solche Ausdrücke mit allereinfachsten Wörtern nicht versteht. Dabei muss er ihre Bedeutung ebenso erlernen wie die eines neuen Wortes.

Um hier gleich einmal (wie später noch oft) in Klammern ins Detail zu gehen, eine Bemerkung zum eben angesprochenen *wie geht's?* Die Frage führt deshalb oft zu Problemen, weil das *-t's* aus *geht's* sich für Verwechslungen mit der Endung *-st* von *du gehst* geradezu aufdrängt. Also muss die Konstruktion klar sein:

> *Wie geht's?* ist ein abgekürztes: *Wie geht es dir/Ihnen?*

Ihr Partner soll deshalb, um der Verwechslung vorzubeugen, zu Anfang gelegentlich auch diese volle Form sprechen, auch wenn sie weniger üblich ist. Der Dativ *dir/Ihnen* wird später erläutert.

Um zusammenzufassen: Der deutsche Partner sollte sich darum bemühen, im Gespräch mit dem lernenden diesem im Wortschatz so weit entgegenzukommen, wie es für das Verstehen unerlässlich ist, also die den Hauptsinn von Äußerungen ausmachenden Wörter mit Bedacht zu wählen. Dabei muss er vor allem auch darauf achten, ob von ihm verwendete und als bekannt vorausgesetzte Wörter ihre eigentliche Bedeutung haben oder „idiomatisch“ verwendet werden.

Im Ausdruck wird er sich also zwangsläufig zurücknehmen müssen; er sollte dennoch ein weitestmöglich natürliches Deutsch sprechen – sein Deutsch eben –, also nicht verzichten auf die vielen bedeutungsnuancierenden Wörter aus der Alltagssprache.

Entsprechendes gilt für die Aussprache. Der deutsche Partner sieht sich wieder vor einem Zielkonflikt: Je deutlicher er artikuliert, desto besser versteht ihn der andere; je ungezwungener und natürlicher er spricht, umso mehr schärft sich das Gehör des anderen und umso schneller lernt er, sich in realen Sprechsituationen zurechtzufinden. Letzteres sollte wohl im Großen und Ganzen Priorität haben.

In der Lernpartnerschaft sollte man allerdings nicht allzu nachdrücklich auf der Durchsetzung von Prinzipien beharren, auch der besten nicht. Hier hat man Gelegenheit auszuprobieren und auszuhandeln, und am wichtigsten ist, dass der Dialog in der zu erlernenden Sprache nicht abreißt – ob nun Lerngrundsätze befolgt werden oder nicht.

Übrigens hat die Frage: „Wie sollte man mit dem Partner sprechen?“ ja noch eine andere Auslegung: Deutsch, Lerner-Muttersprache oder gemeinsame dritte Sprache? Einsichtigerweise gilt, wenn der Partner Deutsch lernen will, dass so viel wie möglich Deutsch gesprochen werden sollte. Aber wie sich das nun in der alltäglichen Kommunikationspraxis einpendelt ... Jedenfalls sei darauf hingewiesen, dass es zumindest nichts schaden kann, wenn die neue Sprache anfangs nur in Form eingestreuter Brocken – von Einzelwörtern oder einzelnen deutschen Sätzen – im anderssprachigen Dialog vorkommt. Kauderwelsch ist nichts Verwerfliches, sondern kann ein notwendiges und fruchtbares Durchgangsstadium sein.

Eine wahrscheinlich überflüssige Bemerkung zum Schluss. Das beste Mittel gegen mangelndes Verständnis für Lernprobleme oder Ungeduld angesichts langsamer Fortschritte dürfte es sein, sich als Paar nicht auf das Erlernen nur einer Sprache zu beschränken. Schließlich hat der deutsche Teil im anderen ebenso einen Muttersprach-Experten an der Hand wie dieser in ihm. Eine Chance, die man nicht vergeben sollte.

Aussprache

Aussprache ist wichtig, wichtiger auch, als sie im Unterricht meist genommen wird. Mangelhafte Aussprache kann die Kommunikation stärker beeinträchtigen als defizitäre Grammatik. In das Urteil über die Sprachfertigkeit eines Lerners fließt zu einem beträchtlichen Teil der durch die Aussprache gewonnene Eindruck ein. Vielleicht wird, wer sich beim Sprechen der fremden Sprache nicht wohl fühlt, sogar weniger Gebrauch von ihr machen oder schwierig auszusprechende Wörter vermeiden.

Andererseits stellt die Aneignung der korrekten Aussprache eine der höchsten Hürden für Sprachlerner dar. Wir wissen ja, welche – oft vergeblichen – Mühen es Muttersprachlern bereiten kann, auch nur eine mundartliche Färbung loszuwerden. Beim Aussprachetraining sind daher große Geduld und Beharrlichkeit vonnöten.

Probleme in diesem Bereich sind in besonderem Maß durch muttersprachlichen Einfluss bedingt. Der deutsche Lernhelfer sollte sich deshalb, um auf individuelle Schwierigkeiten des Partners reagieren zu können, zunächst mit den Grundlagen der Bildung von Sprachlauten vertraut machen. Anschließend werden einige Besonderheiten der deutschen Aussprache geübt, die besonders häufig und fast unabhängig von der Muttersprache Schwierigkeiten bereiten.

Wie Sprachlaute gebildet werden

Die Bildungsweise der Laute einer Sprache lässt sich beschreiben durch Angabe der Zungenposition, der Art der Lautproduktion und der Lippenstellung. Probieren Sie's aus: Sprechen Sie die Vokale *a* – *e* – *i* und achten Sie auf die Zungenstellung. Sie stellen fest, dass die Zunge sich zum *i* hin immer weiter anhebt. Sprechen Sie *r* und *k*. Sie stellen fest, dass die Zunge sich fast in der gleichen Position oben am Gaumen befindet, dass der Vorgang bei der Bildung des Lautes aber ein anderer ist. Beim *k* presst sich die Zunge kurz oben an den Gaumen und lässt dann den Luftstrom durch den geöffneten Verschluss passieren. Beim *r* reiben sich Zunge und Gaumen. Vergleichen Sie *a* und *o*. Sie stellen fest, dass beim *o* die Lippen gerundet sind, beim *a* dagegen in entspannter Ruhehaltung.

Wenn Ihr Partner also ein Ausspracheproblem hat, können Sie diesem vielleicht selbst auf die Spur kommen. Gesetzt, eine chinesische Lernerin hat Schwierigkeiten, ein *r* zu sprechen oder eine russische Lernerin damit, anstelle ihres mit der Zunge gerollten *r* das deutsche geriebene hervorzubringen. Sie sprechen selbst ein *r* und achten auf die Zungenposition. Da diese nicht leicht zu beschreiben ist, geben sie einen Laut an, der in ähnlicher Weise gebildet und von der Lernerin beherrscht wird; in unserem Fall wäre das das *k*. Wenn der Lernerin diese Position bekannt ist, wird sie sich leichter mit dem Hervorbringen des Lauts tun. Die besondere Art, das *r* zu reiben, wird ihr dennoch Probleme bereiten. Man kann dann noch auf die Ähnlichkeit zum deutschen *ch* (*ach*) hinweisen – und dann hilft fast nur noch probieren und wieder probieren, bis es klappt. (Es gibt allerdings auch Übungsbücher zur Phonetik, in denen recht genaue Anleitungen zur Produktion solcher Laute gegeben werden.)

Mit solchen Hinweisen ersetzen Sie natürlich noch keinen Phonetik-Profi, aber mit gemeinsamem Ausprobieren lassen sich doch Erfolge erzielen. Setzen Sie zunächst immer bei Zungenposition und Mundöffnung an und versuchen Sie, von der Selbstbeobachtung ausgehend, dem Partner eine Beschreibung der Lauterzeugung zu geben. Oft hilft auch schon wiederholtes Vorsprechen.

Grundsätzlich ist zur Aussprache noch zu bemerken, dass manchmal nicht die Erzeugung des Lautes das erste Problem darstellt, sondern das hörende Identifizieren, also die Unterscheidung von ähnlichen Lauten. Das fremde Ohr ist auf bestimmte Nuancen nicht eingestimmt. Daher stammen beispielsweise die bekannten Probleme chinesischer oder japanischer Sprecher mit dem deutschen *r*. Während einem deutschen Muttersprachler gar nicht bewusst ist, dass *r* und *l* eng verwandte, sehr ähnliche Laute sind, hört ein Chinese kaum einen Unterschied.

Die folgenden Übungen sollen Ihrem Partner Gelegenheit geben zu überprüfen, ob er die jeweils richtige Aussprache schon beherrscht, wozu er auch auf Ihr Urteil angewiesen ist. Lassen Sie ihn die Wörter und Wortfolgen sprechen und korrigieren Sie, bis er den richtigen Klang im Ohr hat und selbst hervorbringen kann. Dort, wo mit größeren sozusagen technischen Problemen bei der Lauterzeugung zu rechnen ist, enden die Übungssequenzen mit Auslassungspunkten; sie können als Artikulations-Gymnastik fortgesetzt und variiert werden, bis sich größere Erfolge bei der Hervorbringung der Laute einstellen.

Hauptschwierigkeiten der deutschen Aussprache

Lange und kurze Vokale

Ein großes Problem für viele Lerner ergibt sich aus der Unterscheidung langer und kurzer Vokale im Deutschen. Das *o* in *offen* ist kurz, das *o* in *Ofen* lang. In vielen anderen Sprachen existiert eine solche Unterscheidung nicht, sie muss also gründlich geübt werden. Neben Länge oder Kürze ist auf Offenheit oder Geschlossenheit vor allem der Vokale *o* und *e* zu achten. Bei [ɔ] aus *offen* und [ɛ] aus *essen* ist der Mund weiter geöffnet als bei [o:] aus *Ofen* und [e:] aus *Esel*.

Fertigen Sie zunächst Kopien der folgenden Übung an und geben Sie eine dem Partner. Dann gehen Sie die Liste durch und sprechen dabei jeweils entweder das links stehende Wort mit kurzem Vokal oder das rechte mit langem (und markieren das gewählte Wort jedes Mal). Ihr Partner bezeichnet die Wörter, die er gehört hat, dann vergleichen Sie. Machen Sie dies mehrmals, anschließend soll Ihr Partner zunächst alle Wörter vorlesen, Sie korrigieren die Aussprache. Danach wählt er, wie Sie zuvor, jeweils ein Wort pro Paar und spricht es aus, Sie markieren nun das gehörte Wort und vergleichen anschließend wieder.

Rechts finden Sie einige Angaben zu den verwendeten Wörtern, damit gegebenenfalls klar wird, von welchen Grundformen sie abgeleitet sind. Viele gehören nicht zum Grundwortschatz.

	kurz/offen	*lang/geschlossen*	
[a] ⇔ [ɑ:]	Kamm	kam	der Kamm; kommen → ich kam
	kann	Kahn	können → ich kann; der Kahn
	hasse	Hase	hassen → ich hasse; der Hase
	All	Aal	das All; der Aal
	Wall	Wal	der Wall; der Wal
	wann	Wahn	wann; der Wahn
	Bann	Bahn	der Bann; die Bahn
[ɛ] ⇔ [e:], [ɛ:]	wenn	wen	wenn; wer → wen
	denn	den	denn; der → den
	weg	Weg	geh weg! – der Weg
	stellen	stehlen	stellen; stehlen
	Bett	Beet	das Bett; das Beet
	quellen	quälen	quellen; quälen
[i] ⇔ [i:]	wirr	wir	wirr; wir
	bist	Biest	sein → du bist; das Biest
	List	liest	die List; lesen → er liest
	Risse	Riese	der Riss → die Risse; der Riese
	im	ihm	im; er → ihm
	sitzen	siezen	sitzen; siezen
[ɔ] ⇔ [o:]	Komma	Koma	das Komma; das Koma
	offen	Ofen	offen; der Ofen
	Sonne	Sohne	die Sonne; der Sohn → dem Sohn(e)
	Wonne	wohne	die Wonne; ich wohne
	sollen	Sohlen	sollen; die Sohle → die Sohlen
[ʊ] ⇔ [u:]	muss	Mus	müssen → ich muss; das Mus
	Rum	Ruhm	der Rum; der Ruhm
[ʏ] ⇔ [y:]	wüsste	Wüste	wissen → ich wüsste; die Wüste
	füllen	fühlen	füllen; fühlen
	Hütte	hüte	die Hütte; hüten → ich hüte
[œ] ⇔ [ø:]	Hölle	Höhle	die Hölle; die Höhle

Das lange *e*

Besonders häufig bereitet das lange, geschlossene *e* wie in *zehn* Schwierigkeiten. Es wird fälschlich fast wie *ä* ausgesprochen, so dass Unterschiede wie zwischen *sehe* und *sähe*, *Ehre* und *Ähre*, *Seelen und Sälen* verloren gehen. Wie Sie schon wissen, verändert sich u. a. die Zungenhöhe beim Übergang von einem zum anderen Vokal. Machen Sie darauf noch einmal Ihren Partner aufmerksam und fordern Sie ihn auf, einen gleitenden Übergang von *ä* nach *i* zu sprechen: *äääeeeiii*. Irgendwo auf diesem Weg kommt die Zunge in die richtige Position für das lange *e*. Zunächst nur Wörter mit *e*, dann *e* im Kontrast zu benachbarten Vokalen.

[e:]	e – b – c – d – g – p – t – w der Tee – der See – der Kaffee – das Komitee die Fee – der Schnee – das Reh – die Seele – die Rebe geben – nehmen – sehen – wehen – leben		
[i] und [e:]	lieben	–	leben
	hier	–	her
	Tier	–	Teer
	gib	–	gebe
[e:] und [ɛ:]	ich sehe	–	ich sähe
	ich nehme	–	ich nähme
	ich gebe	–	ich gäbe
	ich lese	–	ich läse
[i], [e:], [ɛ:], [a:]	sieh – sehe – sähe – sah lies – lese – läse – las gib – gebe – gäbe – gab liegen – legen – läge – lag ziehen – Zehen – Zähne – Zahn		

Zum Schluss ein unangenehmer kleiner Merkspruch für die wichtigen Unterschiede zwischen den kritischen Vokalen: *Der Zahnarzt zieht zehn Zähne.*

ö und *ü*

Schwierigkeiten bereitet oft die Aussprache der Umlaute *ö* und *ü*. Lassen Sie Ihren Partner zunächst ein *o* sprechen, dann die Zunge anheben und die Lippen noch etwas spitzen.

Zum *ü* gelangt man am einfachsten vom *i* her; an der Zungenposition ändert sich fast nichts, nur die Lippen werden geschürzt wie zum Kuss ...

Das *r*

Das häufigste *r*-Problem hat seine Ursache kurioserweise nicht darin, dass Lerner es nicht beherrschen, sondern darin, dass sie nicht darauf verzichten wollen. Wo *r* steht, muss auch *r* gesprochen werden, setzen sie in Entsprechung zur Muttersprache voraus, und sprechen *vierrr Bierrr* ... Diese Aussprache gilt heute natürlich nicht mehr als korrekt. Vergleichen Sie dazu unten die dritte Übung zum *r*. Die beiden ersten dagegen befassen sich mit der Bildung des spezifischen deutschen „Reibe-*r*", das weder mit der Zungenspitze noch am Gaumen richtig gerollt wird, sondern eben zwischen Zunge und Gaumen (in Zäpfchennähe) „gerieben".

r vor Vokal

Die Mundöffnung ist wie bei *a;* die Zunge oben am Gaumen, etwas weiter hinten als beim *k.* Das *r* vor Vokal kann man deutlich hören. Sprechen Sie:

ka – kra – ka – kra – ka – kra – ka – kra – ka ...
ku – kru – ku – kru – ku – kru – ku – kru – ku ...

Kasten – rasten – Kasten – rasten ...
kosten – rosten – kosten – rosten ...

Ein deutscher Hahn macht: Kikeriki – Kikeriki – ...

***r* nach kurzem Vokal**

Das *-r* nach kurzem Vokal ist oft schwächer:

Karte = [karte] oder [kaɐte]
Berta = [berta] oder [beɐta]
gerne = [gerne] oder [geɐne]

Sprechen Sie:

Karate – Karate ...
Karte – Karte ...
Karate – Karte – Karate – Karte ...

das Pack – der Park – das Pack – der Park ...
der Zweck – der Zwerg – der Zweck – der Zwerg ...

Sätze (*r* vor Vokal und *r* nach kurzem Vokal)

Sprechen Sie:

Ich arbeite in Dresden. – Ich lerne nicht gerne. – Ich reise nach Italien. – Ich reise nach Irland. – Ich höre oft Musik. – Ich höre oft Mozart. – Fragen Sie in der Klasse. – Fragen Sie im Kurs. – Schreiben Sie den Satz. – Schreiben Sie das Wort. – Grete ist Sekretärin. – Eva ist Fotografin. – Gerd ist Fotograf. – Ich warte schon lange. – Was ist Ruth von Beruf? – Was ist Jörg von Beruf? – Ist Kurt berufstätig? – Ist Ariane berufstätig? – Karin ist erst drei Monate verheiratet. – Katrin ist drei Jahre alt.

Vokalisches [ɐ] nach langem Vokal und *-er* am Wortende

Sprechen Sie kein *r.* Der Laut klingt wie ein schwaches *a,* er wird ohne jede Muskelanspannung (wie eine Art „Naturlaut") gebildet. Sprechen Sie:

hier – Bier – vier – er fotografiert – er studiert – ihr buchstabiert – ihr korrigiert – wer – der – leer – sehr – woher – das Pferd – du fährst – er erklärt – er hört – nur – Uhr

ein alter Lehrer – ein fleißiger Arbeiter – ein kleiner Keller – ein guter Redner – ein großer Denker – ein netter Bekannter – ein junger Schauspieler – ein freundlicher Verkäufer

n und *t* im Auslaut

Viele Sprachen kennen praktisch nur offene Silben, also solche, die auf Vokal enden. Für Sprecher dieser Sprachen sind manchmal das *-n* und sehr oft das *-t* im Silbenauslaut problematisch. An Letzteres wird fälschlich ein Vokal angehängt, *du hast* klingt dann wie *du hastä* – während bei richtiger Aussprache in diesem Wort, wenn der Vokal *a* verklungen ist, nur noch die Zunge arbeitet, die Stimme also nicht mehr hörbar wird. – Häufig trifft ein auslautendes *-t* auf ein anlautendes *d*, etwa immer dann, wenn ein Verb in der zweiten Person vor dem Personalpronomen steht: *hast du, gehst du* ... Lerner erleichtern sich die Aussprache, wenn sie dem Vorbild der Deutschen folgen und diese beiden Laute binden: *hastu, gehstu* ... klingt das dann etwa.

n im Auslaut

Das *n* muss auch im Silbenauslaut (= am Ende der Silbe) deutlich zu hören sein.

nei – nei – nein – nei – nei – nein ...
neu – neu – neun – neu – neu – neun ...

t im Auslaut

Sprechen Sie *t* am Wortende ohne Stimme. Vergleichen Sie:

Rast	–	Raster
Last	–	Laster
musst	–	Muster
Nest	–	Nester
fest	–	fester
Biest	–	Biester

Sprechen Sie langsam:

Was ist das? – Wer ist das? – Hast du einen Stift? – Ist das ein Heft? – Was machst du da? – Wohnst du nicht in Frankfurt? – Magst du Mozart? – Schreibst du oft Briefe? – Kannst du das? – Isst du oft Wurst? – Lebst du in Stuttgart? – Hast du ein Fahrrad? – Wie ist deine Adresse? – Gehst du noch nicht ins Bett? – Liest du ein Buch? – Woher kommst du? – Heißt du nicht Kurt? – Hast du heute Zeit? – Wie alt bist du? – Trinkst du oft Saft? – Bist du nicht Gerd? – Wo ist dein Heft? – Fährst du gern Rad? – Liebst du Bernd oder liebst du ihn nicht? – Bist du krank? – Möchtest du ein Bier?

Sprechen Sie jetzt schneller. Verbinden Sie dabei *t* am Wortende und *d* am Wortanfang:

Was istdas?
Bistdu krank?

Übrigens werden am Wortende ebenso hart wie das *t* nicht nur das *k* und das *p* gesprochen, sondern auch *d*, *g* und *b*. Man spricht also beispielsweise die beiden Wörter *Rad* und *Rat* gleich aus.

h und *ch*

„Isch abe gar kein Auto", musste ein italienischer Schauspieler einst in einem bekannt gewordenen Werbespot sprechen. Die Bildung des *h* wird gewöhnlich demonstriert, indem man in die Hände haucht, als wollte man sie durch den Atemstrom wärmen. Man muss klar machen, dass die Zungenposition der beim *a* entspricht, die Zunge also nicht am Gaumen reibt, sonst entsteht ein *ch*, wie z. B. bei russischen Sprechern oft zu hören.

Mit diesem *ch* (wie in *ich*) haben dagegen, unter anderen, eben die Italiener ihre Schwierigkeiten. Manche Lehrer empfehlen, mit einem quer zwischen die Zähne geklemmten Stift ein *sch* zu sprechen. Man kann auch einfach versuchen, vom *sch* ausgehend die Zunge immer weiter nach hinten zu ziehen und dabei gegebenenfalls die Lippen zu entrunden.

s stimmhaft und stimmlos

Das deutsche *s* kommt stimmhaft und stimmlos vor, also mit oder ohne Anschlagen der Stimmbänder. Norddeutsche Sprecher können sich hier wieder an der eigenen Aussprache als mustergültiger orientieren (wenngleich sie manchmal etwas zu sehr „summen"). Die süddeutschen, in deren regionalen Varianten ein stimmhaftes *s* nicht vorkommt, müssen dagegen lernen: *s* am Wortanfang ist stimmhaft, zwischen zwei Vokalen ebenfalls, aber nur, wenn es nicht „ß" geschrieben wird. Also: *Sonne* stimmhaft, *Muse* stimmhaft, aber *Muße* stimmlos. Diese *s*-Aussprache ist aber gewiss keine Frage, die beim Ausspracheトraining in den Vordergrund gestellt werden sollte, zu Verständnisproblemen führt sie nur theoretisch. Die Regel ist hier nur aufgeführt, weil Lerner oft danach fragen.

z

Manchmal bereitet das *z* Probleme, vor allem am Wortanfang. Daher sollte man es zuerst einige Male im Wortinneren üben lassen, dann von dort aus zu Wörtern mit *z* am Anfang übergehen, etwa in folgender Abfolge:

Weizen, Wei-zen, Wei-zehn, zehn ...

-ig

Noch ein nicht sonderlich wichtiger Punkt, der aber häufig für Verwirrung sorgt, nämlich die Aussprache des *-ig* am Wortende. Im Süden des deutschen Sprachraums spricht man es, wie man es schreibt (bzw. *-ik*) im Norden und im Aussprachelehrbuch dagegen *-ich*: *wenich* ist also die korrekte Aussprache für *wenig*, obwohl kurioserweise viele norddeutsche Sprecher dies für eine Abweichung von der Standardaussprache halten. – Folgen Endungen, ist die Aussprache wieder schriftgemäß, also:

wenig = [wenich]
aber: *wenigen* = [wenigen]

Abschließend soll noch darauf hingewiesen werden, dass der Gesamteindruck nicht unbedingt von der völlig korrekten Aussprache jedes einzelnen Lautes abhängt. Wer es geschickt anstellt, darf auch ein bisschen tricksen oder sich mit Näherungswerten begnügen. Zum Beispiel sollte ein Lerner, der große Schwierigkeiten mit dem deutschen *r* hat, sich beim Sprechen nicht verkrampfen und mit einem Laut zufrieden geben, der dem *r*, wie Deutsche es sprechen, nur nahekommt. Wenn demgegenüber so wichtige (und leichter zu erlernende) Unterscheidungen wie zwischen langen und kurzen Vokalen oder *u* und *ü* bzw. *o* und *ö* stimmen, wird eine solche kleine Unsauberkeit überhört.

Intonation

Nicht nur die Aussprache einzelner Laute und ihrer Verbindungen muss gelernt werden, auch der Satzmelodie sollte ein Lerner Aufmerksamkeit schenken. Ein besonders wichtiges intonatorisches Phänomen ist die Unterscheidung zwischen Aufforderung und Frage; der Unterschied wird in manchen Fällen nur durch den Tonverlauf hörbar. Führen Sie folgende Übung auf die gleiche Weise aus wie die zu den kurzen und langen Vokalen. Lesen Sie von den Satzpaaren jeweils nur den Frage- oder den Aufforderungssatz vor, Ihr Partner muss hören und ankreuzen, um welchen von beiden es sich handelte. Anschließend mit vertauschten Rollen.

Kommen Sie!	Kommen Sie?
Gehen Sie nach Hause!	Gehen Sie nach Hause?
Kommen Sie morgen!	Kommen Sie morgen?
Gehen Sie oft schwimmen!	Gehen Sie oft schwimmen?
Trinken Sie viel Tee!	Trinken Sie viel Tee?
Essen Sie viel Salat!	Essen Sie viel Salat?
Kommen Sie morgen um 5 Uhr!	Kommen Sie morgen um 5 Uhr?
Gehen Sie viel spazieren!	Gehen Sie viel spazieren?
Machen Sie viel Gymnastik!	Machen Sie viel Gymnastik?
Arbeiten Sie viel!	Arbeiten Sie viel?
Lernen Sie Englisch!	Lernen Sie Englisch?
Fotografieren Sie!	Fotografieren Sie?
Machen Sie ein Foto!	Machen Sie ein Foto?

Gestern du gehen wo? – Etwas Grammatik

Das Kapitel enthält keine systematische Einführung in die deutsche Grammatik. Es befasst sich mit solchen Basisregeln der Formenbildung und des Satzbaus, mit denen Deutschlerner während der Grundstufe die größten Schwierigkeiten haben. Die Übungen im Hauptteil greifen weitere Themen auf, so dass Sie im Ganzen die deutsche Grammatik in ihren Grundzügen kennen lernen. Einige Seitenblicke auf andere Sprachen sollen dazu verhelfen, Lernprobleme sozusagen aus Sicht der Betroffenen wahrnehmen zu können.

Zunächst werden einige fundamentale Regeln besprochen, und zwar anhand eines authentischen – allerdings wie für diesen Zweck geschaffenen – Beispielsatzes.

Mit der Frage: *Gestern du gehen wo?* begann eines Montagmorgens das Unterrichtsgeschehen, gestellt wurde sie von einer mutigen Studentin, die Aufschluss über Wochenendaktivitäten des Lehrers gewinnen wollte. Nach ein paar wenigen Kurstagen hatte sie noch kaum deutsche Grammatik gelernt und behalf sich mit der, die sie von zu Hause mitgebracht hatte. Der Satz ist somit, von den Wörtern abgesehen sozusagen, kein deutscher – sondern ein chinesischer – und eignet sich gut für einen kleinen Sprachvergleich. Aber zunächst sollten Sie einmal versuchen anzugeben, wie viele Fehler er enthält.

Vielleicht kommen Sie zu dem Ergebnis, die Fehlerzahl sei schwer präzisierbar, weil daran einfach alles schief und manches doppelt falsch ist – wie soll man da zählen? Sehen wir uns den Satz aus der Nähe an.

Verben: Person und Zeit

Gestern <u>du gehen</u> wo? – Wie viele andere Sprachen kennt auch das Chinesische keine Personalformen des Verbs. Man sagt tatsächlich *ich gehen, du gehen, er gehen* ... Für Sprecher dieser Sprachen sind die Verb-Endungen, die die Person anzeigen, daher zunächst relativ uninteressant – es geht ja auch ohne – und werden entsprechend häufig vergessen. Aber auch Sprecher solcher Sprachen, in denen das Verb wie im Deutschen konjugiert, also mit solchen Endungen versehen wird, haben oft Probleme – es sind eben Formen zu lernen und während des Sprechens schnell abzurufen. Sie verwenden deshalb, bewusst oder unbewusst, die Grundform des Verbs, den Infinitiv: die Form also, in der das Wort im Wörterbuch eingetragen ist (*gehen, machen, sein, tun ...*).

Wenn Ihrem Partner dieses Prinzip Konjugation klar ist, sollten Sie einfach Fehler beharrlich korrigieren. Wenn in einem Satz mehrere Fehler auftreten, haben immer Konjugationsfehler Priorität: Es sind sozusagen die falschesten Töne, die man nur von sich geben kann. Verweisen Sie auf die Tabelle im Anhang *Konjugation*. Man sollte versuchen, das „System" in den Verb-Endungen zu finden und in einfachen Regeln zu erfassen. Zum Beispiel: Die 2. Person Singular (die *du*-Form) endet ohne jede Ausnahme auf *-st*. Und das ist schon (fast) ein Sechstel des Lernstoffs.

Gestern du gehst wo? klingt deshalb nach unserer ersten Korrektur schon um einiges besser – man hört, wie viel das Konjugieren bringt! Richtig ist es u. a. deshalb noch nicht, weil im Deutschen, wenn vom Gestern die Rede ist, natürlich eine andere, die Vergangenheitsform des Verbs zu verwenden ist. Auch dies scheint uns wieder so natürlich, dass schwer vorstellbar ist, wie man in anderen Sprachen ohne Vergangenheitsformen auskommt. Und doch benötigen die Chinesen beispielsweise auch hier keine spezielle Verbform, sondern sagen tatsächlich *gestern du gehen* (wenn auch die Vergangenheit dann mit anderen Mitteln angezeigt werden kann). Aber wieder werden Sie feststellen, dass nicht nur chinesische Lerner gerne vergessen, die Vergangenheit auszudrücken; es sind eben wieder Formen zu lernen und hier auch einige Ausnahmen.

Die beiden wichtigen Vergangenheitsformen im Deutschen sind *Perfekt* und *Präteritum*.

Ich bin gegangen. = Perfekt
Ich ging. = Präteritum

Das Perfekt wird entweder mit dem Hilfsverb *sein* oder mit dem Hilfsverb *haben* gebildet:

Ich habe gearbeitet.
Ich bin nach Hause gegangen.

Zu lernen sind die Formen des Partizips (hier: *gearbeitet, gegangen*), die bei der großen Mehrzahl der Verben regelmäßig gebildet werden, bei etwa 170 anderen aber eine besondere Bildung aufweisen. Unregelmäßig sind z. B. *gegangen, geschrieben, gegessen* ... Diese Formen sind aber nicht sonderlich schwer zu lernen, von vielen Lernern werden sie als recht eingängig empfunden. Zur Frage der Bildung mit *sein* oder mit *haben* sehen Sie die Übungen S. 126f.

Hervorzuheben – und erfreulich aus Lernerperspektive – ist die universelle Verwendbarkeit des Perfekts. Es kann immer benutzt werden, wenn von Vergangenem die Rede ist. Die wichtigste Einschränkung zu dieser Pauschalauskunft ist, dass sie nur für informelles, gesprochenes Deutsch gilt. Beim Schreiben kommt dem Präteritum eine eigenständige Funktion zu, die nicht vom Perfekt mit übernommen werden kann. Aber für die Grundstufe ist das noch wenig von Belang.

Eine zweite Einschränkung bezieht sich auf einige sehr häufig verwendete Verben, für die zwar die Verwendung im Perfekt nicht ausgeschlossen ist, die aber üblicherweise im Präteritum gebraucht werden. Man sagt häufiger *ich war* als *ich bin gewesen, ich hatte* als *ich habe gehabt, ich konnte* als *ich habe gekonnt*, ebenso bei *müssen, dürfen, wollen, sollen*.

Wo? und *wohin?*

Gestern du bist gegangen wo? war also das letzte Korrektur-Zwischenresultat. Das *wo* am Ende ist kein allzu häufiger Fehler, jedenfalls ist leicht zu behalten, dass Fragewörter fast immer am Satzanfang stehen. Also stellen wir richtig: *Wo bist du gestern gegangen?*

Natürlich noch nicht ganz korrekt, denn hier wurde eine für das Deutsche sehr wesentliche Unterscheidung zwischen *Ortsangabe* und *Richtungsangabe* nicht beachtet. Hierzu einige weitere Beispiele:

Ich fahre nach Italien – Ich lebe in Italien.
Ich gehe ins Bett – Ich bin im Bett.
Ich gehe zum Arzt. – Ich war beim Arzt.

Der jeweils erste Satz wird durch *wohin?* erfragt, der zweite durch *wo?* Die Unterscheidung zieht sich durch ein gutes Stück deutscher Grammatik und ist deshalb sehr wichtig. Wenn Ihr Partner Fehler bei räumlichen Angaben macht, prüfen Sie fürs Erste schon, ob er eine *wo*-Angabe und eine *wohin*-Angabe verwechselt, und machen Sie ihn auf die Existenz dieser Differenzierung aufmerksam. Näheres dann in den Übungen (im Kapitel *Präpositionen (2)*, S. 115ff.).

Wo steht das Verb?

In der letzten Korrekturversion haben wir stillschweigend noch eine andere Verbesserung vorgenommen, nämlich die der Wortstellung. Eine weitere fundamentale Regel des Deutschen besagt, dass das Verb im normalen Satz auf Platz 2 steht. Es besteht oft die Freiheit, Position 1 und die Positionen nach der zweiten nach Belieben zu besetzen, aber auf Platz 2 steht das Verb.

Leider	habe	ich morgen keine Zeit.
Ich	habe	leider morgen keine Zeit.
Morgen	habe	ich leider keine Zeit.

Viele Lerner haben zwar kein Problem, diese Regel zu verstehen – nichts daran ist schwer zu begreifen –, sie scheinen sie aber nicht so recht wahrhaben zu wollen. Dass man, vom Inhalt des Satzes völlig unabhängig, abzuzählen hat, wo das Verb steht, scheint mehr mit Mathematik als mit Sprache zu tun zu haben.

Weil das so befremdlich ist, glauben viele, die Grammatik ließe sich austricksen, indem man ein Komma setzt (oder hinzudenkt) – aber nicht einmal das erlauben die deutschen Stellungsregeln:

*Leider, ich habe morgen keine Zeit.

ist also falsch.

Die Positionsangabe bezieht sich übrigens auf Satzglieder und nicht auf Wörter. Die erste Position kann natürlich von beliebig langen Satzgliedern eingenommen werden:

Am Mittwoch nächster Woche habe ich leider keine Zeit.

Verbstellungsfehler gehören zu den häufigsten überhaupt und sollten in Ihrer Korrektur-Prioritätenliste weit oben stehen. Andererseits kann ihrer Häufigkeit wegen das Korrigieren sehr lästig werden. Deshalb sollte man wenigstens konsequent Übungen zum Thema machen.

Zwei ebenfalls wichtige Stellungsregeln seien nur kurz erwähnt. Im Fragesatz (ohne Fragewort wie *wer, wann* ...) steht das Verb auf Position 1:

Kommst du morgen?

Ein häufiger Fehler ist auch:

(*)Du kommst morgen?

Von Deutschen wird diese Frageform nur in besonderen Fällen, als Rückfrage oder Vergewisserungsfrage etwa, verwendet. Wenn ein Lerner so formuliert, beherrscht er womöglich die normale Frageform nicht. Deshalb: nicht überhören, sondern korrigieren und den Unterschied verdeutlichen.

Viele Satzglieder, die eng zum Verb gehören, oder Teile des Verbs selbst, stehen auf der letzten Position im Satz, z. B.:

Ich kaufe nachher noch im Supermarkt ein.
Ich muss heute in die Reinigung gehen.
Ich bin gestern ins Schwimmbad gegangen.

Position 2 und Endposition sind also die beiden wichtigen Plätze für alles, was mit dem Verb zu tun hat. Die deutschen Grammatiker sind deshalb auf den bildhaften Ausdruck der „Satzklammer" verfallen, weil das Verb und ihm eng zugehörige Teile eine Klammer um den Satz bilden, außerhalb derer gewöhnlich nur das Satzglied auf der ersten Position steht.

Wir haben nun unter Anwendung von vier Regeln den korrekten Satz hergeleitet:

Wohin bist du gestern gegangen?

Die Regeln sind:
- Setze das Verb in die geforderte Personalform.
- Verwende das Verb in der richtigen Zeitstufe.
- Setze das Verb auf Position 2.
- Beachte die Unterscheidung *wo – wohin.*

Zusammen mit der falschen, aber weniger relevanten Platzierung von *wo* haben wir also die fünf Fehler im obigen Satz gefunden und damit einige der häufigsten Fehlerquellen durchgearbeitet – wenn auch nicht sehr systematisch. Auf wenige weitere wird im Folgenden eingegangen.

Zunächst aber noch die Frage an den deutschen Lernpartner, ob er mit dem letzten Korrekturergebnis wirklich ganz zufrieden ist. Ist dieser Satz korrekt nicht nur im grammatischen Sinn, sondern wenn auch die „Angemessenheit des Ausdrucks" berücksichtigt wird? Würde ein Deutscher in der gleichen Situation so fragen? Da Sie den Äußerungskontext kennen, werden Sie diese Frage ohne Zögern verneinen. Kein Deutscher würde sich auf diese Weise über sonntägliche Unternehmungen seines Gesprächspartners zu informieren versuchen. *Was hast du gemacht/unternommen?* oder einfach *Wo warst du?* wären die üblichen Ausdrucksweisen. Die Frage, ob der Lernende sich nicht nur grammatisch korrekt ausdrückt, sondern auch angemessener oder üblicher Formulierungen bedient, sollte man – wie im ersten Kapitel schon bemerkt – beim Korrigieren nie aus dem Blick verlieren. (Dass es etwas unfair ist, einen Lerner erst seine sämtlichen Fehler korrigieren zu lassen und ihm dann klar zu machen, dass man so nicht sagt, steht auf einem anderen Blatt.) – Zu den erwähnten weiteren Hauptschwierigkeiten gehören die folgenden.

Der Imperativ

Der Imperativ, zu Deutsch Befehlsform, ist sehr einfach zu bilden:

Komm!
Geh!
Iss! (*i* statt *e*, wie bei allen Verben mit *e-i*-Wechsel; vgl. Übersicht *Konjugation* im Anhang)
Warte! (in manchen Fällen mit *-e* am Ende; diese Regeln sind etwas kompliziert, aber für den Anfang vernachlässigbar).

Dies sind die Formen gegenüber Personen, die man mit dem vertraulichen *du* anspricht. Die Entsprechung zum Siezen ist noch einfacher:

Kommen Sie!
Gehen Sie!
Essen Sie!
Warten Sie!

Man verwendet einfach die Grundform des Verbs, jetzt aber immer begleitet vom Pronomen *Sie*. Obwohl diese Formen so einfach sind, taucht mit der allergrößten Regelmäßigkeit während der Grundstufe und länger ein Fehler auf. Fordern Sie Ihren (schon etwas fortgeschrittenen) Partner in seiner Muttersprache oder auf Englisch auf, Ihrerseits Sie zu etwas aufzufordern: Ihnen ein Buch zu geben vielleicht. Mit einiger Wahrscheinlichkeit lautet der Satz:

*Gibst du mir das Buch.

anstatt:

Gib mir (bitte) das Buch.

Auch dies ist ein leicht zu überhörender Fehler. In der richtigen Weise ausgesprochen, handelt es sich ja um eine Frage, die ebenfalls als Aufforderung verwendet werden kann:

Gibst du mir bitte mal das Salz?

Das Problem liegt aber darin, dass die Lerner *nur* diese Form verwenden – dazu noch meist mit der falschen Intonation –, also den eigentlichen Imperativ, der ja eine wichtige Rolle spielt, ganz links liegen lassen. Der Fehler kommt daher, dass Lerner den Imperativ für *du* einfach in Entsprechung zum *Sie*-Imperativ bilden. Weisen Sie darauf hin, dass nur für den letzteren das Pronomen mitverwendet werden muss und darf.

Nun kommen wir zu dem Bereich grammatischer Phänomene, denen das Deutsche seinen Ruf als schwere Sprache eigentlich verdankt. Es wurde schon darauf hingewiesen, dass Fehler hier aber weniger ins Gewicht fallen.

Das Geschlecht (Genus)

Deutsche Nomen haben ein grammatisches Geschlecht (Genus), sie sind weiblich (Feminina), männlich (Maskulina) oder sächlich (Neutra):

die Tasche
der Turm
das Bier

In vielen Sprachen gibt es dieses Phänomen Genus überhaupt nicht. Andere, wie das Italienische, kennen nur zwei Genera. An den Endungen z. B. der italienischen Nomen lässt sich gewöhnlich ablesen, zu welchem sie gehören. Zum großen Verdruss der Deutschlerner ist dies bei deutschen Nomen aber nicht möglich. Dem Wort *Turm* ist nicht anzusehen, dass es männlich, also mit dem Artikel *der* zu verwenden ist.

Es gibt zwar einige Regeln, die aber immer nur auf je kleine Portionen des Gesamtwortschatzes anwendbar sind. Am nützlichsten für den Anfang ist die Faustregel, dass Wörter, die auf *-e* enden, oft weiblich sind. Ansonsten folgt aus der Schwierigkeit der Genusbestimmung, dass jedes neue Lernwort zusammen mit Artikel notiert werden sollte. (Der Lernkärtchen-Eintrag müsste also *der Turm* sein, nicht nur *Turm.*)

Eine weitere Konsequenz ergibt sich im Zusammenhang mit dem folgenden Thema, den Fällen. Deren gründliche Beherrschung erleichtert auch das Erlernen der Genera.

Die Fälle (Kasus)

Das Deutsche kennt vier Fälle: Nominativ, Akkusativ, Dativ und Genitiv. Nomen, Artikel, Pronomen und Adjektive stehen immer in einem dieser vier Fälle.

der Apfel:	Artikel und Nomen im Nominativ
meinen Apfel:	Possessivpronomen und Nomen im Akkusativ
dir:	Personalpronomen *du* im Dativ
eines grünen Apfels:	Wortgruppe mit Adjektiv im Genitiv

Es kann recht schwierig sein einem Lerner klar zu machen, was es mit diesen Fällen auf sich hat, worin also ihre Funktion besteht. Hier kann nur angedeutet werden, auf welchen Wegen man sich dem Phänomen nähern kann.

Erstens gibt es in vielen Sprachen Entsprechungen. Das Russische kennt beispielsweise noch mehr Fälle als das Deutsche und das Prinzip dürfte russischen Lernern keine Probleme machen. Sie werden schlimmstenfalls feststellen müssen, dass die Verwendung nicht immer die gleiche ist, dass man etwa im Russischen einmal dort einen Dativ braucht, wo im Deutschen ein Akkusativ verwendet wird o. ä. Aber auch dem Deutschen gar nicht verwandte Sprachen wie das Türkische oder das Japanische kennen etwas unseren Fällen Analoges, und es lohnt natürlich, die Parallelen aufzuspüren. Im Japanischen drückt z. B. eine dem Nomen nachgestellte Partikel *o* den Akkusativ aus:

kohi o nomu = Kaffee *(Akk.)* trinken

Im Türkischen wird dem Wort, z. B. *sen = du*, eine Silbe angehängt: *seni = dich*. Dabei kommt es aber in solchen Sprachen oft zu noch größeren Verwendungsunterschieden als gegenüber verwandten Sprachen wie dem Russischen. Aber die Grundfunktion lässt sich klar machen.

Auch in unseren romanischen Nachbarsprachen und im Englischen gibt es verwandte Erscheinungen, die dort allerdings auf den Bereich der Pronomen beschränkt, also nur noch als Reste vorhanden sind. Daher kann es mehr verwirrend als erhellend sein, die funktionale Entsprechung z. B. zwischen dem italienischen Personalpronomen mit Akkusativfunktion (*me, te* ...) und dem deutschen Akkusativ (*mich* beim Personalpronomen) deutlich zu machen, aber man kann es versuchen.

Dennoch haben oft auch Sprecher von Sprachen, die Fälle aufweisen, Probleme, vielleicht, weil sie sich mit der Grammatik der eigenen Sprache nie befasst haben. Man kann dann einen anderen Weg gehen und zeigen, dass die verschiedenen Fälle immer in Abhängigkeit von bestimmten Elementen des Satzes gebraucht werden. In der Hauptsache handelt es sich bei diesen Elementen um Verben und Präpositionen. Beispiele:

- Das Verb *essen* verlangt ein Akkusativobjekt.
  Ich esse einen Apfel.
- Das Verb *geben* verlangt ein Akkusativ- und ein Dativobjekt.
  Ich gebe dir einen Apfel. – Dir ist Dativ, *einen Apfel* Akkusativ.
- Auf die Präposition *mit* folgt immer ein Dativ.
  Ich telefoniere mit dir.

So lässt sich für jedes Verb und für jede Präposition angeben, mit welchem Fall sie zu gebrauchen ist. In der Praxis ist das weniger kompliziert, als es zunächst den Anschein hat; nach kurzer Zeit kann ein aufmerksamer Lerner in den meisten Fällen, zumindest bei vielen häufig verwendeten Verben, ohne Probleme erraten, welcher Kasus zu verwenden ist.

Das Erlernen dieser Fälle, d. h. der Formen und ihrer Verwendung, sollte neben der Verbkonjugation und der Wortposition im Zentrum der Aufmerksamkeit von Lerner und Partner stehen, aus zwei Gründen. Oben war von den Schwierigkeiten der Genusbestimmung gesprochen worden. Ist *Tür* männlich, weiblich oder sächlich? Das Wort verrät es nicht. In dem Satz:

Die Tasche steht neben der Tür.

hört der Lerner den Ausdruck *der Tür*. Nur wenn ihm klar ist, dass in diesem Satz *der* ein Dativ sein muss (warum, wird sich später klären), dass somit der Nominativ nur *die Tür* sein kann, hat er das Wort richtig als Femininum kategorisiert. Er hat so einen verarbeitbaren Input, der ihm hilft, sein Genuswissen zu festigen. Beherrscht er die Fälle und ihre Verwendung aber nicht, wird womöglich Unsicherheit auch in der Genusbestimmung auf Dauer die Folge sein.

Der zweite Grund liegt im jetzt zu behandelnden Thema Adjektivdeklination. Wenn die relativ einfachen Fälle bei Nomen, Artikel und Pronomen nicht wirklich gut sitzen, werden die Schwierigkeiten mit den Adjektiven unüberwindlich.

Die Adjektivdeklination

Die Adjektivdeklination dürfte das bei Lernern unbeliebteste Kapitel der deutschen Grammatik sein. Zum Teil liegt das an der Art und Weise, in der sie in Grammatiken und manchen Lehrbüchern abgehandelt wird. Dort finden sich drei Tabellen mit je 16 Feldern, scheinbar völlig willkürlich übersät mit einem bunten Reigen von Adjektivendungen. So kann sich tatsächlich der Eindruck der Unlernbarkeit einstellen. Bei vernünftiger Präsentation und schrittweiser Aneignung verliert sie aber doch einiges von ihrem Schrecken. Hier nur in Kürze das Grundprinzip, das zeigt, wo bei Korrekturen anzusetzen ist.

Adjektive richten sich im Genus, im Fall und in der Zahl grundsätzlich nach dem folgenden Nomen. Beispiele:

ein großes Bier	(Neutrum im Singular)
eine große Flasche	(Femininum im Singular)
meine alten Schuhe	(Plural)

Nun ginge es noch an, die für ein bestimmtes Genus usw. erforderlichen Endungen zu erlernen, wenn nicht eine weitere Komplikation hinzukäme. Die Endungen variieren nämlich in einigen Fällen in Abhängigkeit davon, was für ein Wort dem Adjektiv vorausgeht. Ist es ein bestimmter Artikel, sind es (teilweise) andere als nach einem unbestimmten Artikel. Im Nominativ der Maskulina etwa:

ein kleiner Mann
aber: der kleine Mann

Die erwähnten drei Tabellen führen daher auf:
- Endungen nach unbestimmtem Artikel und ähnlichen Wörtern
- Endungen nach bestimmtem Artikel und ähnlichen Wörtern
- und schließlich als dritten Fall noch: Endungen für das Adjektiv ohne vorangehenden Artikel.

In den Übungen wurde versucht, so viel Ordnung und Übersichtlichkeit wie möglich in das Thema zu bringen, und die drei Tabellen wurden auf eine reduziert. Fürs Erste lässt sich nur der Hinweis geben, dass bei verschiedenen Artikeln verschiedene Formen des Adjektivs erforderlich sind. Wer diesen Ansatzpunkt kennt, wird vielleicht selbst ein wenig Methode im grammatischen Wahnsinn entdecken. Andernfalls: s. Übungen und Anhang.

Der Artikel

Was die Artikel *ein* und *der* betrifft, so stellt für bestimmte Lerner nicht deren Deklination das Hauptproblem dar, sondern die Tatsache, dass es sie überhaupt gibt. Neben sehr vielen anderen Sprachen kommt beispielsweise das Russische ohne solche Wörter aus und erfahrungsgemäß ist es das größte Einzelproblem russischer Lerner, sich auf die Notwendigkeit ihrer Verwendung im Deutschen zu besinnen. (Wie groß es ist, lässt sich an folgendem Satz einer ansonsten sehr sprachbegabten russischen Kursteilnehmerin ablesen: „Ich habe Probleme mit Artikel.“) Wenn Ihr Partner zu diesen schwierigen Fällen zählt, suchen Sie sich gute Übungen zum Thema und legen Sie große Beharrlichkeit an den Tag. Wir gehen wegen der großen Komplexität der Materie und des im Verhältnis dazu doch nicht so großen Gewichts der Fehler nicht näher darauf ein.

Die Wortstellung in Nebensätzen

Oben war schon die Rede von der wichtigsten Verbstellungsregel im normalen Satz: Verb immer auf Position 2, daneben spielt in vielen Fällen auch die Endposition eine wichtige Rolle. Eine weitere sehr wichtige Stellungsregel sollen Sie jetzt noch kennen lernen, nämlich die Position des Verbs im Nebensatz. Nebensätze sind von anderen abhängige Sätze, wie z. B.:

Er sagte, <u>dass er heute nicht kommen kann</u>.
Die Frau, <u>die da drüben sitzt</u>, kenne ich.

Sehr häufig sind Fehler wie die folgenden:

*Er sagt, dass er kann nicht kommen.
*Die Frau, die sitzt da drüben, kenne ich.

Die Lerner behalten einfach die Wortstellung aus dem normalen Satz bei, während die Regel lautet: Verb im Nebensatz ans Ende. Wenn Sie also feststellen, dass in einem Satz Ihres Partners etwas mit der Wortstellung nicht stimmt, liegt es in sehr vielen Fällen an Verstößen entweder gegen die oben behandelten Regeln für Verben im einfachen Satz oder gegen diese Nebensatzstellungsregeln.

Oben und im letzten Abschnitt war auch in Fällen, wo mehrere Verben in einem Satz vorkommen, von der Stellung <u>des</u> Verbs die Rede. Aber im Falle eines Nebensatzes wie: *(Er sagte,) dass er heute nicht kommen kann.* ist zunächst nicht offensichtlich, auf welches Verb sich die Stellungsregeln beziehen.

Um hier Klarheit zu schaffen, stellen wir noch einmal die (oben schon eingeführten) verschiedenen Formen des Verbs nebeneinander. Man unterscheidet:

– **die Personalform** des Verbs – das ist jede Form, die den Bezug auf eine der grammatischen Personen ausdrückt, wie z. B. *(ich) kann, (du) kommst, (er) würde, (wir) wären ...*
– **den Infinitiv:** die Wörterbuchform, die z. B. auch zusammen mit einem Verb wie *können* verwendet werden muss: *Ich kann* (= Personalform) *kommen* (= Infinitiv).
– **das Partizip:** Mit diesem bildet man u. a. das Perfekt: *ich bin <u>gegangen</u>, ich habe <u>gemacht</u>* ... (Ganz korrekt läuft es unter der Bezeichnung „Partizip II“; mit dem sehr viel weniger wichtigen Partizip I (*gehend, machend* ...) werden wir uns gar nicht befassen.)

Regeln wie ‚Verb im Hauptsatz auf Position 2‘ oder ‚Verb im Nebensatz ans Ende‘ beziehen sich immer auf die Personalform des Verbs, wenn nicht ausdrücklich von Infinitiv oder Partizip die Rede ist.

Zum Abschluss die Nagelprobe: Unterhalten Sie sich mit Ihrem Partner und führen Sie eine kleine Fehleranalyse durch. (Das kommt natürlich nur in Frage, wenn der Partner schon in der Lage ist Fehler zu machen, also kein blutiger Anfänger mehr.) Rekapitulieren wir aber zuerst. Fehler unterlaufen häufig und fallen besonders ins Gewicht bei:

- der Bildung der Personalformen des Verbs (*ich gehe, du gehst ...*)
- der Bildung der Vergangenheitsformen des Verbs (*ich bin gegangen ...*)
- der Platzierung von Verb und zum Verb gehörenden Komponenten oder Satzteilen im Hauptsatz (wichtig: Position 2 und Endposition)
- der Platzierung des Verbs im Nebensatz (Endposition)

Außerdem finden sich reichlich Stolperstellen auf dem Feld der zu deklinierenden Wörter: Artikel, Adjektive, Pronomen und Nomen. Bei Letzteren muss das Genus gelernt werden und alle zusammen sind richtig zu deklinieren. Besonders wichtig ist anfangs:

- die richtige Verwendung der Fälle abhängig vom Verb
- die richtige Verwendung der Fälle bei Präpositionen, u. a. abhängig von der Unterscheidung zwischen Orts- und Richtungsangaben (*im Park* und *in den Park ...)*

Schließlich ein Thema, das als besonders heikel gilt und an dem man beharrlich, aber ohne Stress und Übereilung arbeiten sollte:

- die Deklination der Adjektive (*ein großes Bier, das große Bier ...*)

Wenn Sie lieber nicht gleich mit Partner in den Ring steigen wollen, versuchen Sie sich zuerst an der Korrektur folgender typischer Fehler. Begründen Sie Ihre Korrekturen!

1. Kommen du morgen?
2. Er habt heute keine Zeit.
3. Er hat einen Brief geschreibt.
4. Du arbeitest wo?
5. Wo fährst du?
6. Das Bier ist in den Kühlschrank.
7. Heute Abend ich gehe ins Kino.
8. Zum Glück, die Lehrerin ist sehr freundlich.
9. Du hast Hunger?
10. Ich muss jetzt fahren zur Tankstelle.
11. Sie sagt, dass sie ist heute ein bisschen krank.
12. Kommst du!
13. Ich habe lange mit die Verkäuferin gesprochen.
14. Ich möchte ein kleine Bier.
15. Ich mag sehr im See schwimmen.
16. Gestern du gehen wo?

Die Korrekturen sollten etwa so ausfallen:

1. Das Verb muss „konjugiert" werden!
2. Das Verb *haben* hat einige unregelmäßige Formen, z. B. *hat* statt *habt.*
3. Ein unregelmäßiges „Partizip": *geschrieben.*
4. Fragewörter stehen am Satzanfang.
5. Bei Richtungsangaben fragt man *wohin?*
6. Die passende Frage wäre *wo?*, deshalb Dativ *im.*
7. Das Verb steht im normalen Satz auf Position 2.
8. Das Verb steht auf Position 2, gewöhnlich kein Komma nach Position 1.
9. Der normale Fragesatz wird mit Verb in Erstposition gebildet.
10. Die „Satzklammer": Verben auf Position 2 und am Ende.
11. Das Verb steht im Nebensatz am Ende.
12. Normale Aufforderung: Imperativ *komm!* ohne Pronomen *du.*
13. *Mit* ist eine Präposition, die den Dativ verlangt; bei Feminina: *der.*
14. Die berüchtigte Adjektivdeklination! Werfen Sie schon einen ersten Blick auf Seite 254.
15. Grammatik und Ausdruck: Ich schwimme sehr gerne im See.
16. s. o.

Nachbemerkung

Ist Deutsch eine schwere Sprache?

Das Deutsche steht gemeinhin im Ruf einer schweren Sprache. Zu Recht? Die Frage lässt sich gewiss nicht auf einer Seite abschließend behandeln, aber einige kurze Bemerkungen dazu sind vielleicht doch hilfreich – für die leichter einzuschüchternden unter den Lernern wenigstens.

Im Grammatik-Kapitel war deutlich geworden, dass im Satz, und damit in der Grammatik überhaupt, eine bestimmte Wortart eine besondere Rolle spielt, nämlich das Verb – die Hauptrolle, könnte man sagen. Das Verb ist das Strukturzentrum, von dem her sich Sätze organisieren. Wenn das Verb und die Bezüge, die es im Satz herstellt, verstanden sind, ist meist zumindest der Kerngehalt des Satzes verstanden. Außerdem fallen Konjugationsfehler, also falsche Verb-Endungen, eben besonders unangenehm auf. Ein unkonjugiertes Verb – *du gehen* – klingt immer sehr falsch; eine fehlende Endung beim Nomen – *ich kenne den Name nicht* – wird unter Umständen sogar überhört.

Nun ist zwar die Handhabung dieser Verben im Deutschen nicht ganz ohne Komplikationen. Zu Anfang sind einige Formen zu lernen und außerdem beziehen sich ja die wichtigsten Wortstellungsregeln auf das Verb. Aber übermäßiger Lernaufwand ist mit deren Aneignung nicht verbunden und vor allem: Wenn ein Lerner diese Schwierigkeiten überwunden hat, wird ihm dafür die *Verwendung* der Verben kaum noch Probleme bereiten. In sehr vielen anderen Sprachen fangen dagegen mit der Beherrschung der Formen die Probleme erst an. Man denke, um zur naheliegenden Illustration nur die Verhältnisse im Englischen anzuführen, an die Unterscheidung zwischen einfacher und Verlaufsform, zwischen einfacher Vergangenheit und Perfekt und an die Futurformen des Englischen, deren korrekte Verwendung alles andere als leicht zu erlernen ist. Im Deutschen gelangt man dagegen mit Präsens und Perfekt der Verben, ohne weitere Komplikationen durch Verlaufsformen usw., zwar nicht zur vollendeten schriftlichen Sprachbeherrschung, kommt aber gut und ohne grobe Schnitzer durch den Sprachalltag.

Wenn man einem Lerner deutlich machen kann, dass der gekonnte Umgang mit den Verben, der eben im Deutschen nicht sonderlich schwer zu erlernen ist, ihn ein sehr viel größeres Stück voranbringt als die Beherrschung z. B. der Adjektivdeklination, lässt er sich vielleicht weniger durch das schlechte Image des Deutschen einschüchtern. Das kann für die Lernmotivation nicht unwichtig sein. Es ist ermunternder, einen sanft geschwungenen Hang vor sich zu sehen als schroffe Klippen.

Es ist gar nicht so schwer, schon nach relativ kurzer Zeit ein passables, wenn auch nicht in jedem formalen Detail mustergültiges Deutsch zu sprechen. Das Englische wurde als „die am leichtesten schlecht zu sprechende Sprache der Welt" bezeichnet – demgegenüber ist Deutsch, um den Scherz aufzunehmen, eine zwar etwas schwerer, dafür aber deutlich besser zu sprechende Sprache.

Voraussetzung ist, dass sich die Lerner gewisser notwendiger Differenzierungen und Gewichtungen bewusst sind und ihre Lernstrategien daran orientieren. Wer sich in die vertrackte deutsche Adjektivdeklination verbeißt und den Mund nicht aufzutun wagt, bevor er die Genitiv-Endung gefunden hat – für den ist Deutsch eine schwere Sprache. In jedem Fall sollte man den Blick schärfen für das, was einfach ist am Deutschen, „positiv denken" – und sich mit dem komplizierteren Rest einfach mehr Zeit lassen.

Üben – Spielen – Sprechen

Vorbemerkung

Hier nur einige Bemerkungen allgemeinerer Natur, zu jeder Übung finden Sie detaillierte Ausführungsanweisungen.

- Aus allem, was oben über das Sprachenlernen gesagt wurde, ergibt sich der wichtigste Grundsatz für die Durchführung der Übungen von selbst: Kein Stress! Immer soll der lernende Partner aktiv mitwirken, anwenden, trainieren, aber nie in strapaziösem Maß. Wenn beim Üben Überdruss aufkommt, tritt ohnehin kaum mehr ein Lerneffekt ein.
- Es geht in den Übungen nicht darum, eine bestimmte Struktur kennen zu lernen und ihre Verwendung an Beispielen verdeutlicht zu sehen. Das ist Aufgabe der Grammatik oder des Lehrbuchs. Die Übungen dienen dazu, eine solche Struktur so lange immer wieder zu praktizieren, bis sie geläufig wird. Sie sollten deshalb so oft wiederholt werden, bis sie einigermaßen fehlerfrei und in zügigem Sprechtempo bewältigt werden.
- Nehmen Sie keine zu weit getriebene Rücksicht auf das noch eingeschränkte Verständnisvermögen Ihres Partners und bemühen Sie sich auch nicht um eine überdeutliche Aussprache. Weichen Sie in Ihrem Part durchaus auch in alltagssprachlichen Formen von starren Übungsschemata ab.
- Die Übungen und Spiele sind nicht in eine so strenge Reihenfolge gebracht, wie dies bei Übungssequenzen in Lehrbüchern der Fall ist, wenn auch im Großen und Ganzen natürlich eine Progression beachtet wurde. Gegebenenfalls sollte geklärt werden, ob die thematisierte Grammatik im Unterricht schon behandelt wurde oder anderweitig bekannt ist. Wenn Ihr Partner einen Sprachkurs besucht, ist es nicht unbedingt angeraten, in der Grammatik vorzugreifen.
- Für viele Übungen und Spiele kann es nützlich sein, die wichtigsten zu verwendenden Ausdrücke groß auf einem Blatt Papier festzuhalten, das dann vielleicht während der ersten Hälfte der Übung offen liegt und dann (teilweise) abgedeckt wird.
- Die Lösungen oder die vom Partner zu übernehmenden Parts sind manchmal im vollen Wortlaut angegeben, manchmal nicht. Für den deutschen Teil ist es ja kein Problem zu beurteilen, ob Lösungen richtig sind, er benötigt sie also nicht. Manchmal möchte aber vielleicht der lernende Partner auch alleine eine Übung noch einmal durchgehen, er kann dann beispielsweise die jeweilige Frage/Vorgabe lesen, versuchen bei abgedeckter Lösung zu antworten/reagieren und dann vergleichen. Nur wo sich dies anbietet, wurden also Lösungen angegeben.
- „A“ steht in allen Übungen für den deutschen, „B“ für den lernenden Partner.
- Anstelle des eben noch erwähnten „lernenden Partners“ werden Sie von jetzt an vorwiegend mit einer „lernenden Partnerin“ zu tun haben: aus Gründen der Geschlechtergerechtigkeit natürlich.
- Mit dem vorangestellten Zeichen * werden grammatisch falsche Sätze gekennzeichnet, z. B. typische Lernerfehler.

Vorspiel

Welches Wo..?..t

Schreiben Sie den ersten Buchstaben eines Ihrer Partnerin schon bekannten Wortes in ein Kästchen auf kariertem Papier und geben Sie durch einen Begrenzungsstrich das Wortende an. Ihre Partnerin muss die fehlenden Buchstaben erraten.

Rät sie einen der vorkommenden Buchstaben richtig, tragen Sie ihn ein, bei mehrmaligem Vorkommen mehrmals. Rät sie falsch, wird das Gefängnis, in dem sie landen könnte, durch einen Strich ergänzt.

Beim Buchstabensprechen sollte man vor allem auf die korrekte Aussprache des langen *e* (in *be, ce, de* ...) achten. Vgl. Kapitel *Aussprache*, S. 25ff.

Geld-Stress-Chef-Kantine ...

Schreiben Sie 15–20 Wörter (Nomen, Adjektive oder Verben), die Ihre Partnerin zuletzt gelernt hat, auf ein Blatt. Wählen Sie stillschweigend eines aus und lassen Sie sich ohne langes Grübeln Assoziationen dazu einfallen. Ihre Partnerin muss das gemeinte Wort erraten. Beispiel: Sie haben *Beruf* ausgewählt und assoziieren:

> Bäcker – Geld – arbeiten – Taxifahrer – Pause – Lehrer – Kollegen – Ferien – 7 Uhr aufstehen – Kantine – ...

Anschließend lässt sich Ihre Partnerin zu einem ausgewählten Wort etwas einfallen, Sie raten.

Ein spielerischer, assoziativer Umgang mit Vokabeln zeitigt manchmal ebenso gute Ergebnisse wie das Karteikarten- oder Vokabelheftlernen und ist in jedem Fall eine sinnvolle Ergänzung.

Memory

Schreiben Sie die folgenden Ausdrücke auf Kärtchen. Die Karten werden verdeckt ausgelegt, ein Spieler nimmt eine auf, liest vor und versucht, die passende zweite aufzudecken. Hat es geklappt, legt er das Paar ab und deckt die nächste Karte auf, sonst ist der andere dran.

der Name
die Adresse
der Beruf
das Buch
die Schule
die Sprache
Tennis
der Kopierer
das Auto
die Universität
der Kuchen
der Wein
der Fotoapparat
das Bett
der Supermarkt
das Telefon
das Heft
der Fernseher

heißen
wohnen
arbeiten
lesen
lernen
sprechen
spielen
kopieren
fahren
studieren
essen
trinken
fotografieren
schlafen
einkaufen
telefonieren
schreiben
fernsehen

Studieren und *lernen*

Die Pendants zu den beiden Wörtern werden in vielen Sprachen anders als im Deutschen verwendet. *Studieren* ist praktisch bedeutungsgleich mit *die Universität besuchen* bzw. *ein bestimmtes Fach belegt haben* und bezeichnet nicht die eigentliche Lerntätigkeit. Auch Studenten *lernen* also zu Hause Deutsch, sogar wenn sie *Deutsch studieren.* Als Kurzauskunft zur ausgeübten Hauptbeschäftigung genügt daher im Deutschen praktischerweise: Ich studiere. (= Ich besuche die Universität.)

Das Spiel lässt sich unendlich variieren, für den Anfang z. B. mit wieder zu vereinenden Satzhälften (mit den Satzzeichen notieren!):

Woher	kommen Sie?	Nein danke, ich ..	rauche nicht.
Wie alt	sind Sie?	Essen Sie	gerne Fisch?
Wo	wohnen Sie?	Nein, ich mag	Fisch nicht.
Sind Sie	verheiratet?	Warum lernst	du Deutsch?
Haben Sie	Kinder?	Wohin	gehen Sie?
Trinkst	du gerne Bier?	Lesen Sie	gerne?
Wie ist Ihre ..	Telefonnummer?	Wie geht	es Ihnen?
Trinken Sie ..	einen Kaffee?	Was sind Sie	von Beruf?
Möchten	Sie eine Zigarette?	Hast	du ein Hobby?

Im Anschluss lesen Sie noch ein paar (am besten vordere) Satzhälften vor und lassen die Partnerin die andere aus dem Kopf ergänzen. Es empfiehlt sich immer, Ausdrücke und Sätze nach Spielen und Übungen noch einmal in ähnlicher Form abzurufen, gegebenenfalls mit Hilfestellungen.

Stumm

Machen Sie, nur mit Hilfe von Gesten, zehn Selbstaussagen, durch die Sie sich besonders gut charakterisiert sehen. Ihre Partnerin bemüht sich alles zu versprachlichen und kann auch Rückfragen stellen – beides nicht unbedingt „in ganzen Sätzen".

A: *zeigt auf seinen Ringfinger*
B: (Also, Sie sind) verheiratet.

A: *macht Lenkbewegungen und schüttelt den Kopf*
B: (Sie haben) kein Auto.

A: *drückt imaginierte Zigarette aus*
B: Sie rauchen nicht (mehr). Warum?

Fällt Ihnen hierauf eine gestische Antwort ein? Im Anschluss ist Ihre Partnerin dran.

Haben Sie heute Abend Zeit?

Malen Sie ein Männchen oder Weibchen in großem Format auf ein Blatt Papier. Ihre Partnerin schlüpft in dessen frei zu erfindende Rolle und antwortet mit viel Fantasie. Sie stellen die unten aufgeführten Fragen, die gewöhnlich in Anfängerlektionen eingeführt werden. Die Partnerin braucht wieder nicht unbedingt in vollständigen Sätzen zu antworten.

Führen Sie nach und nach Formulierungen ein, die bei Verständnisschwierigkeiten nützlich sind:

Was heißt *Beruf*?
Was bedeutet *spielen*?
Bitte noch einmal.
Sprechen Sie bitte langsam!
Ich verstehe das Wort/die Frage nicht.

In welcher Form dann die Bedeutungserklärungen erfolgen sollen, ist eine alte Streitfrage. Einfach das englische/muttersprachliche Wort angeben oder besser Beispiele oder Umschreibungen auf Deutsch? Letzteres kann sehr mühsam sein, hat aber den Vorteil, dass man in der Sprache bleibt. Vielleicht versuchen Sie's zuerst immer mit einer Erklärung in Deutsch, wenn die nicht ankommt, wechseln Sie in Ihre Verkehrssprache:

A: Spielen
z. B. Karten spielen, Klavier, Fußball
Kinder spielen
Memory ist ein Spiel ...
to play!

A	**B** *antwortet frei als Männchen/Weibchen*
Wie heißen Sie?	Ich heiße Elsa.
Wie alt sind Sie?	79.
Wo wohnen Sie?	
Woher kommen Sie?	
Was sind Sie von Beruf?	
Was machen Sie in Deutschland?	
Sind Sie verheiratet?	
Haben Sie Kinder?	
Haben Sie ein Hobby?	
Was essen Sie gerne?	
Was trinken Sie gerne?	
Was machen Sie abends immer?	
Was machen Sie am Wochenende?	
Spielen Sie ein Instrument?	
Sprechen Sie Englisch?	
Hören Sie gerne Radio?	
Schwimmen Sie gerne?	
Wie ist Ihre Telefonnummer?	
Was machen Sie heute Abend?	

Nichts soll Sie hindern, auf Widersprüche in den Aussagen der Partnerin aufmerksam zu machen und sie zur Stellungnahme aufzufordern:

A: In Deutschland studieren? Mit 79?

Danach ist Ihre Partnerin dran mit dem Fragen und Sie müssen, stellvertretend für das gezeichnete Geschöpf, Ihre Fantasie strapazieren. *B* soll dabei kurze Notizen machen (nicht ganze Sätze notieren!).

B	**A**	**B** *notiert*
Wie heißen Sie?	Ich heiße Heiko.	Heiko
Wie alt sind Sie?	Ich bin 18.	18
Wie ist Ihre Adresse?		
Woher kommen Sie?		
Was sind Sie von Beruf?		
Was machen Sie in Deutschland?		
Sind Sie verheiratet?		
Haben Sie Kinder?		
Haben Sie ein Hobby?		
Was trinken Sie gerne?		
Was machen Sie abends immer?		
Was machen Sie am Wochenende immer?		
Spielen Sie ein Instrument?		
Hören Sie gerne Radio?		
Schwimmen Sie gerne?		
Gehen wir zusammen essen?		

Anschließend stellt Ihre Partnerin anhand ihrer Notizen die zuvor von Ihnen verkörperte Figur vor:

> **B:** Das ist Heiko.
> Er ist 18. ... Er ist nicht verheiratet. ... Er spielt kein Instrument. ...

Stellen Sie abschließend zu diesem Bericht noch ein paar weitere Fragen, z. B. wie Ihre Partnerin diesen Menschen findet *(ist er sympathisch?)*, warum sie mit ihm essen gehen will ...

> Wenn ein Lerner nicht darauf festgelegt wird, tatsächlich bestehende Sachverhalte zu beschreiben – hier also in eigener Person wahrheitsgemäße Antworten zu geben –, agiert er oft prompter und unverkrampfter. Anstatt die jeweils passenden Ausdrücke finden zu müssen, kann er frei auf Gelerntes zurückgreifen und festigt dieses durch Anwendung.
>
> Ihre Partnerin soll Informationen auch dann erfassen, wenn sie nur einen Teil der Wörter versteht. Hier ein Beispiel, wie Sie Ihren Beitrag gestalten können.
>
> Ihre Partnerin fragt: Was sind Sie von Beruf?
>
> Sie antworten: Also, Beruf hab ich ja keinen, ich sag doch, dass ich erst 13 bin.
>
> Dann muss Ihre Partnerin vielleicht rückfragen (was selbst eine gute Übung ist), Sie lenken endlich ein: Also gut, Sie können schreiben Schüler ...

1 Verben im Präsens (1)

Die Formen des deutschen Verbs (ihre *Konjugation*) sind alles in allem nicht sonderlich schwer zu erlernen, sie müssen aber intensiv geübt werden.

In dieser ersten Runde geht es nur um den Singular (*ich, du, er/sie/es*) und die 3. Pers. Plural (*sie/Sie*).

Bei einer begrenzten Zahl – allerdings sehr häufig verwendeter – Verben tritt eine Unregelmäßigkeit auf, nämlich Vokalwechsel in der 2. und 3. Person Singular:

ich schlafe – du schläfst, er schläft
ich esse – du isst, er isst

Ob das Verb eine solche unregelmäßige 2. und 3. Person bildet oder nicht, muss jeweils mitgelernt werden.

Dazu und zur Einfügung eines *-e* bei z. B. *arbeit<u>e</u>t* vgl. Anhang *Konjugation*, S. 245ff.

Morgenstund hat ...

... manchmal Haare auf den Zähnen. Verteilen Sie gleich nach dem Aufwachen die Geschäfte für den Tag.

A	B
Machst du Kaffee?	Nein! **Du** machst Kaffee!
Kaufst du heute Brötchen?	Nein! **Du** kaufst heute Brötchen!
Holst du die Zeitung?	
Kochst du heute Mittag?	
Spülst du heute Geschirr?	
Putzt du heute das Bad?	
Bügelst du heute?	
Besuchst du heute deine Mutter?	(... meine Mutter)
Spielst du heute mit Hänschen?	
Wäschst du heute das Auto?	
Gehst du heute einkaufen?	
Telefonierst du heute mit Eva?	
Reparierst du heute dein Fahrrad?	(... mein Fahrrad)
Kopierst du die Grammatik-Übung?	
Schreibst du die Karte an Jörg?	
Kochst du heute Abend?	
Kaufst du heute das Wörterbuch?	
Lernst du heute Deutsch?	(... meine Sprache)

Anschließend fällt Ihre Partnerin entkräftet, aber besänftigt ins Kissen zurück und wiederholt, bevor sie wieder einschläft, alles, was heute Sie statt ihrer erledigen werden – möglichst aus dem Kopf. (Sie können Stichwörter geben.)

B: Also, <u>du</u> machst heute Kaffee und <u>du</u> kaufst heute Brötchen und <u>du</u> ...

Damit hat Ihre Partnerin ein einfaches Satzmuster geübt und konnte sich dabei ganz auf die Formen konzentrieren. Die erste Aufgabe war im Prinzip auch zu lösen ohne viel vom Gesagten zu verstehen. Schon das Wiederholen aus dem Kopf läuft aber nicht über die Formulierungen, sondern über die Inhalte, wodurch das Üben wirkungsvoller wird. Noch besser ist es, (weiterführende) Aufgaben so zu gestalten, dass wirkliche Äußerungsabsichten ins Spiel kommen; erst dann ist ja sozusagen der kommunikative Ernstfall gegeben. Darauf zielen Weiterungen wie die folgende. Sie lassen sich überall durchführen, wo es möglich ist, einen Bezug zu tatsächlich gegebenen Verhältnissen herzustellen. Das ist natürlich nicht immer bei allen Übungssätzen möglich, oft müssen diese etwas abgewandelt werden.

Fragen Sie anschließend Ihre wieder aufgeweckte Partnerin, wozu sie – Übung beiseite – heute tatsächlich fähig und willens ist – und bei fortgesetzter Totalverweigerung auch nach Gründen.

A: Also im Ernst, machst du jetzt Kaffee oder nicht?
B: Nein! **Du** machst Kaffee!

Kommt deine Mutter auch?

Ihre Partnerin muss *er*, *sie* Singular und *sie* Plural mit den zugehörigen Verbformen verwenden. Es könnte z. B. um Leute gehen, die zu einer Party kommen – oder nicht. Die Partnerin wählt die passende Antwort, nach Belieben bejahend oder verneinend. Sie stellen eine *warum-nicht*-Rückfrage oder geben Kommentare, wo sie passen (oder nicht).

A	B
Kommt Jörg?	Er kommt.
Und Susi, kommt die? (Warum nicht?	Nein, sie kommt nicht. Sie ist krank./...)
Kommen deine Schwestern? (Und wann?	Sie kommen. Sie kommen um ...)
Kommt Heiko? Kommen deine Eltern? Kommt Hanna? Kommen Herr und Frau Kern? Kommen deine Freundinnen? Kommt Claudia? Kommt Jan? Kommen deine Freunde? Kommt dein kleiner Bruder? Kommt Andrea? Kommt dein großer Bruder?	

Machen Sie noch ein wenig weiter mit Ihren Bekannten. – In einem späteren Durchgang soll Ihre Partnerin immer wie folgt antworten und damit die wichtige Regel ‚Verb auf Position 2' üben.

A	**B**
Kommt Jörg?	Natürlich kommt er!
Und Susi, kommt die?	Natürlich kommt sie!

Man sollte immer versuchen, Übungen durch Rückfragen oder Kommentare lebendiger zu machen. Die einfachste Möglichkeit besteht darin, mit *warum* rückzufragen, auch wenn dabei dumme Fragen herauskommen – was zählt, ist, dass man irgendwie antworten kann. Wenn bei solchen Abschweifungen Formulierungsprobleme auftreten, die über den eigentlichen Lernstoff hinausgehen, sollte man helfen, aber die Übungen nicht mit zusätzlichem Stoff überfrachten und nur korrigieren, worauf es jeweils ankommt.

Und was macht Mick Jagger gerade?

Schreiben Sie mit Ihrer Partnerin zusammen zwei Listen, eine mit schon bekannten Verben, die Aktivitäten bezeichnen, und eine zweite mit Ihnen beiden bekannten Personen: Freunden und Verwandten oder auch Prominenten. Dann stellen Sie zu jeder Person die gleiche einfache Frage „Was macht/machen ... (gerade)?" Ihre Partnerin antwortet mit einem der notierten Verben, das in irgendeiner Weise zur bezeichneten Person und den Umständen passt. Sie muss dabei auf das richtige Pronomen und die korrekte Verbform (jetzt vielleicht auch mit *e-i* oder *a-ä*-Wechsel und *e*-Einschub) achten. – Rückfragen sind erlaubt!

A *(wählt aus Personenliste)*	**B** *(wählt aus Verbliste)*
Was macht Esther gerade? (Jetzt? Um 12 Uhr nachts?	Sie arbeitet (gerade). ...)
Und was macht dein Bruder gerade? (Wo?	Er tanzt. ...)
Was macht Evas Kind gerade? (Warum?...	Es schläft jetzt. ...)
Was machen die Eltern von Jörg?	Jetzt? Jetzt trinken sie gerade.
Was machen Klaus und Katja gerade?	Sie lesen.

Noch einige Anregungen:

deine Oma – deine Deutschlehrerin – dein Ex-Freund – deine beste Freundin – Mr. Bush – Mr. Blair – Frau Merkel – der Papst – Harry Potter – Madonna – Herr Mandela – die Rolling Stones

Er isst auch gerade

Jetzt stellen Sie weiter Fragen zu den Personen aus der letzten Übung oder zu anderen Ihrer Wahl.

B bekommt das Buch und muss streng der Reihe nach die folgende Liste abarbeiten. Bei zweimal aufgeführtem Verb muss sie jetzt *auch* gebrauchen.

A	B
Was macht dein Bruder (gerade)?	Er isst (auch) (gerade).

essen – spielen – telefonieren – schlafen – schlafen – lesen – fotografieren – fotografieren – tanzen – kochen – arbeiten – duschen – duschen – schreiben – lernen – träumen – schlafen – schlafen – arbeiten – arbeiten – lesen – lachen – telefonieren – telefonieren – essen – essen – kochen – lernen – lesen – schlafen – träumen – lesen – schlafen – schlafen – essen – essen – waschen – bügeln – frühstücken – Deutsch lernen

Anschließend:

A	B
Und was machst du heute noch? Und ich?	Ich esse, ich spiele nicht, ich schlafe ... Ich glaube, du isst, du ...

Wortstellung

Der letzte Satz lautete: „Er/Sie lernt gerade Deutsch.“ Die Reihenfolge ist also eine andere als in der Vorgabe „Deutsch lernen“. In Form der Vorgabe wird der Ausdruck z. B. in folgenden Konstruktionen verwendet:

Deutsch lernen macht Spaß.
Ich möchte Deutsch lernen.
Was machst du gerne? – Deutsch lernen.

Aber wenn, wie es viel häufiger vorkommt, *lernen* das einzige Verb in einem Satz ist, gelten die normalen Regeln: Verb auf Position 2 und alles, was eng zum Verb gehört, ans Ende (die „Satzklammer“). Für die folgenden Übungen ist diese Regel sehr wichtig.

Sie tanzt auch gerade Tango

Die Sätze werden jetzt durchgängig etwas komplexer. Ihre Partnerin soll bei Vorgaben-Dubletten *auch* verwenden (und u. U. *gerade*), um die eben erwähnte Stellungsregularität zu üben; Wörter wie *auch* und *gerade* stehen dann ja zwangsläufig zwischen dem Verb und seiner Ergänzung am Ende.

Man kann wieder die Personen aus den vorausgegangenen Übungen verwenden oder sich neue einfallen lassen.

A	**Vorgabe**	**B** *mit Buch*
Was macht Ralf gerade?	Karin fotografieren	Er fotografiert gerade Karin.
Und was macht Eva?	Bier trinken	Sie trinkt gerade Bier.
Was machen deine Schwestern?	Bier trinken	Sie trinken auch gerade Bier.
	die Katze fotografieren	
	die Katze fotografieren	
	Currywurst essen	
	Currywurst essen	
	Geschirr spülen	
	zur Arbeit fahren	
	zur Arbeit fahren	
	das Bad putzen	
	das Bad putzen	
	nach Basel fahren	
	nach Köln fahren	
	Schach spielen	
	Tango tanzen	
	Tango tanzen	
	mit Gerda telefonieren	
	mit Andreas sprechen	
	zu Abend essen	
	zu Abend essen	
	Zeitung lesen	
	nach Wien fahren	
	nach Wien fahren	
	ein Bad nehmen	
	ein Bad nehmen	
	mit Margit telefonieren	
	nach Salzburg fahren	
	ein Buch lesen	
	„Casablanca“ sehen	
	„Casablanca“ sehen	
	mit Heiko sprechen	
	mit Heiko sprechen	
	nach Hause fahren	
	nach Hause fahren	

Fragen Sie nach, an welche Aktivitäten sich Ihre Partnerin erinnert. Sie spricht frei und verwendet das Pronomen *jemand*:

B: Jemand isst zu Abend.
Jemand fotografiert eine Katze. ...

Wenn Ihre Partnerin nicht weiterkommt, helfen Sie und geben ein Stichwort, jeweils das Verb oder das Nomen:

A	B
Karten	Ach ja, jemand spielt Karten.
putzen	Jemand putzt das Bad.

Anschließend arbeiten Sie die gelernten Ausdrücke noch ein wenig auf:

A	B
Und was machst <u>du</u> heute noch?	Ich putze das Bad, ich trinke Bier ...
Und was machst du heute nicht? (Und warum telefonierst du nicht mit Gerda?	Ich telefoniere nicht mit Gerda. ...)
Und was machst du gerne? (Und warum trinkst du gerne Bier? ...	Ich trinke gerne Bier. ...)
Und was machst du nicht gerne? ...	...
Und was machst du oft?	...

Es kommt hier wieder nur auf den eigentlichen Übungsstoff an, nicht darauf, dass Ihre Partnerin z. B. *warum*-Fragen mit *weil* ... beantwortet. Sie sollten auf keinen Fall allen möglichen neuen Stoff einführen: Man verzettelt sich sonst sehr leicht und endet bei einem nutzlosen Grammatik-Querfeldeinlauf.

Zuerst schlafen oder Pause machen?

Stellen Sie dumme Fragen und lassen Sie sich angemessene Antworten gefallen.

A: Was macht man zuerst: essen oder kochen?

B: Das ist doch klar! Zuerst kocht man und dann isst man!

Anschließend wiederholt ihre Partnerin die wichtigsten dieser Aktivitäten, bei denen es so sehr auf die richtige Reihenfolge ankommt, aus dem Kopf.

arbeiten		Pause machen
frühstücken		Zähne putzen
‚Guten Tag' sagen		‚Auf Wiedersehen' sagen
essen		Geschirr spülen
duschen		joggen
Nachtisch essen		Kaffee trinken
flirten		küssen
bügeln		waschen
‚Tschüss' sagen		‚Hallo' sagen
Knoblauch essen		küssen
die Haare trocknen		die Haare waschen
die Haare föhnen		die Haare trocknen
heiraten	*oder*	Kinder bekommen
die Grundschule besuchen		den Kindergarten besuchen
das Gymnasium besuchen		die Uni besuchen
Auto fahren		Alkohol trinken
schreiben		sprechen (ein Kind)
den Salat essen		das Fleisch essen
schwere Übungen		leichte Übungen
sprechen		gehen (ein Kind)
essen		bezahlen
Pause machen		lernen
die Suppe essen		das Fleisch essen
Fahrrad fahren		Motorrad fahren
Brötchen essen		Brötchen holen
frühstücken		Kaffee kochen

Schwierige kleine Wörter

Die Bedeutung des *doch* aus den Beispielsätzen ist wie die vieler ähnlicher Wörtchen (*ja, schon, mal, denn ...*) ausgesprochen schwer zu erklären. (Viele von ihnen haben wie *doch* und *ja* aber noch andere, leichter vermittelbare Verwendungen.) In systematischer Form wird dieses Thema „Partikeln" in Mittel- und Oberstufe abgehandelt. Wenn man aber annäherungsweise ihre kommunikative Funktion verdeutlichen kann, spricht manches dafür, in Übungen wie hier solche Wörtchen mitzuverwenden. *Doch* drückt oft etwas wie schwache Empörung angesichts einer unvernünftigen Frage aus. Oder lernergerecht: Ärger.

Mit einem Anfänger sollten Sie diese Übungsserie gelegentlich wiederholen, ganz oder teilweise, langsam oder schnell, mit vielen abschweifenden Dialogen oder konzentriert in einem Rutsch. Und versuchen Sie, sie in den Alltag mitzunehmen: stellen Sie beim Spazierengehen, beim Geschirrspülen oder beim Fernsehen einfach ein paar Fragen (*Kochst du heute? – Nein, du kochst heute. – Was macht der Politiker da? – Er spricht gerade ...*) Es kommt nie darauf an, präzise sprachliche Beschreibungen zu geben, sondern nur darauf, schon bekannte Mittel in kreativer Weise zu verwenden.

Zwischenspiel

Ist er jung und reich und schön?

Sie notieren sich den Namen einer oder eines Prominenten. Ihre Partnerin muss die Person erraten, darf aber nur Ja/Nein-Fragen stellen, und zwar nicht mehr als zehn. Ist die Persönlichkeit dann nicht erraten, geht der Punkt an Sie.

B: Ist das ein Mann?
Lebt er in Europa?
Ist er jung? ...

Anschließend mit vertauschten Rollen. – Variante: Der Frager darf so lange fortfahren, bis die Antwort fünf Mal *nein* lautete.

Im Fragesatz steht das Verb auf Position 1. Häufiger Fehler: *Das ist ein Mann?* Obwohl diese Form der Frage manchmal möglich ist (in Rückfragen u. ä.), ist sie hier unangemessen und muss korrigiert werden.

Was machen eigentlich Politiker?

Ihre Partnerin wählt stillschweigend einen Beruf aus und beschreibt ihn in dieser einfachen Form:

B: (*Politikerin*) Sie spricht, sie telefoniert, sie diskutiert,
sie hört, sie fährt Mercedes ...

Sie erraten den Beruf, anschließend Rollentausch.

Politikerin – Bäcker – Taxifahrerin – Pilot – Hausmeister – Fotografin – Mathematik-Lehrer – Friseur – Polizistin – Kindergärtnerin – Krankenschwester – Computerspezialistin – (Uni-) Professor – Pianistin – Manager – Deutschlehrerin – Tänzerin – Arzt – Koch

Ihre Partnerin soll einerseits so früh wie möglich lernen, auch mit einfachsten Mitteln ihr kommunikatives Ziel – hier also die Angabe der zur Identifikation nötigen Tätigkeiten – zu erreichen. Daher sollten zunächst keine neuen Wörter eingeführt werden.

Andererseits bleiben neue Wörter besonders gut haften, wenn sie in einer Situation wie dieser gelernt werden, wo zuerst die Ausdrucksabsicht da ist und das passende Wort dafür gesucht wird. Deshalb kann man in einem späteren Durchgang anders verfahren und einige von der Partnerin benötigte Wörter neu einführen.

Er schläft sehr viel

Wie das Beruferaten, aber diesmal mit gemeinsamen Bekannten (oder Verwandten oder auch Prominenten). Außerdem können Sie mit den Wörtern *viel, wenig, oft, selten, manchmal, nie* etwas präziser werden:

> Sie isst sehr viel und sie arbeitet sehr wenig und sie tanzt oft und sie liest nie usw.

Sie erraten die oder den Bekannten, anschließend umgekehrt.

Zeichnen

Schreiben Sie wieder eine größere Auswahl von Verben und Ausdrücken mit Verben (*Karten spielen, Auto fahren ...*) auf ein Blatt Papier oder ziehen Sie bisher in Übungen verwendete heran. Bilden Sie dann mit minimalem zeichnerischem Einsatz, z. B. mit maximal 12 Strichen, eine Person ab, die eine von Ihnen ausgewählte Aktivität ausübt. Ihre Partnerin errät diese:

> **B:** Sie/Er kocht gerade Spaghetti. Stimmt das?

Anschließend umgekehrt.

Stimmen

Das Verb *stimmen* ist sehr nützlich, im Sprachvergleich aber ziemlich ausgefallen. Jedenfalls dürfte *das ist richtig* o. dgl. andernorts die häufigere Formulierungsweise sein und deshalb wird der Ausdruck *das stimmt* oft entweder gar nicht angenommen oder falsch verwendet: **Das ist stimmt.*

Zunächst sollten Sie also darauf achten, ob der Ausdruck überhaupt gebraucht wird, und dafür werben. Dann muss klar werden: *stimmen* ist ein Verb!

2 Verben im Präsens (2)

Es geht noch einmal um die Konjugation, nämlich wieder um das Problem der starken Verben mit *e-i-* bzw. *a-ä-*Wechsel, und außerdem um *sein, haben* und *möchte*. *Möchte* unterscheidet sich von allen anderen Verben durch Bildung der 3. Person auf *-e*: *Er/sie/es möcht-e*. Vgl. Anhang *Konjugation*, S. 245ff.

Und er auch

Für die Übung können, um die Sache anschaulicher zu machen, wieder die Männchen oder Weibchen auf Papier verwendet werden, und es darf ruhig ein bisschen gestikuliert werden – das lenkt die Aufmerksamkeit mehr auf den Inhalt. – Zunächst liest Ihre Partnerin die erste Satzhälfte vor und ergänzt die zweite. Sie brauchen hier nur zu korrigieren – und manchmal Fragen zu stellen.

B *liest vor*	**B** *ergänzt*
Ich habe ein Auto und er	hat auch ein Auto.
(**A:** Einen Ferrari?	...)
Ich esse gerne Fisch und er	isst auch gerne Fisch.
Ich komme aus Italien und er	
Ich spreche Japanisch und er	
Ich sehe gerne Liebesfilme und er	
Ich möchte jetzt ein Bier und er	
Ich habe wenig Zeit und er	
Ich nehme nie Medizin und er	
Ich lese gerne Romane und er	
Ich lebe in München und er	
Ich fahre morgen nach Ulm und er	
Ich lese oft Zeitung und er	
Ich fahre gerne Auto und er	
Ich möchte gerne Arabisch lernen und er	
Ich bin 18 und er	
Ich fahre gerne Fahrrad und er	
Ich esse gerne Wurst und er	
Ich möchte jetzt schlafen und er	
Ich fahre oft U-Bahn und er	
Ich höre gerne Musik und er	
Ich schlafe gerne lange und er	
Ich spiele gerne Karten und er	
Ich möchte Lehrer werden und er	
Ich spreche Englisch und er	
Ich möchte jetzt nach Hause gehen und er	
Ich arbeite bei VW und er	
Ich habe Hunger und er	
Ich lese gerne Comics und er	

Anschließend versucht Ihre Partnerin, ein ähnliches Schema mit (erinnerten oder abgelesenen) Übungssätzen auf Sie beide anzuwenden. Dabei kann auch die Verneinung verwendet werden.

B: Ich habe kein Auto, aber du hast ein Auto.
Ich esse gerne Fisch und du isst auch gerne Fisch. (Stimmt's?)

Man kann solche Übungen schließlich durch gelegentliches Einfügen von Wörtern lebendiger machen, die die eigene Einstellung zum Gesagten ausdrücken, wie *zum Glück* oder *leider*. Dabei aber auf die Wortstellung achten:

B: Ich habe ein Auto, aber du hast leider kein Auto.
Ich spreche Japanisch, aber du sprichst zum Glück nicht Japanisch.

Nichts spricht gegen eine Diskussion:

A: Warum „zum Glück"?
B: Wir müssen Deutsch sprechen ...

Verneinung

Die Verneinung ist kein ganz einfaches Thema.
Hauptfehlerquellen sind:

– die Position von *nicht*

Zu Anfang ist vor allem folgender Positionsfehler zu vermeiden:
*Er nicht kommt aus Italien.

– die Verwechslung von *nicht* und *nichts*

Wenn Ihrer Partnerin deutlich wird, dass *nichts* anstelle von *nicht etwas* verwendet wird (genauer: verwendet werden muss), vermeidet sie die meisten Fehler. Zu dem Satz:
Ich esse etwas.
darf also die Verneinung nicht lauten: *Ich esse nicht etwas.
sondern: Ich esse nichts.

– die Verwendung von *nichts* und *kein*

Kein wird immer verwendet, wenn in der positiven Form *ein* stehen würde:
Hast du ein Auto? – Ich habe kein Auto.

Und meistens auch dann, wenn in der positiven Form kein Artikel steht:
Hast du Hunger? – Ich habe keinen Hunger.
Hast du Kinder? – Ich habe keine Kinder.

Ein häufiger Fehler ist:
*Ich habe nicht ein Auto.

Belassen Sie es fürs Erste dabei, auf Vermeidung dieser drei Hauptfehler zu achten.

Er twittert gerne

Drücken Sie Ihrer Partnerin ein Prominenten-Foto aus der Zeitung in die Hand und fordern Sie sie auf, Vermutungen über die betreffende Person zu formulieren – unter Rückgriff auf die Sätze aus der letzten Übung, wo es passt, oder mit eigenen:

> **B:** *(mit Foto von Donald Trump)*
> Ich glaube/vermute, er hat ein Auto. – Er kommt nicht aus Italien. – ...

Was macht ein Auto nie?

Stellen Sie aus Nomen links und Adverbien rechts eine Frage zusammen, die von Ihrer Partnerin schnell mit Infinitiven zu beantworten ist. Wenn Ihnen eine Antwort allerdings zu dubios erscheint, könnte sich folgender Dialog entspinnen, in dem auch die 3. Person wieder vorkommt:

> **A:** Was macht ein Kind nachts?
> **B:** Tanzen.
> **A:** Tanzen?
> **B:** Natürlich! Es tanzt nachts.

A

Was macht	ein Auto		
	eine Frau		
	ein Kind		
	ein Fahrrad		
	ein Hund		
	ein Mann		
	ein Baby		
	eine Katze		
	ein Klavier	morgens	
	ein Fisch	nachts	
	ein Computer	oft	?
	ein Mädchen	nie	
	eine Maus	manchmal	
	ein Vogel	gerne	
	der Papst	ungern	
	ein Gentleman		
	eine Dame		

Diskutieren Sie anschließend besonders fragwürdige Antworten etwas ausführlicher:

> **A:** Du sagst, ein Klavier schläft nie. Warum?

In späteren Durchgängen sollen auch kompliziertere Ausdrücke verwendet werden:

> **A:** Was macht ein Kind nachts?
> **B:** Karten spielen. ...

Und Sie?

Die folgende kurze Übung soll nur dazu dienen, Ihre Partnerin für den kleinen, aber wichtigen Unterschied zwischen dem *sie* der 3. Person Singular und dem höflichen Anrede-*Sie* zu sensibilisieren.

Am besten führen Sie sie wieder unter Zuhilfenahme eines Strichweibchens durch, es verkörpert die Schwester, Freundin ... Ihrer Partnerin, die es zur Hand nimmt. Sie sprechen also zu beiden, zur gezeichneten Person und zum Gegenüber aus Fleisch und Blut. Ihre Partnerin muss hören, ob sie selbst oder das Wesen auf dem Papier gemeint ist. Da Letzteres nicht antworten kann ...

A	B
Haben Sie ein Auto? (Was für ein Auto?	Ja, ich habe ein Auto. Einen Ferrari natürlich.)
Ist sie alleine hier? (Mit wem ist sie hier?	Nein, sie ist nicht alleine hier. ...)
Essen Sie gerne Fisch? Sind Sie alleine hier? Hat sie ein Auto? Möchten Sie ein Glas Wein? Schwimmt sie gerne? Trinken Sie gerne Wein? Möchte sie etwas essen? Schwimmen Sie gerne? Tanzt sie gerne? Möchte sie ein Glas Orangensaft? Tanzen Sie gerne? Haben Sie heute Abend Zeit? Möchten Sie etwas essen? Essen Sie viel? Raucht sie viel? Trinkt Sie gerne Bier?	

Im Bett rauchen?

B reagiert rasch mit Angabe von fünf Aktivitäten:

A	B
Was macht man in der Küche?	arbeiten sitzen Zigaretten rauchen Musik hören Spaghetti kochen

Sie sollten aus den Tätigkeits-Salven Ihrer Partnerin gelegentlich besonders kritikwürdige abfangen – wobei *B* auch Vorschub leisten und absichtsvoll solche einstreuen kann.

Dann bezieht sie noch einmal entschieden Stellung:

A: Was macht man in der Oper?
B: ... Popcorn essen ...

A: Popcorn essen in der Oper?
B: Natürlich! Da isst man Popcorn!

A

Was macht man im Auto?
im Keller?
im Café?
in der Sauna?
im Bett?
auf dem Sofa?
in der Kirche?
im Wohnzimmer?
am Schreibtisch?
im Flugzeug?
im Bad?
auf dem Fußballplatz?
in der Oper?
in der Nacht?
in der Disko?
im Sommer?
im Urlaub?
im Krankenhaus?
am Meer?
im Kino?
im Himmel?
in der Hölle?
...

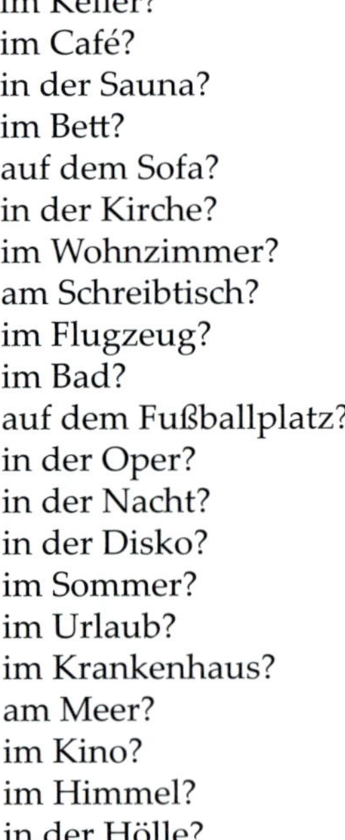

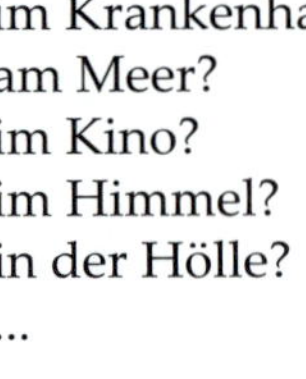

Zwischenspiel

Charakterköpfe

Mit Zeitungsfotos lässt sich einiges anfangen, auch wenn es sich bei den Abgebildeten nicht um Prominente handelt. Schneiden Sie einige Bilder mit interessant wirkenden Persönlichkeiten aus und fordern Sie Ihre Partnerin auf, Hypothesen aufzustellen.

B: Sie ist eine Sängerin aus Taiwan. Sie lebt in Paris. Sie ist 35. ...

Um der Fantasie auf die Sprünge zu helfen, können Sie Fragen stellen:

A

Ist sie verheiratet?
Hat sie viele Freunde?
Was isst sie gerne?
Was liest sie gerne?
Wie ist ihre Wohnung?
Welches Hobby hat sie?
Welche Sprachen spricht sie?
Wo macht sie Urlaub?
Was macht sie am Wochenende?
Was macht sie jetzt gerade?
Was macht sie heute noch? ...

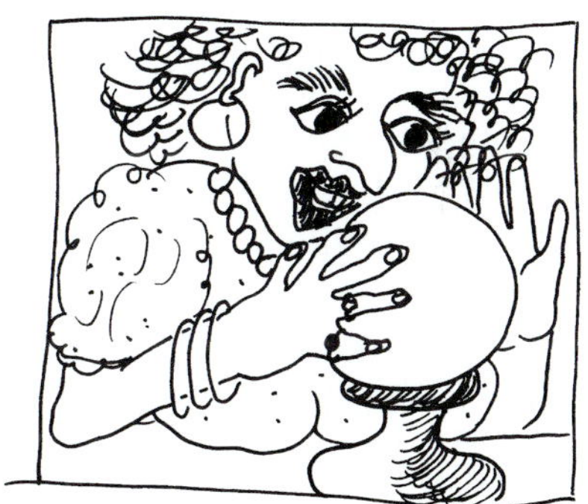

Fragen Sie anschließend Ihre Partnerin:
- ob sie diese (von ihr beschriebene) Person gerne kennen lernen möchte, oder
- ob sie mit dieser Person gerne Urlaub machen würde, oder
- ob sie glaubt, dass diese Person glücklich ist, oder
- ob sie glaubt, dass diese Person sehr alt werden wird, oder ...

Natürlich müssen die Antworten in einer Beziehung zu den zuvor verliehenen Eigenschaften stehen, und diese Beziehung muss auch erklärt werden.

Kann man da schlafen?

Einer notiert verdeckt einen Ort (Küche, Schwimmbad, Rom, Mond ...), der andere fragt (nur Ja/Nein-Fragen!). Wer mit weniger Fragen auskommt, gewinnt. Alternative: Einer wählt einen Ort und beschreibt ihn (*da kann man ...*), der andere errät ihn aus der Beschreibung.

Nützliche Formulierungen:

Muss man da ...?	Braucht man da ...?
Darf man da ...?	Bist du da manchmal/oft?
Kann man da ...?	Sind da viele ...?
Gibt es da ...?	Ist der Ort interessant/langweilig/schön ...?

Als Einstieg in die im nächsten Kapitel behandelten Modalverben hier also die Formen der 3. Person, in Verbindung mit *man*. Anders als normale Verben haben die Modalverben nicht die Endung *-t* für die 3. Person.

Es gibt verlangt ein Akkusativ-Objekt:

Gibt es da ein<u>en</u> Strand?

Das Akkusativ-Objekt wird systematisch erst in den Kapiteln *Deklination (1)* und *(2)* behandelt, es wurde aber im Grammatik-Kapitel schon eingeführt. Viele Verben, in den Übungen fürs Erste v. a. *haben* und *möchte*, verlangen ein Objekt im Akkusativ. Nur bei Maskulina kann man diesen Fall aber auch hören: aus *der* wird *den*, aus *ein einen*, aus *dieser diesen*.

Man kann sich auch vorab auf bestimmte Arten von Örtlichkeiten einigen oder das Raten auf eine der folgenden Listen beschränken:

A Apotheke – Krankenhaus – Kino – Disko – Gefängnis – Hotel – Sauna – zu Hause – Schwimmbad – Park – U-Bahnhof – Nachtklub – Friedhof – Internetcafé – Fußballplatz – Restaurant – Bäckerei – Fitness-Studio – Bett – Waschsalon.

B Friseur – Kantine – Schule – Supermarkt – Wochenmarkt – Kindergarten – Wald – Flugzeug – Bushaltestelle – Kaufhaus des Westens in Berlin – Uni-Mensa – Tennisplatz – Eislaufstadion – Café – Schuhgeschäft – Copyshop – Mond.

C Eiffelturm – Potsdamer Platz in Berlin – Sahara – Nordpol – Nizza – Petersdom in Rom – Akropolis in Athen – Frauenkirche in Dresden – Roter Platz in Moskau – Platz des Himmlischen Friedens in Peking – Pyramiden – Schloss Sanssouci in Potsdam – Hagia Sophia in Istanbul – Mount-Everest-Gipfel – Reichstag in Berlin – Schloss Neuschwanstein – Hamburger Hafen – Teutoburger Wald

Schaffen Sie es auch, sich in die folgenden Örtlichkeiten hineinzuversetzen?

D Kleiderschrank – Traum – Backofen – Schreibtischschublade – Bauch – Kühlschrank – Reisekoffer – Bierflasche

Führen Sie auch die folgenden Fragen noch ein:

Wie sagt man *mouse* auf Deutsch?
Was heißt *mouse* auf Deutsch?
Wie spricht man das? (Wenn die Aussprache eines Wortes unklar ist.)
Wie schreibt man das?

Sie werden am Anfang besonders häufig gebraucht und man übt mit ihnen nützliche Konstruktionen ein, die in anderen Zusammenhängen wieder auftreten werden.

Sauerkraut, Fisch und Marmelade

... kann man essen, aber besser nicht zusammen. Sehen Sie sich im Raum um oder sehen Sie aus dem Fenster und benennen Sie Gegenstände, die unter einem bestimmten Gesichtspunkt in die gleiche Klasse gehören. Ihre Partnerin muss den gemeinsamen Nenner angeben.

A: Äpfel, Bananen, Orangen ...
B: Obst.

A: Wasser, Wein, Bier, Tee ...
B: Das kann man trinken.

A: meine Uhr, das Auto, deine Kette, der Herd ...
B: Das ist teuer.

A: der Apfel, die Tomate, dein Kopf, die Glühbirne ...
B: Das ist rund.

Auch mit Verben:

A: schwimmen, Rad fahren, lesen ...
B: Das sind Hobbys.
Das macht man alleine.
Das macht Spaß. ...

Natürlich auch mit umgekehrter Rollenverteilung.

Schwierige Situationen

Ihre Partnerin liest still die folgenden Situationsbeschreibungen und formuliert die passenden Sätze. Sie versuchen herauszufinden, welche Situation vorgegeben war. Alternativ spielen Sie einfach einen kleinen Dialog.

- Sie besuchen Freunde, die nicht rauchen. Sie möchten rauchen. Was fragen Sie?
- Sie sind im Hotel. Morgen möchten Sie sehr lange schlafen. Was sagen Sie an der Rezeption?
- Auf der Straße sagt jemand etwas zu Ihnen, was Sie nicht verstehen. Wie reagieren Sie?
- Jemand fragt Sie auf der Straße: Entschuldigung, wo ist hier eine Bank in der Nähe? Wie reagieren Sie?
- In Ihrer Wohnung geht das Licht nicht mehr. Sie rufen den Hausmeister an. Was sagen Sie?
- Sie sollen im Unterricht einen Text vorlesen. Sie wissen nicht, wie man ein Wort im Text ausspricht. Was fragen Sie?
- Sie sind mit Freunden in der Kneipe. Jemand bestellt Bier für alle. Sie trinken keinen Alkohol. Was sagen Sie?

3 Modalverben

Der Schwerpunkt liegt in diesem Kapitel auf Bedeutung und Konjugation der Modalverben, die nicht nur teilweise andere Endungen haben als die anderen Verben, sondern auch im Plural einen anderen Vokal als im Singular:

ich kann – wir können
ich darf – wir dürfen ...

Vgl. Anhang *Konjugation*, S. 245ff.

Ein Modalverb und ein guter Grund

In dieser Übung wechselt die Person zwischen *du* und *ihr*, mit entsprechender Antwort *ich* oder *wir*. Der *weil*-Satz mit Endposition des Verbs braucht hier noch nicht verwendet zu werden. – Verwenden Sie die Modalverben *können, dürfen, wollen* und *möchte*. Die Partnerin entscheidet sich für eines davon und muss dann im zweiten Satz passend fortfahren. – Wenn die Übung schlecht läuft, machen Sie sie zuerst mit vertauschten Rollen. Ihre Partnerin hört dann zumindest den richtigen Modalverb-Vokal schon von Ihnen.

A	B
Warum sprichst du nicht mit Elsa?	Ich kann/darf/will/möchte nicht (mit Elsa sprechen).
Warum kannst/darfst/... du nicht?	Sie ist langweilig./Meine Mutter verbietet das ...
Warum trinkt ihr keinen Kaffee?	Wir dürfen/wollen ... nicht.
Und warum dürft ihr nicht?	...

Mögliche Antworten bei *nicht wollen*:
Ich schwimme nicht gerne./Wir schwimmen nicht gerne.
Ich habe keine Lust./Wir haben keine Lust.
Tanzen macht keinen Spaß.

A	B
Warum tanzt du nicht?	...
Warum sprecht ihr nicht mit Peter?	
Warum geht ihr nicht schwimmen?	
Warum isst du nichts?	
Warum trinkst du kein Bier?	
Warum gehst du nie in die Disko?	
Warum schläfst du nicht?	
Warum geht ihr nicht spazieren?	
Warum fährst du nie ans Meer?	
Warum macht ihr nie Hausaufgaben?	

A	B
Warum spielt ihr nicht mit Jens?	...
Warum isst du kein Fleisch?	
Warum trinkst du keinen Alkohol?	
Warum isst du keine Schokolade?	
Warum sprichst du nicht lauter?	
Warum geht ihr nie joggen?	
Warum gebt ihr Opa keinen Kuss?	
Warum geht ihr nicht schneller?	
Warum gehst du nie in die Sauna?	
Warum flirtest du nicht mit Albert?	
Warum schreibst du nie Briefe?	
Warum raucht ihr nicht?	
Warum esst ihr keinen Käse?	
Warum machst du nie Gymnastik?	
Warum bleibst du nicht noch hier?	
Warum geht ihr nicht nach Hause?	
Warum heiratest du nicht Jörg?	

Anmerkungen zu den Modalverben

... mit denen wir schon etwas vorgreifen. Behalten Sie das Schwierigere noch für sich und lassen Sie es nach und nach einfließen.

Nicht dürfen und *nicht müssen/nicht brauchen*

Häufig werden *nicht dürfen* und *nicht müssen* verwechselt. In der zuletzt gemachten Übung passt *nicht müssen* nie; es drückt aus, dass etwas nicht notwendig ist, dass also kein Zwang besteht, während es in anderen Sprachen (Englisch) bedeuten kann, dass ein negativer Zwang besteht. Beispiele:

Du musst die Suppe nicht essen, wenn sie dir nicht schmeckt.
(Kein Zwang, etwas zu tun.)

Aber: Du darfst die Suppe nicht essen, sie ist für Karin.
(Zwang, etwas nicht zu tun.)

Nützlich ist die Alternative *nicht brauchen* mit Infinitiv + *zu*:

Du brauchst die Suppe nicht zu essen, wenn sie dir nicht schmeckt.

Das *zu* wird häufig vergessen, nicht nur von Deutschlernern. Wichtig: Dieses *brauchen* verwendet man (fast) nur negativ, positiv kann man das Wort nur mit einem Nomen verwenden. Häufige Fehler:

*Ich brauche helfen. *Ich brauche, dass du mir hilfst.

Stattdessen nur:

Ich brauche Hilfe/Geld/einen Rat ...

Mögen

Ein inhaltlich noch größeres Problem stellt sich bei *mögen*. Wenn es wie oben verwendet wird (*ich mag nicht tanzen* z. B.), hat es die Bedeutung von *wollen*, ist aber so nur in sehr familiärer Ausdrucksweise angebracht und wird außerdem fast nur in der Verneinung und in Fragen so gebraucht. Der Lerner darf auf keinen Fall *Ich mag nicht tanzen* als gleichbedeutend mit *Ich tanze nicht gerne* auffassen. Das Erstere heißt ja – in familiärer Rede verwendet – *ich möchte jetzt nicht tanzen*, und so sollte er es normalerweise auch ausdrücken. Von dieser Ausnahme abgesehen (die man Lernern ruhig noch einige Zeit lang unterschlagen kann) verwendet man *mögen* nicht als Modalverb, also nicht mit einem Infinitiv, sondern nur mit Nomen:

Ich mag Karin (nicht), ich mag (kein) Bier ...

Möchte

Zu *möchte* siehe auch die Bemerkungen auf S. 151 und Anhang *Konjugation*, S. 245ff. Ein häufiger Fehler ist die (sozusagen englische) Verwendung mit *zu*:

*Ich möchte nach Hause zu gehen. = I want to go home.

Formulieren Sie gegebenenfalls ein paar englische Sätze mit *want to* und lassen Sie Ihre Partnerin übersetzen – ohne *to*.

Sollen

Sie können an obigen Beispielsätzen auch das schwierige Modalverb *sollen* erläutern. Es würde hier zur Formulierung einer Empfehlung von dritter Seite dienen, z. B. von ärztlichen Ratschlägen u. ä.:

Warum isst du keine Wurst? – Ich soll nicht.

Die sich aufdrängende Rückfrage wäre dann:

Wer sagt das? – Der Arzt. Das Cholesterin ...

Die hier erläuterten Schwierigkeiten bei der Verwendung der Modalverben werden teils erst in der oberen Grundstufe ausführlicher behandelt. Nichts überstürzen!

Junge Mäuse dürfen nicht rauchen

Jetzt geht es in der Hauptsache um die Modalverb-Bedeutungen, aber auch noch einmal um Singular- und Pluralformen mit verschiedenem Vokal. Ihre Partnerin findet ein passendes Modalverb – oft passt es nur in der verneinten Form. Neben *können, dürfen, müssen* und *wollen* (oder *möcht-*) wird auch *mögen* manchmal gebraucht, und hier wird die oben erwähnte Besonderheit deutlich: Es hat normalerweise kein zweites Verb als Infinitiv bei sich, sondern ein Nomen. Auch *brauchen* (mit *zu* und nur negativ!) ist manchmal möglich. Da die Verneinung nicht ganz einfach ist, sind in Klammern die Negationsmöglichkeiten angegeben. Sie korrigieren und scheuen – wenn etwa *B* besonders antiautoritäre, emanzipatorische oder sonstwie abwegige Auffassungen vertritt – auch vor Diskussionen nicht zurück.

A	B	
Katzen	*können nicht*	(nicht) fliegen.
Ein kleines Kind	*muss*	(nicht) sprechen lernen.
Hunde	....	(nicht) beißen.
Kinder	....	ihr Zimmer (nicht) aufräumen.
Ein Papagei	....	(nicht) sprechen.
Elefanten	....	(nicht) fliegen.
Kinder	....	(keine) Horror-Filme sehen.
Kleine Fische	....	(nicht) schwimmen lernen.
Kinder	....	(nicht) spät ins Bett gehen.
Ein Haifisch	....	(nicht) alles fressen.
Männer	....	(keine) Spiegeleier machen.
Frauen	....	(keine) Glühbirnen auswechseln.
Junge Mädchen	....	(nicht) dick sein.
Muslime	....	(kein) Schweinefleisch essen.
Kinder	....	(keinen) Spinat (nicht).
Christen	....	freitags (kein) Fleisch essen.
Tiere	....	(nicht) lachen.
Kinder	....	(nicht) viel Spinat essen.
Frauen	....	(nicht) Soldat werden.
Ein Mann	....	(keine) Kinder bekommen.
Eine Frau	....	(nicht) Papst werden.
Enten	....	(nicht) im Wasser laufen.
Schüler	....	sonntags (keine) Hausaufgaben machen.
Kinder	....	(keine) Bonbons (nicht).
Männer	....	(nicht) Papst werden.
Eine kleine Fliege	....	(nicht) fliegen lernen.
Katzen	....	(keine) Mäuse (nicht).
Mäuse	....	(keine) Katzen (nicht).
Männer	....	(nicht) weinen.
Kinder	....	(nicht) zu viele Bonbons essen.
Raucher	....	(nicht) im Nichtraucher-Abteil sitzen.
Schwangere Frauen	....	(nicht) rauchen.

Wenn *B* Lust auf eine gründlichere Auswertung hat, könnten die Formulierungen auch so lauten:

B: (Manche) Hunde möchten gerne beißen, aber sie dürfen natürlich nicht beißen. Und alte Hunde können nicht beißen.

Ich kann nicht mehr!

Diesmal muss Ihre Partnerin hören, ob sich der Imperativ auf eine oder mehrere Personen bezieht. Bei den Modalverben hat sie die Auswahl unter *können, wollen, dürfen* und *möcht(en)*, eventuell dem nicht leicht zu verwendenden *sollen*. – Zum Imperativ vgl. Kapitel *Grammatik* S. 37 und Anhang *Konjugation*, S. 245ff.

A	B
Bitte mach doch die Übung. Warum kannst du nicht?	Ich kann nicht./Die kann ich nicht machen. Sie ist schwer ...
Bitte macht die Übung. Warum wollt ihr nicht?	Wir wollen nicht./Die wollen wir nicht machen. Sie ist langweilig ...

Bitte iss doch deinen Spinat.
Nehmt doch bitte noch Kuchen.
Kommt bitte mal.
Spiel doch bitte die Mozart-Sonate.
Komm bitte mal.
Bitte trinkt jetzt mal euren Wein.
Lest doch bitte den Text.
Esst doch bitte die Suppe.
Macht jetzt bitte eure Hausaufgaben.
Geht jetzt bitte nach Hause.
Bitte schreib mir einen Brief.
Hol doch bitte dein Wörterbuch.
Schlaf jetzt.
Spielt doch mal das Bach-Präludium.
Lies doch bitte den Text.
Schreibt mir doch mal eine Karte aus dem Urlaub.
Helft mir doch bitte mal.
Lasst mich doch endlich in Ruhe.
Bitte macht mal die Musik leiser.
Nimm doch deine Medizin.
Sei leise.
Schlaft jetzt.
Lass mich in Ruhe.

Doch (II)

Hier hat *doch* eine andere Funktion als in dem Hinweis auf S. 57, es dämpft den Ton der Aufforderung etwas. Für Ihre Partnerin: Es macht den Satz höflicher/freundlicher. Im Folgenden gehen wir nicht mehr auf Partikelbedeutungen ein; versuchen Sie ihre Bedeutung in einfachen Begriffen der Partnerin nahe zu bringen. Mit dem Versuch, sie selbst zu verwenden, wird sie fürs Erste noch überfordert sein.

Holen

Das Wort kam schon ein paar Mal in Übungen vor und ist sehr nützlich. Seine Bedeutung ist gewissermaßen zusammengesetzt aus *gehen* + *nehmen* + *kommen,* und wenn es keine wörtliche Entsprechung in der Lerner-Sprache gibt, wird es oft vermieden. – Es kann Sie einige Aufmerksamkeit kosten die Gelegenheiten abzupassen, bei denen z. B. *holen* angemessener wäre als von Ihrer Partnerin verwendete Ausdrücke (*nehmen, bringen* ...). Gewöhnen Sie sich nicht zu sehr an deren immer vertrauter werdende, aber doch oft nicht ganz treffende Ausdrucksweise.

Sie oder *die?*

Ihrer Partnerin ist vielleicht schon aufgefallen, dass statt der normalen Personalpronomen *er, sie, es* manchmal *der, die, das* als Pronomen verwendet werden. Die genauen Verwendungsbedingungen sind nicht leicht zu erklären, Ihre Partnerin sollte jetzt

- wissen, dass *er, sie, es* die sehr viel häufigeren, „normalen" Formen sind, und
- *der, die, das* nur in unmittelbarer Erwiderung im Dialog verwenden oder fürs Erste nur dann, wenn es in Übungen so vorgesehen ist.

Zwischenspiel

Katzen können nicht fliegen

Nicht eben ein Intelligenztest, sondern zur Erholung. Ein Wort passt jeweils nicht in die Reihe.

Katze	Hund	Maus	Vogel
Tisch	Stuhl	Tasse	Regal
Eis	Apfel	Banane	Orange
Deutsch	Türkisch	Spanisch	Italien
München	Kreuzberg	Istanbul	Paris
Haus	Hals	Teller	Herr
Berlin	München	Hamburg	Frankreich
Kirsche	Karotte	Apfel	Banane
Hamburger	Tomatensaft	Spaghetti	Gulasch
Fernseher	Kühlschrank	Sofa	Radio
Hals	Nase	Fußball	Knie
Schiff	Auto	Fahrrad	Motorrad
Ente	Fisch	Maus	Krokodil
Tasse	Messer	Gabel	Löffel
Italien	Spanien	Kastanien	Deutschland

Das Auswerten sollten Sie Ihrer Partnerin überlassen und darauf bestehen, dass sie gute Gründe angibt, und zwar in großer Ausführlichkeit. Zum Beispiel:

B: Vogel passt nicht/ist falsch.
Ein Vogel kann fliegen, aber die anderen Tiere können nicht fliegen.
Außerdem haben die anderen Tiere vier Beine. ...

Helfen Sie nicht zu viel bei den Formulierungen. Man sollte so früh wie möglich lernen, sich durch geschicktes Umschreiben aus der Affäre zu ziehen, wenn Wörter fehlen. Der größte Fehler ist es, in der Muttersprache vorzudenken und dann jedes Mal auszusteigen, wenn die Übersetzung des muttersprachlichen Wortes nicht bekannt ist.

Und um noch einmal auf Gewichtungsfragen hinzuweisen: Hier kann man entweder auf die Verbformen und die Verbposition achten oder daneben auch noch auf die richtigen Artikel; aber *die anderen Tiere* im Beispiel oder Ähnliches brauchen, wenn falsch, nicht korrigiert zu werden.

1 – 2 – 3 – ?

Damit es etwas fairer zugeht, jetzt gemischte Aufgaben. Wie geht es weiter, und wenn, warum?

2 – 4 – 8 – 16 – ...

April – August – Dezember – Februar – Januar – Juli – Juni – ...

2. Stock – 1. Stock – ...

Österreich – Tschechische Republik – Polen – ...

Johann – Sebastian – ...

a – d – g – j – ...

Niederlande – Belgien – Luxemburg – Frankreich – ...

Italien – Rom – Spanien – Madrid – Niederlande – ...

Asien – Amerika – Afrika – ...

20 – 21 – 30 – 33 – 40 – 45 – 50 – 57 – ...

Clinton – Bush – Obama – ...

Berlin – Hamburg – ...

Wolfgang – Amadeus – ...

Schmidt – Kohl – Schröder – ...

Vater – Sohn – ...

z – v – r – n – ...

100 – 10 000 – 1 000 000 – 100 000 000 – ...

(Anmerkung: Hier wäre gegebenenfalls das – auch nicht jedem deutschen Journalisten bewusste – Problem anzusprechen, dass eine englische *billion* keine deutsche *Billion,* sondern nur eine *Milliarde* ist.)

Für ausführliche Auswertung und Diskussion von Zweifelsfällen ist wieder primär die Partnerin zuständig.

Hier darf man nicht schmatzen

Zum Üben der Modalverb-Bedeutungen eignen sich Verkehrs- oder andere Schilder sehr gut. Lassen Sie Ihre Partnerin die Botschaften aller Schilder, die Ihnen im Laufe des Tages in den Weg kommen, versprachlichen. Dabei ist natürlich oft Hilfestellung zum Vokabular erforderlich, aber es geht ja in der Hauptsache um die Modalverben.

Alternativ kann man auch alle möglichen selbst erdachten Ge- und Verbote in einfacher Form bildlich darstellen und einander wechselseitig den gemeinten Inhalt erraten lassen.

4 Trennbare Verben

Für Lerner sind sie eines der Kuriosa der deutschen Sprache, Muttersprachler nehmen ihre Existenz erst zur Kenntnis, wenn sie darauf angesprochen werden: die „trennbaren Verben". Gemeint sind die sehr zahlreichen Verben wie *einkaufen, anfangen, fernsehen,* deren erster Bestandteil vom eigentlichen Verb abgetrennt und auf eine andere Position versetzt werden kann: *Ich kaufe ein, ich fange an, ich sehe fern.*

Ein Problem besteht darin, die trennbaren Verben von anderen zu unterscheiden. Dies bereitet allerdings weniger Schwierigkeiten gegenüber dem Erfordernis, das Trennen schlicht nicht zu vergessen. Nicht trennbar sind in der Wortstruktur ähnliche Verben wie *verstehen, erzählen* ... – die aber kaum je falsch verwendet werden. Also gleich zum zweiten Problem, der Anwendung der trennbaren Verben. Dabei ist auch auf die bereits angesprochene „Satzklammer" (*Grammatik*, S. 36) zurückzukommen, die auch hier maßgeblich für die Position der Verbbestandteile ist.

Im normalen Aussagesatz steht das Verb wie immer auf Position 2, der abgetrennte Verbteil dann am Ende. Bei der Verwendung als Infinitiv, zum Beispiel mit einem Modalverb, wird natürlich nicht getrennt; die Teile stehen vereint am Ende.

Warum stehst du nicht auf!?

Es geht zuerst darum, die getrennten Verben im Infinitiv wieder zusammenzusetzen. *B* bleibt das Wesen, das stets verneint, und muss sich zusätzlich auf die richtige Person konzentrieren.

A	B
Warum stehst du denn nicht auf? (Warum?	Ich möchte nicht aufstehen. ...!)
Warum kauft er nicht ein?	Er möchte nicht einkaufen.
Warum seht ihr eigentlich nicht fern?	Wir möchten nicht fernsehen.
Warum fängst du nicht endlich an? Warum sieht er denn nicht fern? Warum machst du bloß das Fenster nicht zu? Warum machst du nur die Tür nicht auf? Warum räumt denn er nicht auf? Warum geht sie eigentlich nie aus? Warum hört ihr bloß nicht zu? Warum sieht er denn nicht fern? Warum schaust du mich eigentlich nicht an? Warum trinkt ihr nicht endlich aus? Warum isst sie nur nicht auf? Warum ruft ihr Oma nicht endlich an? Warum kommst du denn nicht mit? Warum spielt ihr eigentlich nicht mit?	

Wie man sieht, gibt es eine ganze Reihe sehr häufig verwendeter trennbarer Verben. Wegen der ähnlichen trennbaren Verbteile *an-, auf-, aus-* usw. sind sie oft nicht leicht voneinander zu unterscheiden und damit nicht sehr einprägsam. Manchmal weist die Verwendung der trennbaren Verbteile eine gewisse Systematik auf, so bei *-steigen* und *-ziehen*.

Vergleichen Sie:
einsteigen (in die U-Bahn) – umsteigen – aussteigen (aus der U-Bahn)
einziehen (in ein Haus) – umziehen – ausziehen (aus einem Haus)

Ähnlich:
(sich) anziehen – sich umziehen – (sich) ausziehen

Nützlich (und leicht zu verwechseln) sind auch:
einschalten – ausschalten
anmachen – ausmachen

Erklärt werden muss auch *ausgehen*, das ja nicht einfach *aus dem Haus gehen* bedeutet, sondern immer eine abendliche Unternehmung wie Kinobesuch o. dgl. bezeichnet.

Heute nicht?

Jetzt müssen die getrennten Formen von der Partnerin gebildet werden und sie muss wieder auf die richtige Person achten.

A	B
Möchtest du heute nicht einkaufen?	Nein, heute kaufe ich nicht ein.
Möchte er heute nicht aufstehen?	Nein, heute steht er nicht auf.
Möchtet ihr heute nicht fernsehen?	Nein, heute sehen wir nicht fern.
Möchtest du heute Opa nicht anrufen?	Nein, ...

Möchte sie heute Oma nicht anrufen?
Möchte sie heute nicht aufräumen?
Möchte er heute nicht ausgehen?
Möchte er heute nicht einkaufen?
Möchtest du heute das blaue Kleid nicht anziehen?
Möchtest du heute nicht mitkommen?
Möchtest du heute nicht mitspielen?
Möchte er heute keine Geschichte vorlesen?
Möchtest du heute nicht abspülen?
Möchte er heute das neue Hemd nicht anziehen?
Möchtest du heute nicht fernsehen?
Möchtet ihr heute nicht aufstehen?
Möchtest du heute Olga nicht abholen?
Möchtest du heute nicht ausgehen?

Fragen Sie anschließend nach, welche der in dieser und der letzten Übung aufgeführten Tätigkeiten Ihre Partnerin heute auf dem Programm hat und welche nicht, mit Begründungen:

B: Ich stehe heute auf, aber ich rufe heute Oma nicht an ...

Fernsehen

Notorisch schwierig ist *fernsehen,* weil erstens die Deutschen vielleicht die einzigen sind, die das Wort *television* übersetzt haben, und weil zweitens Sätze wie *ich sehe gerne fern* in nichtdeutschen Ohren allzu merkwürdig klingen müssen – aber natürlich völlig korrekt sind –, und wegen, drittens, des folgenden verführerischen und häufigen Fehlers:

*Ich habe gestern einen Film im Fern gesehen.

Man muss hier immer kompliziert formulieren, nämlich natürlich:

Ich habe einen Film im Fernsehen gesehen.

Nur ohne den Film geht's auch einfach:

Ich habe ferngesehen.

Und schließlich ist diese Institution: *das Fernsehen* auch nicht mit dem Gerät: *der Fernseher* zu verwechseln.

Unfair

Ihre Partnerin formuliert zunächst nach den angegebenen Stichwörtern Sätze, Sie korrigieren grammatisch.

	B
aufwachen – weiterschlafen	Ich wache auf – und du schläfst weiter!
aufstehen – liegen bleiben	Ich stehe auf – und du bleibst liegen!
Kaffee kochen – Zeitung lesen	
die Kinder zur Schule fahren – joggen gehen	
einkaufen – fernsehen	
mit dem Hund Gassi gehen – mit Freunden telefonieren	
die Kinder von der Schule abholen – fernsehen	
Eva im Krankenhaus besuchen – zu Hause bleiben	
aufräumen – im Internet surfen	
spazieren gehen – vor dem Fernseher sitzen	
das Essen vorbereiten – einen Mittagsschlaf machen	
abspülen – Bier trinken	
ausgehen – fernsehen	
sprechen wollen – einschlafen	

Anschließend versucht *B,* nach Wiederholung der obigen, weitere Missstände aufzuzeigen.

Alpha und Omega

Anfangen und *aufhören* gehören zu den wichtigsten trennbaren Verben. Lerner benutzen allerdings an ihrer Stelle oft *beginnen* und *enden,* was für gesprochene (familiäre) Sprache nicht ganz angemessen ist.

Diskutieren Sie zur Einstimmung, wann folgende Dinge *anfangen* bzw. *aufhören* (wobei es zu kulturell und anders bedingten Meinungsverschiedenheiten kommen kann):

A: Der Frühling fängt am 22. März an.
B: Tut mir Leid, aber der Frühling fängt am 20. März an.

der Frühling	die Pubertät
der Sommer	das Alter
der Herbst	das Mittelalter
der Winter	das Oktoberfest
das Jahr	die Weihnachtszeit
die Woche	der Ramadan
der Tag	die Fußball-Weltmeisterschaft
der Abend	die nächste Eiszeit
die Nacht	das nächste Kapitel (auf Seite ...)

Ungeduld

Eine Übung, bei der Sie nur (defensiv) zu reagieren und zu korrigieren brauchen.

Vorgabe: anfangen – kochen
B: Wann fängst du endlich an zu kochen?
A: Ich habe keinen Hunger.
B: (Aber ich!)
A: (...)

aufhören – trinken
anfangen – lernen
aufhören – rauchen
anfangen – Sport machen
aufhören – essen

Lassen Sie Ihre Partnerin andere Dinge andeuten, mit denen bald angefangen oder aufgehört werden sollte.

Normalerweise steht der trennbare Verbteil am Ende:
Das Konzert fängt morgen Abend um 20 Uhr an.

Ein Infinitiv mit *zu* folgt aber meist auf den trennbaren Verbteil.
Ich fange um 6 Uhr an zu kochen.

Interview

B versucht Ihre Vorlieben und Abneigungen zu erkunden.

Vorgabe	**B** *fragt*	**A** *antwortet*, **B** *vermerkt Antwort von* **A**: *gern*	*nicht so gern*	*überhaupt nicht gern*
aufräumen	*Räumst du gerne auf?*		✘	
Bier trinken				
abspülen				
Fisch essen				
U-Bahn fahren				
abtrocknen				
Sprechübungen machen				
essen gehen				
Tango tanzen				
einkaufen				
Auto fahren				
früh ins Bett gehen				
Fußball spielen				
fernsehen				
Motorrad fahren				
früh aufstehen				
Gymnastik machen				
Geschichten vorlesen				
spazieren gehen				
Fremdsprachen lernen				
Rad fahren				

Anschließend vergleicht sie nach Notizen mit ihren eigenen Vorlieben um herauszufinden, ob Sie zusammenpassen:

> **B:** Also, du räumst nicht so gerne auf und ich räume auch nicht so gerne auf.
> Du trinkst gerne Bier, aber ich trinke überhaupt nicht gerne Bier.

Oder wiederholt nach Notizen und spricht ein Urteil:

> **B:** Also, du räumst nicht so gerne auf. Das finde ich schlecht.
> Du bist 35 Jahre alt ...

Heute schon was vor?

Ein wichtiges und nicht ganz einfaches trennbares Verb ist *vorhaben*, mit der Bedeutung *einen Plan haben, beabsichtigen*, gewöhnlich verwendet mit *etwas* oder *nichts* oder mit einem (dann wieder nachgestellten) Infinitiv mit *zu*:

> Hast du heute schon was vor? – Nein, ich hab nichts vor.
> Ich habe vor im Ausland zu studieren.

Mañana

Zum Abschluss trennbare und andere Verben in längeren Sätzen, bei nun zögerlich zum Positiven tendierender Partnerin:

A	B
Räumst du heute die Wohnung auf? (Und warum heute nicht?	Nein, heute räume ich die Wohnung nicht auf, aber morgen möchte ich sie aufräumen. ...)
Kochst du heute endlich mal?	Nein, heute koche ich nicht, aber morgen möchte ich gerne kochen.
Bleibst du heute zu Hause?	Nein, heute bleibe ich nicht zu Hause, aber morgen möchte ich gerne zu Hause bleiben.
Gehst du heute mal schwimmen?	Nein, heute gehe ich nicht schwimmen, aber morgen möchte ich gerne schwimmen gehen.
Machst du heute endlich mal die Fotos?	Nein, heute mache ich keine Fotos, aber morgen möchte ich gerne Fotos machen.
Gehst du heute mal spazieren?	Nein, heute gehe ich nicht spazieren, aber morgen möchte ich gerne spazieren gehen.
Gehst du heute mal früh ins Bett?	Nein, heute gehe ich nicht früh ins Bett, aber morgen möchte ich gerne früh ins Bett gehen.
Gehst du heute ins Kino?	Nein, heute gehe ich nicht ins Kino, aber morgen möchte ich gerne ins Kino gehen.
Schreibst du heute endlich den Brief?	Nein, heute schreibe ich ihn nicht, aber morgen möchte ich ihn schreiben.
Kaufst du heute endlich mal ein?	Nein, heute kaufe ich nicht ein, aber morgen möchte ich gerne einkaufen.
Siehst du heute fern?	Nein, heute sehe ich nicht fern, aber morgen möchte ich gerne fernsehen.
Spielst du heute Tennis?	Nein, heute spiele ich nicht Tennis, aber morgen möchte ich gerne Tennis spielen.
Fährst du heute endlich in dic Stadt?	Nein, heute fahre ich nicht in die Stadt, aber morgen möchte ich gerne in die Stadt fahren.
Ziehst du heute mal das neue Kleid an?	Nein, heute ziehe ich das neue Kleid nicht an, aber morgen möchte ich es gerne anziehen.

Als Revanche sollte Ihnen nun Ihre Partnerin einige Fragen stellen: alle, an die sie sich aus dieser Übung erinnert, und weitere, in die das Wort *endlich* gut passt:

B: Reparierst du heute endlich mal mein Fahrrad?

Zwischenspiel

Auskünfte

Hier sollen in improvisierten kleinen Dialogen Auskünfte erfragt werden. *B* formuliert die Fragen, Sie reagieren mit Fantasie und Edelmut.

So kann man jemanden ansprechen:

Entschuldigung, können Sie mir helfen?
Entschuldigen Sie, kann ich Sie etwas fragen?
Entschuldige, kannst du mir helfen?
Hör mal, kann ich dich etwas fragen?

Und so sein Anliegen formulieren:

Ich muss telefonieren. Ist hier eine Telefonzelle in der Nähe?
Ich muss telefonieren. Wo ist hier eine Telefonzelle?
Ich brauche neue Schuhe. Wo bekommt man die hier?
Ich brauche neue Schuhe. Kennst du ein Schuhgeschäft in der Gegend?
Ich brauche neue Schuhe. Wo gibt es hier ein Schuhgeschäft?
Ich möchte gerne Tango tanzen lernen. Wo kann man das machen?

Dialogbeispiele:

telefonieren

B: Entschuldigung, können Sie mir helfen?
A: Ja gerne, was möchten Sie?
B: Ich muss telefonieren. Ist hier eine Telefonzelle in der Nähe?
A: 100 Meter geradeaus ...
B: Vielen Dank ...

neue Schuhe

B: Hör mal, kann ich dich etwas fragen?
A: Natürlich, was gibt's denn?
B: Ich brauche neue Schuhe. Wo bekommt man die hier? ...

Passfotos machen

B: Entschuldigen Sie, kann ich Sie etwas fragen?
A: Natürlich. Was möchten Sie?
B: Ich möchte Passfotos machen. Wo kann man das machen? ...

Die Formen *mir* und *dich* sind vielleicht noch nicht bekannt oder geläufig, sie sollen dann fürs Erste als feste Bestandteile der jeweiligen Sätze mitgelernt werden – wie aus dem Sprachführer.

Sie können die Dialoge ein wenig weiterspinnen, indem Sie z. B. versuchen Ihrer Partnerin, bevor Sie auf deren Bitte eingehen, den Wunsch auszureden. Außerdem kann man sich dort, wo es sich eher um Straßen-Auskünfte von Fremden handelt, eine Vorgeschichte ausdenken und diese dann in den Dialog einmünden und einfließen lassen:

B: Eine Frau wartet auf ihren Freund. Er möchte sie mit dem Auto abholen. Aber er kommt nicht. Sie hat kein Handy. Sie fragt jemanden: „Entschuldigen Sie, können Sie mir helfen? Ich warte auf meinen Freund, aber ...“

Anlässe:

telefonieren
Auto kaputt
Stadtplan kaufen
Haare schneiden
ein Biergarten
Zahnschmerzen
abnehmen
Geld wechseln
schwimmen
Passfotos machen
Pizza essen
ein Hotel
Französisch lernen
U-Bahn-Station

einen italienischen Film im Original sehen
Leute kennen lernen
Taxi
Briefmarken kaufen
Polizei
einen schönen Ausflug machen
tanzen
eine Pension
Bücher ausleihen
Blumenstrauß
Fahrrad kaufen
Stadtrundfahrt machen
joggen

Entschuldigung, kennen Sie sich hier aus?

Ein häufig in solchen Situationen verwendetes, aber schwieriges (trennbares) Verb, das Ihre Partnerin deshalb fürs Erste nur zu verstehen braucht, ist noch *sich auskennen*:

Entschuldigung, kennen Sie sich hier aus? Ich suche ...

Zu Verwirrung führen oft die unterschiedlichen Formulierungen für das einleitende Entschuldigen:

- *Entschuldigung* ist ein Nomen (*ich bitte um Entschuldigung*),
- *entschuldigen Sie* ist der Imperativ des Verbs *entschuldigen* bei Anrede mit *Sie*,
- *entschuldige* ist der Imperativ gegenüber geduzten Personen.

5 Nomen – Geschlecht und Zahl

Genus und Numerus

Erste Runde: Sie nennen zwölf Nomen, Ihre Partnerin versucht jeweils den richtigen Artikel (also *der* oder *die* oder *das*) anzugeben. Kreuzen Sie an, wo sie richtig geraten hat, bei mehr als sechs Richtigen geht die Runde an sie.

> Haus – Straße – Beruf – Alter – Wohnort – Tag – Wohnung – Hamburger – Auto – Demokratie – Buch – Bier

Zweite Runde: Jetzt geben Sie Ihrer Partnerin einen Tipp, um ihre Gewinnchancen zu verbessern: Wörter auf *-e* sind ziemlich oft feminin. Aber nicht immer! Vielleicht finden Sie selbst schon einen Ansatz zur Formulierung einer Regel.

> Tasche – Kollege – Rose – Russe – Lampe – Liebe – Name – Dame – Chinese – Garage – Blume – Käse

Name und *Käse* sind gewissermaßen Ausnahmen (aber nicht die einzigen!), während das *-e* der Personenbezeichnungen *Kollege* usw. sich aus dem natürlichen Geschlecht der Bezeichneten erklärt und insofern kein Lernproblem darstellt.

Es gibt einige weitere Regeln zur Genusbestimmung, die aber so kompliziert zu formulieren sind, dass es, zumindest für den Grundstufen-Wortschatz, einfacher ist, das Geschlecht zu jedem Nomen mitzulernen. Wenn später mehr Kapazitäten frei sind, kann man sich unter vielen anderen Regeln z. B. merken:

– Wörter auf *-ung*, *-heit* und *-keit* sind immer feminin.

– Nomen, die sich von einem Verb ableiten und keine besondere Endung haben, sind maskulin (z. B. *der Sprung* von *springen*); enden solche Nomen auf *-t*, sind sie feminin (z. B. *die Fahrt* von *fahren*).

Im Unterricht schreibt man bei neuen Nomen gewöhnlich den Artikel mit an die Tafel, aber oft in folgender verkürzter Form:

> r Stift   e Tasche   s Buch

Das ist auch dem Lerner zu empfehlen. – Im Wörterbuch steht:

> Stift, Mask. oder m. (= Maskulinum)
> Tasche, Fem. oder f. (= Femininum)
> Buch, Neutr. oder n. (= Neutrum)

Dritte Runde: Es geht um die Pluralbildung. Nennen Sie noch einmal die Nomen aus der ersten Runde und lassen Sie Ihre Partnerin den Plural bilden (wo einer möglich ist). Versichern Sie ihr, bevor sich Frustration breit macht, dass es nur eine begrenzte Zahl von Pluraltypen gibt und dass sich die Formen schon durch häufiges Hören mit der Zeit ganz gut einprägen.

Regeln zu lernen erweist sich nämlich auch hier als wenig sinnvoll. Die Konsequenz fürs Lernen besteht natürlich darin, dass jedes Nomen mit Plural notiert und memoriert werden muss. Am einfachsten geschieht das Notieren in folgender Form (und wird so auch in manchen Lehrbüchern gehandhabt):

e Straße, -n → die Straße, die Straßen (= Plural)
r Beruf, -e → der Beruf, die Berufe
s Haus, ..-er → das Haus, die Häuser

Im Wörterbuch findet man zu jedem Nomen auch den Plural, gewöhnlich in folgender Reihenfolge und Form:

Beruf, m. -s, -e → Beruf, Maskulinum (also *der*); des Berufs (= Genitiv); die Berufe (= Plural)

Hier findet sich also zwischen Genus und Plural noch eine weitere Angabe, die Form des Genitivs. Vgl. dazu den Anhang *Deklination*, S. 251.

Männliche und weibliche Formen von Personenbezeichnungen

Von Nomen, die Personen bezeichnen, lassen sich gewöhnlich eine männliche und eine weibliche Form bilden. Die weibliche Form wird dabei in den meisten Fällen durch Anfügen der Silbe *-in* von der männlichen abgeleitet. Allerdings gibt es zwei unterschiedliche Bildungsweisen:

der Arbeiter → die Arbeiter -in
der Kollege → die Kolleg -in

Also einmal *-in* einfach anhängen, das andere Mal zuerst das männliche *-e* streichen, dann das *-in* anhängen.

Sprechen Sie Ihrer Partnerin zunächst die folgenden Wörter vor, sie braucht nur das Geschlecht zu erkennen. („*Das ist eine Frau*"/„*Das ist ein Mann*".) Lesen Sie anschließend von allen Wörtern die männliche Form vor und lassen Sie die Partnerin die weibliche bilden.

Kollegin – Pole – Polizistin – Präsident – Russin – Engländerin – Japaner – Italiener – Freund – Nachbarin – Spanierin – Serbin – Australier – Kroatin – Irin – Tscheche – Österreicher – Portugiese

Bei der Ableitung der Nationalitätsbezeichnungen von den Ländernamen gibt es recht viele Besonderheiten, die aber (für Nichtbetroffene) fürs Erste nicht übermäßig wichtig sind. Zum Beispiel:

Vietnam: der Vietnamese, die Vietnamesin
Frankreich: der Franzose, die Französin

Die Deutschen sind anders

Die allermeisten Nationalitäten werden nach dem eben besprochenen Schema gebildet, enden also auf *-e* oder *-er* für die männliche und *-in* für die weibliche Form. Es gibt einen einzigen Fall, der ganz anders funktioniert, nämlich den der Deutschen.

Vielleicht interessiert Sie die Geschichte des Wortes „deutsch"? Es war vor über 1000 Jahren in der Form „diutisk" in Gebrauch und hatte etwa die Bedeutung „nach Art des Volkes", womit der Gegensatz zur lateinischen oder französischen Art und Sprache bezeichnet war. Aus diesem Eigenschaftswort wurde das Nomen abgeleitet: *die/der Deutsche*. Die Konsequenz ist, dass grammatisch mit den Deutschen anders verfahren wird als mit allen anderen Nationalitäten, sie werden nämlich wie Adjektive dekliniert. Den Einstieg in deren kompliziertere Formen versuchen wir später, hier nur eine Bemerkung zur Vermeidung eines verbreiteten Fehlers: Es gibt keine Ableitung auf *-in*, sondern die weibliche (Grund-)Form lautet: *die Deutsche*.

Die Fehler der anderen

Der sozusagen entgegengesetzte Fehler betrifft wieder alle anderen Nationalitäten: die falsche Verwendung adjektivischer Formen. Viele Lerner sagen:

> *Er ist Englisch/Italienisch/Chinesisch/Deutsch ...

wo es natürlich heißen müsste:

> Er ist Engländer/Italiener/Chinese ...

Dazwischen steht eine ebenfalls häufig zu hörende Form, die mit gleichem Recht als richtig und falsch zu bezeichnen wäre:

> (*)Die italienischen Leute sind sehr gastfreundlich.

Man sagt eben nicht so.

Eine Frau, die aus Italien kommt ...

Als Übung nur die männlichen und weiblichen Formen der Nationalitäten und der Bezeichnungen für Bewohner von Städten. Es geht nur darum, mit diesen Formen etwas vertrauter zu werden, sie brauchen vorerst nicht gepaukt zu werden.

A	B
Ein Mann, der aus Italien kommt, ist	ein Italiener
Eine Frau, die aus Spanien kommt, ist	eine Spanierin
Mann, Tschechien	ein Tscheche
Frau, Österreich	eine Österreicherin
Frau, China	eine Chinesin
Mann, Türkei	ein Türke
Mann, Frankreich	ein Franzose
Frau, Berlin	eine Berlinerin
Frau, München	eine Münchnerin

A	B
Frau, Polen	eine Polin
Mann, Schweden	ein Schwede
Mann, Polen	ein Pole
Frau, Portugal	eine Portugiesin
Mann, Argentinien	ein Argentinier
Mann, Thailand	ein Thailänder
Frau, Japan	eine Japanerin
Frau, Korea	eine Koreanerin
Mann, China	ein Chinese
Frau, Türkei	eine Türkin
Mann, Schweiz	ein Schweizer

Machen Sie die Übung gleich noch einmal, lassen Sie diesmal aber die Sprache ergänzen:

A	B
Ein Mann, der aus Italien kommt, ist	ein Italiener und er spricht Italienisch.
Eine Frau, die aus Spanien kommt, ist	eine Spanierin und sie spricht Spanisch. ...

Versuchen Sie sich dann (oder beim nächsten Mal) noch an der Pluralbildung:

Zwei Männer, die aus Italien kommen, sind ...

Eine erfreuliche Feststellung wird dabei sein, dass die männlichen *-er*-Singulare sich im Plural nicht ändern.

Um herauszufinden, welche Formen vielleicht als Erste beherrscht werden sollten, unterhalten Sie sich noch über Ihren internationalen Bekanntenkreis in folgender Form:

A/B

Antonio kommt aus Italien, er ist also Italiener und spricht Italienisch. Außerdem kann er, glaube ich, Englisch ...

Maria kommt aus Spanien, ist also Spanierin und spricht Spanisch, aber ihre Mutter ist, glaube ich, Marokkanerin ...

Zwischenspiel

Das macht man nachts

Im *Vorspiel* hatten wir schon vorgeschlagen, nach freien Assoziationen Vokabeln raten zu lassen. Hier einige weitere Formulierungsvorschläge, irgendwo zwischen strenger Definition und frei schweifender Assoziation:

schlafen

das macht man meistens nachts – das mache ich gerne – das kann man im Bett machen ...

Absicht

was ich machen möchte – was ich vorhabe – mein Plan – nächstes Jahr nach Italien fahren ...

Schrank

dort sind meine Kleider – das hat eine Tür – das ist braun ...

liegen

im Bett – im Gras – am Strand – Katze auf dem Sessel ...

träumen

schlafen – Angst – Sigmund Freud – Fantasie – Zukunft ...

Interessanter wird es, wenn man es dem Partner nicht zu leicht macht und ihn auf geschickte Weise in die Irre führt.

Komische Wörter

Man kann Vokabeln natürlich auch mit weniger Aufwand einfach zweisprachig abfragen. Versuchen Sie dann aber, zu wichtigen Wörtern immer noch einige Beispielsätze zu finden oder kleine Dialoge mit ihnen zu entwickeln. Wenn ein kleiner Stapel abgearbeitet wurde, sollten anschließend noch ein paar Fragen wie die folgenden gestellt werden:

Welche von diesen Wörtern findest du besonders nützlich?
Welche findest du besonders schwer?
Welche klingen schön?
Welche findest du komisch?
Welche lassen sich leicht in deine Sprache übersetzen? ...

Sie veranlassen den Lerner, das Gelernte noch einmal unter neuen Gesichtspunkten Revue passieren zu lassen, was zum besseren Behalten beiträgt. Die Langzeit-Speicherung kann auch schon der einfache Versuch befördern, sich am Tag (im Unterricht z. B.) gelernte Wörter abends noch einmal ins Gedächtnis zu rufen. Unsere Vokabel-Neuronen sind dankbar für jeden Anlass zum Feuern.

Besorgen und *erledigen*

Bei der Gelegenheit zwei nützliche Wörter, mit denen Deutschlerner ihre Schwierigkeiten haben, die also nicht leicht zu übersetzen bzw. „komisch" sind.

Besorgen nimmt eine Zwischenstellung zwischen *kaufen* und *holen* oder auch *sich kümmern um* (das Herbeischaffen von etwas) ein:

Ich muss Briefmarken und noch ein paar andere Sachen besorgen.
Wer besorgt Getränke für die Party?

Erledigen ist sehr praktisch, weil es Bezugnahme auf alle möglichen Tätigkeiten erlaubt, ohne dass man ins Detail zu gehen bräuchte; es wird deshalb meist mit *etwas* oder *viel* o. ä. verwendet:

Ich muss eben noch was erledigen, dann komme ich zu dir.
Ich habe heute so viel zu erledigen – wann soll ich bloß zu Mittag essen?

Was da zu *erledigen* ist, lässt sich nicht so leicht eingrenzen, aber es steht meist in einer Beziehung zu Alltagsverrichtungen: was an kleineren Pflichten eben auf dem Weg durch den Tag liegt.

Mut zur ...?

... Lücke! Wählen Sie einen kürzlich behandelten Lehrbuch-Text aus. Sie lesen ihn zunächst noch einmal gemeinsam. Anschließend lesen Sie den Text vor, halten aber vor ausgewählten Schlüsselwörtern inne, um Ihre Partnerin an diese zu erinnern und sie ergänzen zu lassen. Lassen Sie dann auch die Partnerin als Vorleserin fungieren, Sie müssen diesmal mitdenken. Variante: Wieder lesen Sie gemeinsam einen schon behandelten Lehrbuch-Text. Wieder lesen Sie laut vor, diesmal ersetzen Sie aber Wörter entweder durch bedeutungsähnliche oder auch durch ganz unpassende andere. Ihre Partnerin muss aufmerksam zuhören und berichtigen.

Lesetexte

In modernen Lehrbüchern finden sich unterschiedliche Arten von Lesetexten, manche sind durchweg und mit allen Redemitteln als Lernstoff gedacht, andere sollen hauptsächlich das Leseverstehen schulen. Dabei soll der Lesende lernen, Hauptaussagen eines Textes auch dann zu verstehen, wenn er nicht alle oder sogar nur den kleineren Teil der verwendeten Wörter bereits kennt. Das ist tatsächlich eine sehr nützliche Übung; man sollte sich unbedingt abgewöhnen, beim ersten unbekannten Wort gleich zum Wörterbuch zu greifen.

Die Konsequenz für obige Übungen besteht darin, dass auf Auswahl der richtigen Texte und darin der richtigen Wörter zu achten ist. In Übungen zum Leseverstehen gehört keineswegs jedes Textwort zum Lernwortschatz. Mit der Zeit werden Sie ein Gespür dafür bekommen, welche Wörter häufig verwendet und besonders nützlich sind und welche Ihre Partnerin noch überfordern.

6 Deklination (1)

Nomen werden „dekliniert" („gebeugt"), um durch die Endung und eventuell weitere Veränderungen am Wort anzuzeigen:

- die Zahl (Numerus), also den Plural im Gegensatz zum Singular: *der Baum – die Bäume* (davon war schon im letzten Kapitel die Rede)
- den Fall (Kasus), hier als Beispiele Nominativ und Genitiv: *der Baum – des Baumes*

Bei Artikeln, Pronomen und Adjektiven zeigt die Endung neben Numerus und Kasus außerdem das grammatische Geschlecht des Wortes an, zu dem sie gehören. – Zur Funktion der Fälle vgl. S. 38ff. und das folgende Kapitel.

Die Deklinationsübersichten im Anhang

Vergleichen Sie im Anhang die Übersichten zur Deklination des Nomens, der Personalpronomen und der Artikel/Pronomen. Am Nomen selbst treten, wie Sie dort überprüfen können, nur wenige Veränderungen auf. Es ist nur die Pluralform aller Wörter zu lernen, außerdem darf das *-s* im Genitiv der Maskulina und der Neutra und das *-n* im Dativ Plural nicht vergessen werden. Auch die Personalpronomen bereiten kaum Schwierigkeiten, sie haben prägnante Formen: *ich, mich, mir, du, dich, dir* ... Die Adjektive sind, wie schon bemerkt, etwas heikler, dazu später.

Was an zu deklinierenden Wörtern verbleibt, sind Artikel und bestimmte Pronomen. Bei diesen nun lassen sich für alle Fälle im Singular und Plural charakteristische Endungen feststellen. Beispielsweise haben fast alle Wörter dieser Kategorien für die Maskulina im Nominativ ein *-r* als Endung:

der, dieser, welcher, jeder ...

Neutra dagegen haben ein *-s*:

das, dieses, welches, jedes ...

Dabei sind nicht alle Endungen eindeutig einem Fall und einer Zahl zugeordnet: *-r* kann neben dem Nominativ der Maskulina etwa noch den Dativ und Genitiv der Feminina bezeichnen usw.

Die Tabelle auf Seite 253 enthält das ganze, nicht allzu umfangreiche Endungsinventar fast all der Wörter, die entweder einem Nomen vorausgehen oder an Stelle eines Nomens stehen können: Artikel und Pronomen also. Allerdings ist eine wichtige Einschränkung zu beachten. Bestimmte Artikel und Pronomen, nämlich die Wörter *ein, kein* und *mein, dein, sein* usw. haben in genau drei Fällen die in der Tabelle aufgeführten Endungen verloren. Daher hat *ein Mann* im Nominativ kein *-r*, *ein Kind* im Nominativ und im Akkusativ kein *-s*. Sonst stimmen die Endungen von *ein, kein, mein* ... wieder genau mit denen von *der, dieser* usw. überein. Die drei Sonderfälle sind in den Tabellen zur Deklination blau hervorgehoben und sie werden auch bei anderer Gelegenheit, bei der Adjektivdeklination, noch eine wichtige Rolle spielen.

Deklinieren Sie, um sich mit der Tabelle „Artikel und Pronomen" im Anhang auf S. 252ff. vertraut zu machen, gemeinsam mit Partnerin bei verdeckter Lösung folgende Wörter. Setzen Sie mit Hilfe der Tabelle:

dieses Wort	in diese Form	Lösung
der/(die/das)	Neutr., Dat.	→ dem
der/(die/das)	Akk., Pl.	→ die
dies...	Mask., Akk.	→ diesen
welch...	Fem., Dat.	→ welcher
jed...	Neutr., Gen.	→ jedes
dies...	Neutr., Nom.	→ dieses
der/(die/das)	Fem., Dat.	→ der
dies...	Fem., Gen.	→ dieser
der/(die/das)	Dat. Pl.	→ den
welch...	Akk. Pl.	→ welche
jed...	Mask., Dat.	→ jedem
der/(die/das)	Fem., Gen.	→ der
dies...	Dat. Pl.	→ diesen
der/(die/das)	Mask., Gen.	→ des
welch...	Neutr., Gen.	→ welches
jed...	Mask., Akk.	→ jeden

Um zu rekapitulieren. Der Tabelle ist zu entnehmen, welche Endung bestimmte Wörter in bestimmten Fällen haben. *Dies...* beispielsweise hat für die maskuline Form im Nominativ Singular ein *-r*, im Akkusativ Singular ein *-n* und im Dativ Singular ein *-m*. Dasselbe gilt für alle anderen Wörter dieser Kategorie. Aber: Für *ein, mein, dein* ... gilt es nicht für den Nominativ Singular, dort fällt gewissermaßen die Endung weg:

der, dieser, jeder ... Mann
aber: ein, kein, mein ... Mann

Dasselbe gilt entsprechend für Neutra im Nominativ und im Akkusativ:

das, dieses, jedes ... Kind
aber: ein, kein, mein ... Kind

Dagegen gibt es keinen Unterschied hinsichtlich der Endungen bei Feminina. Als Beispiel Feminina im Nominativ:

die, diese, jede ... Frau
(wobei das *-e* des Artikels *die* natürlich nicht gesprochen wird)

und ebenso:

eine, keine, meine ... Frau

Ebenfalls kein Unterschied besteht bei Maskulina und Neutra in allen anderen Fällen als den erwähnten, zum Beispiel Maskulina im Akkusativ:

den, diesen, jeden ... Mann

und ebenso:

einen, keinen, meinen ... Mann

Um die Angelegenheit noch um einen Dreh mehr zu komplizieren, gibt es allerdings auch für diese besonderen Wörter *ein, kein, mein* ... eine spezielle Verwendung, bei der auch in den erwähnten drei Fällen kein Unterschied zu anderen Artikeln und Pronomen auftritt: wenn sie ohne folgendes Nomen gebraucht werden. Vergleichen Sie:

A: Wo ist mein Buch? **B:** Dein Buch? Da liegt ein Buch. Ist das dein Buch?

oder eleganter ohne Nomen:

A: Wo ist mein Buch? **B:** Dein Buch? Da liegt eins. Ist das deins?

Also: Verwendet man *ein* ... oder *mein* ... usw. als Artikelwörter mit einem folgenden Nomen, erhalten sie in diesen Fällen keine besondere Endung mehr (also kein *-s* und kein *-r*, wie wir sie z. B. bei *der/das* oder *dieser/dieses* finden). Diese Endungen tauchen aber wieder auf, wenn *ein* ... oder *mein* ... usw. stellvertretend für ein Nomen verwendet werden. Wie bereits bemerkt, tritt dieses Problem mit den unterschiedlichen Endungen nur in drei Fällen auf, eben in den blau hervorgehobenen in den Tabellen, ansonsten stimmen sie wieder überein.

Zusammenfassung. Die Tabelle enthält das Grundschema der Deklination aller deklinierbaren Wörter außer den Nomen, den Personalpronomen und den Adjektiven. Bestimmte Wörter, nämlich *ein* usw., scheren aber aus diesem Schema in drei Fällen aus, die in der Tabelle blau markiert sind.

Das ist meins!

Da es gerade die eben besprochenen Sonderfälle *ein, mein* ... sind, die das Deklinieren im Deutschen etwas unübersichtlich machen, befassen wir uns hauptsächlich mit ihnen. Zunächst ein Minidialog mit alternativen Antwortmöglichkeiten.

(1a) Zunächst nur Neutra im Nominativ:

A: Wo ist denn mein Buch?
B: Dein Buch? Da liegt ein Buch. Ist das dein Buch?/
Dein Buch? Da liegt eins. Ist das deins?
A: Ja, das ist meins./Ja, das ist mein Buch.

Üben Sie dieses Schema mit weiteren neutralen Nomen und spielen Sie beide Möglichkeiten durch, also mit *ein* ... oder *eins.* Tauschen Sie dann – wie auch in den folgenden Übungen – die Rollen.

Heft – Glas (da steht eins) – Messer – Bier (da steht eins) – Feuerzeug – T-Shirt

(1b) Dasselbe mit dem anderen problematischen Fall, den Maskulina im Nominativ:

A: Wo ist eigentlich mein Koffer?
B: Da steht einer/ein Koffer. Ist das deiner/dein Koffer?
A: Ja, das ist meiner. Gott sei Dank!

Führerschein – Fotoapparat – Taschenrechner – Hut – Notizkalender – Geldbeutel – Pass – Laptop

(1c) Üben Sie jetzt mit Nomen in allen Genera nach demselben Schema:

A: Wo ist denn bloß mein ...
B: Dein ...? Da liegt/steht ein ... Ist das dein ...?
A: Ja, das ist mein ...

Tasche – Schal – Brille – Fotoapparat – Taschentuch – Vokabelheft – Laptop – Lineal – Hose – Hut – Kalender – Krawatte – Kamera – Radiergummi – Jacke – Wörterbuch – Personalausweis

(2) Ein neues Schema zum gleichen Problem:

A: Ist das da mein Glas?
B: Nee, das ist meins. Deins steht (liegt, hängt) glaub ich da hinten.

Bier – Schnaps – Flasche – Kuchen – Brille – Wörterbuch – Teller – Messer – Hut – Geldbeutel – Mantel – Tasche

(3) Schließlich noch der Akkusativ:

A: Brauchst du vielleicht ein Messer?
B: Danke, ich hab schon eins.

Serviette – Gabel – Glas – Löffel – Messer – Teller – Flaschenöffner – Korkenzieher – Taschentuch

Was für eins?

Ein etwas komplizierter, aber sehr nützlicher Ausdruck ist *was für ein*. Im Unterschied zu *welch-*, das auf eine Auswahl aus Vorliegendem zielt, bezieht man sich mit *was für ein* auf die Beschaffenheit eines Gegenstandes:

Welches Brot möchten Sie? (von den Broten, die Sie hier sehen)
Was für ein Brot möchten Sie? (ein Vollkornbrot, ein Mischbrot ...)

Dekliniert wird es wie das oben eingeführte *ein-*, also – in den drei kritischen Fällen – vor einem Nomen ohne Endungen, ohne Nomen mit.

Wieder mit Akkusativ (wegen *brauchen*):

A: Ich brauche mal ein Glas.
B: Was für eins (brauchst du denn)?
A: Am besten ein Weinglas.
B: Ich hab leider keins. (Warum brauchst du denn eins? ...)

Ich brauche mal einen Teller.
Ich brauche unbedingt ein Wörterbuch.
Ich brauche schnell eine Tasse.
Ich brauche mal eben einen Geldschein.
Ich brauche mal kurz einen Stift.
Ich brauche einen Kalender.
Ich brauche unbedingt eine Tablette.
Ich brauche dringend einen Kognak.

So eins will ich auch

Ebenfalls sehr nützlich ist der Ausdruck *so ein-*. Andere Sprachen formulieren hier oft ganz anders mit Wörtern wie *Typ, Sorte* o. ä., etwa:

Diese Sorte Hut will ich auch.
statt: So einen Hut will ich auch.

Die Bedeutung erschließt sich daher vielen Lernern nicht leicht. Für den Plural ist *solche* zu verwenden.

Ihre Partnerin braucht hier noch keine deklinierten Adjektive zu verwenden, kann sich aber schon einmal einhören in das schwierige Thema.

A	B
Wie gefällt/gefallen dir ...	
... mein neuer Hut?	Super! So einen will ich auch!
... meine neue Tasche?	Toll! So eine will ich auch.
... mein neues Kleid?	Wunderschön! ...
... meine neuen Schuhe?	Sehr schick!
... mein neues Auto?	Spitze!
... mein neues Handy?	Klasse!
... meine neue Krawatte?	Sehr elegant!
... mein neuer Mantel?	Wirklich schön!
... meine neue Frisur?	Entzückend!
... mein neuer Pelz?	Traumhaft!
... meine neue Halskette?	Wahnsinnig schön!
... meine neuen Ohrringe?	Sehr hübsch!
... mein neuer CD-Player?	Tolles Design!
... mein neuer Badeanzug?	Sitzt perfekt!
... meine neuen Handschuhe?	Unglaublich schick!
... mein neues Tattoo?	Geil!

So was von geiler Frisur!

Wie man seiner Begeisterung Ausdruck verleihen sollte, hängt u. a. von der Generationszugehörigkeit ab: *Geil* z. B. ist nur was für junge Leute.

Statt von *Frisur* sprechen (muttersprachlich fehlgeleitet) viele Lerner von *Haaren*.

**Hast du neue Haare?* ist gewöhnlich in diesem Sinn zu verstehen, aber natürlich nicht korrekt.

Wenn von Sachverhalten die Rede ist, verwendet man statt *so ein* ... das ebenfalls sehr nützliche *so (et)was*:

So etwas habe ich noch nie gesehen.
So was Dummes!

Bitte keinen Kuchen mehr!

Die Verneinung von Fragen mit *noch* erfolgt mit *kein mehr* und ist nicht ganz einfach zu handhaben.

Zuerst mit dem Akkusativ-Verb *möchte:*

A: Möchtest du noch einen Schnaps?
B: Danke, ich möchte keinen mehr.

Kaffee – Kuchen – Bier – Glas Wein – Wurst – Eis – Stück Fleisch – Tasse Tee – Stück Käse

Mit diesem *kein ... mehr* hat es die viele Lerner verwirrende Bewandtnis, dass bei Verwendung mit einem Nomen dieses eingeklammert wird:
Ich möchte keinen Kaffee mehr.

Versuchen Sie es deshalb gleich noch einmal mit obigen Nomen, diesmal eingerahmt:

A: Möchtest du noch einen Schnaps?
B: Danke, ich möchte keinen Schnaps mehr.

Stellen Sie zum Abschluss die Fragen aus obigen Übungen bunt durcheinander, Ihre Partnerin versucht, passende Antworten zu geben. Und achten Sie in der nächsten Zeit darauf, ob Ihre Partnerin diese sehr nützlichen Formen auch gebraucht. Tut sie es nicht, obwohl das Prinzip klar ist, ermuntern Sie dazu. Man lernt dabei mehr als nur die Formen selbst, nämlich sich vor der schweren Genusentscheidung nicht zu drücken.

Den da bitte!

Ein verwandtes Thema, nämlich ein ebenfalls sehr nützliches Pronomen, das von Haus aus Artikel ist: *der, die, das*. Viele Lerner vermeiden es lange und verwenden stattdessen *dieser, diese, dieses.*

A: Bitte gib mir doch mal den Kuchen da.
B: Welchen meinst du, den oder den?

Möglich ist natürlich auch:

B: Welchen meinst du, diesen oder diesen?

Aber es klingt doch recht förmlich für einen familiären Alltagsdialog. Beim Bäcker wäre es schon angebrachter. Eine kurze Übung zum ersten Drangewöhnen – und um das Zuhören zu trainieren – nach demselben Schema, nur mit *der, die, das*:

das Heft da
das Brötchen da
die Tasche da
die Vokabelkärtchen da
den Radiergummi da

die Diskette da
den Stift da
die Kassette da
die Fotos da
den Hut da

Der ... ist nicht nur viel häufiger als *dies-*, sondern hat außerdem den Vorteil, dass dabei die wichtigen Artikelformen geübt werden. Ein Grund, weshalb Lerner *dies-* vorziehen, dürfte sein, dass Genusfehler hier nicht ganz so falsch klingen; ein anderer, dass in vielen Sprachen die Verwendung des Artikels in dieser Funktion völlig unmöglich wäre.

Eine noch!

Ihre Partnerin antwortet frei, verwendet dabei aber in jedem Fall eines der Pronomen *einer/eine/eins* oder *keiner/keine/keins* oder *der/die/das*, auch im Akkusativ. Versuchen Sie, kleine Szenen mit möglichst vielen *eins* und *keins* ... aus den Vorgaben zu entwickeln.

A	**B** *antwortet frei, zum Beispiel*
Bitte gib mir doch mal die Brille da.	– Welche, die oder die? – Wieso, das ist nicht deine, das ist meine. – Nein, die gebe ich dir nicht. Das ist meine. – Ich sehe keine. – Du hast doch schon eine. Möchtest du noch eine?
Ist das mein Wörterbuch?	– Welches meinst du, das oder das? – Nein, das ist meins. – Wo? Ich sehe keins.

Bitte gib mir mal den Stift da.
Brauchst du eine Gabel?
Ist das da nicht mein Wörterbuch?
Schenkst du mir das Foto nicht?
Möchtest du noch eine Tasse Kaffee?
Gibst du mir bitte mal den Löffel da?
Ist noch ein Bier im Kühlschrank?
Wo ist eigentlich mein Hut?
Bitte gib mir doch mal das Feuerzeug da.
Zeigst du mir endlich mal das Foto?
Hast du etwa kein Auto?
Isst du wirklich noch einen Hamburger?
Ist das da meine Tasse?
Schenkst du mir den Ring?
Trinkst du etwa noch ein Glas Wein?
Krieg ich noch ein Stück Kuchen?
Gibt's hier keine Toilette?
Weißt du, wo mein Handy ist?
Hast du vielleicht einen Euro für mich?

Zwischenspiel

Stadt-Land-Wort

Ein Spiel-Klassiker in der Sprachlern-Version.

Stadt	*Land*	*Person*	*Nomen*	*anderes Wort*
Paris	Portugal	Plato	Pause	passen/pink/privat ...

Versuchen Sie anschließend die Wörter wieder abzuarbeiten: Ihre Partnerin findet zu jedem einen passenden Satz (es muss keine Definition sein):

Paris ist eine schöne Stadt/ist die Hauptstadt von Frankreich.
Ich möchte nach Paris fahren ...

Fällt Ihnen dazu eine passende Erwiderung mit einem anderen Wort aus der Reihe ein?

Ich möchte lieber nach Portugal.
Das passt mir nicht.
Ich möchte lieber zu Hause Plato lesen ...

Aus Texten von Deutschlernenden

Manchmal gibt es hier etwas zu korrigieren, manchmal zu diskutieren. Tun Sie beides gemeinsam.

- Die Berliner sind immer unfreundlich, besonders für die Ausländerin. Sie denken zuerst an sich. Sie lesen immer Zeitungen im Zug.
- Die Deutschen lieben nicht sprechen mit Ausländern.
- Für uns ist das Essen das Genuss für Leben. Aber für Deutsche ist das Essen nur eine Aufgabe, damit man nicht sterben kann.
- Manchmal finde ich, dass das Leben in Deutschland schwer für Ausländer ist wegen des Essens.
- Hier isst man bissen anders als in Nepal. Aber ich habe mich schon selbst auf solches Essen eingestellt.
- Essen ist schlechter als China Essen.
- Das Wetter ist ungewöhnlich, manchmal es regnet, manchmal es schneit.
- Das Wetter ist immer schlecht in Berlin.
- Jedoch habe ich immer noch eine Hoffnung, dass der Service in Deutschland besser wird.
- In Deutschland habe ich gelernt, dass ein typischer mensch nicht existiert.

Fragen erraten

Sie lesen still die folgenden Fragen und beantworten sie dann in kürzestmöglicher Form (nicht die ganzen Sätze wiederholen!). Ihre Partnerin muss die Frage finden. Am besten lassen Sie pro Durchgang zu jeder Frage nur einmal raten, notieren, wer mehr Treffer hat, und wiederholen das Ganze einige Male.

A *(liest still)*	**A** *spricht die Antwort*	**B** *rät die Frage*
Wie spät ist es jetzt?	halb fünf	Wie spät ist es? (= richtig)
Wie alt sind Sie?	30	Wie viele Tage hat ein Monat? (= falsch)

Wo wohnen Sie?
Was essen Sie gerne?
Was ist Ihr Hobby?
Wohin fahren Sie gerne in Urlaub?
Welche Sprachen sprechen Sie?
Was lesen Sie gerne?
Welche Musik hören Sie gerne?
Was machen Sie abends gerne?
Wie viele Tage hat ein Monat?
Wo sind Sie geboren?
Wann haben Sie Geburtstag?
Was trinken Sie am liebsten?
Wie viele Tage hat ein Jahr?

Jetzt sind Sie dran mit dem Erraten.

B *(liest still)*	**B** *spricht die Antwort*	**A** *rät die Frage*
Wie spät ist es jetzt?	...	...

Woher kommen Sie?
Was sind Sie von Beruf?
Welche Sprachen sprechen Sie?
Was trinken Sie gerne?
Was lesen Sie gerne?
Woher kommt Ihr Partner?
Was essen Sie nicht gerne?
Welchen Film mögen Sie besonders gerne?
Welche Musik hört Ihr Partner gerne?
Was trinken Sie nicht gerne?
Welche Musik hören Sie nicht gerne?
Welchen Sport machen Sie gerne?
Welche Farbe mögen sie?
Wann sind Sie geboren?

Fragelisten wie diese kann man natürlich auch selbst erstellen (jeder eine, die er dann selbst beantwortet), oder man geht in ähnlicher Weise ein Lehrbuchkapitel durch, indem man interessante Fragen herausschreibt und dann erraten lässt.

7 Deklination (2)

Funktion der Fälle

Wie im Grammatikkapitel (S. 38) erwähnt, hängt die Verwendung der Fälle gewöhnlich vom Verb ab. Die erforderlichen Fälle können also entweder, wie dort empfohlen, einfach zu jedem Verb (und zu jeder Präposition) mitgelernt werden; man kann aber auch versuchen, sich einen Reim auf dieses Phänomen „Kasus" zu machen, indem man sich die innere Logik der Verbbedeutung klar macht.

Schlafen erfordert logischerweise nur ein Subjekt, einen Schlafenden, und hat somit auch grammatisch nur ein Subjekt:

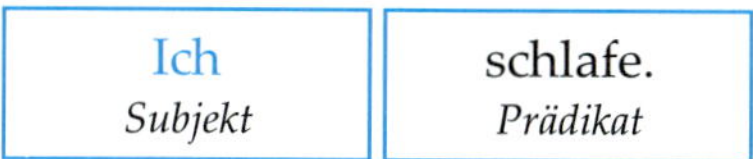

Sehen erfordert logischerweise einen Sehenden und etwas, was er sieht. Grammatisch hat es daher ein Subjekt und ein Objekt. Um die Objektrolle zu kennzeichnen, erhält dieses einen Fall zugewiesen, den Akkusativ, der sich (allerdings nur bei den Maskulina, vgl. Anhang *Deklination* S. 251ff.) an der Artikel-Endung *-n* ablesen lässt (also nicht am Nomen selbst):

Ich	sehe	den Vogel.
Subjekt	*Prädikat*	*Akkusativ-Objekt*

Geben erfordert logischerweise neben Subjekt und Akkusativobjekt noch ein weiteres Objekt:

Ich	gebe	dem Hund	das Futter.
Subjekt	*Prädikat*	*Dativ-Objekt*	*Akkusativ-Objekt*

Hund bleibt zwar hier im Dativ wieder unverändert, aber der dazugehörige Artikel erhält die Endung *-m*. *Das Futter* ist der Akkusativ, der hier, wie eben bemerkt, nicht vom Nominativ zu unterscheiden ist.

Allerdings lässt sich auf diese Art die Verwendung der Fälle nicht für jedes Verb erklären. Man sollte deshalb immer dann, wenn sich der Fall nicht nach obigen Prinzipien gewissermaßen von selbst ergibt, diesen dazulernen. Am besten geschieht das, indem das Verb zusammen mit dem erforderlichen Akkusativ- bzw. Dativpronomen der zweiten Person gelernt wird:

Ich sehe <u>dich</u>.
Ich helfe <u>dir</u>.

Diese Formen sind nämlich sehr einprägsam. Um Missverständnisse zu vermeiden: Jedem Verb ist fest ein Fall (oder eben mehrere) zugeordnet, man hat also hier keine Wahl. Das lässt sich auch so formulieren: *Sehen* ist ein Akkusativverb, *helfen* ein Dativverb.

In manchen Lehrbüchern ist der Sachverhalt so dargestellt:

sehen *(Akk.)*

Im Wörterbuch dagegen werden gewöhnlich folgende Bezeichnungen verwendet:

sehen *(tr)* = transitiv, das bedeutet mit Akkusativ (und womöglich außerdem auch Dativ)

helfen *(itr)* = intransitiv: mit anderen Fällen als dem Akkusativ

In der Grundstufe spielen neben dem „normalen Fall" für das Subjekt, dem Nominativ, bei den Verben nur Akkusativ und Dativ eine Rolle. Später sind dann auch einige wenige Genitivverben zu lernen, wie z. B.: *Ich gedenke des Toten.*

Zum Stichwort Genitiv ist aber eine Anmerkung erforderlich wegen eines häufigen Fehlers in einer anderen Verwendung. Er dient auch (ganz unabhängig von Verben) zur Bezeichnung von Besitzer-Besitz-Verhältnissen u. ä.:

Das ist Karins Hut.

Anders als in anderen Sprachen kann im Deutschen dieser Genitiv vor oder hinter dem Bezugswort stehen. Die Verwendung mit vorangestellten Eigennamen im Genitiv, wie oben, ist zwar sehr häufig, aber der eigentliche Standardfall ist der nachgestellter Nicht-Eigennamen:

Das ist der Hut meiner Freundin.

Hier passieren oft Fehler durch falsche Voranstellung:

*Das ist meiner Freundin Hut.

Lassen Sie Ihre Partnerin per Genitiv alle möglichen Besitzverhältnisse im Umkreis benennen:

Das ist die Kette meiner Oma, das ist Evas Wörterbuch ...

Oder denken Sie sich einen Merkspruch aus:

Karins Hut ist schöner als der Hut meiner Freundin!

Dich und *dir*

Mit *dich* oder *dir* prägt sich der zugehörige Fall leicht ein. (Mit *mich* oder *mir* funktioniert es theoretisch natürlich auch.) In der folgenden Übung kann sich Ihre Partnerin am von Ihnen verwendeten Fragewort orientieren: *Wen* erfragt den Akkusativ, *wem* den Dativ. – Sie lesen die Frage, *B* antwortet knapp. (An die enervierende, nichtsdestotrotz lernförderliche Unsitte gelegentlicher Rückfragen und Kommentare brauchen Sie ja nicht mehr erinnert zu werden.)

A	B
Wen findest du nett? (Wie nett?	Dich. ...)
Wem hilfst du gerne?	Dir.

A	B
Wen siehst du oft?	Dich.
Wem machst du gerne Geschenke?	Dir.
Wen magst du?	Dich.
Wem zeigst du gerne deine Urlaubsfotos?	Dir.
Wen ärgerst du nie?	Dich.
Wem erklärst du gerne komplizierte Dinge?	Dir.
Wen triffst du gerne abends in der Kneipe?	Dich.
Wem erzählst du gerne Märchen?	Dir.
Wen findest du sympathisch?	Dich.
Wem schenkst du gerne Blumen?	Dir.
Wen kennst du schon sehr lange?	Dich.
Wem gibst du gerne einen guten Rat?	Dir.
Wen möchtest du gerne wieder sehen?	Dich.
Wem leihst du gerne Geld?	Dir.
Wen liebst du?	Dich.
Wem machst du gerne Komplimente?	Dir.
Wen findest du interessant?	Dich.
Wem verbietest du nichts?	Dir.
Wen rufst du gerne an?	Dich.
Wem schickst du gerne Postkarten?	Dir.
Wen besuchst du oft?	Dich.
Wem gehört alles, was du hast?	Dir.

Achten Sie darauf, wie viele „Gegenstände" (Personen oder Objekte) jeweils im Spiel sind. Mit einer Ausnahme finden Sie bei Verben mit Akkusativ und Dativ immer drei, bei Akkusativ-Verben nur zwei. Lernstoff wäre hier also eigentlich nur *helfen*. Mit Verben wie diesem gibt es gelegentlich Probleme, weil sie in anderen Sprachen mit anderem Kasus verwendet werden, z. B. italienisch *ti aiuto = ich helfe dich*.

Anschließend geht Ihre Partnerin die Liste noch einmal durch, nun aber näher an der Wahrheit:

> **B:** Ich finde dich sehr nett und ich helfe dir auch manchmal gerne, aber ich sehe dich leider nur selten ...

Und zum Schluss noch einmal aus dem Kopf? Elf von 22 behalten ist eine gute Gedächtnisleistung (außerdem bleibt auf diese Art Erinnertes gut haften). Sie können aber auch wieder Stichworte geben:

> **A:** helfen
> **B:** Ich helfe dir nicht so gerne.

Schicken und *schenken*

Die große lautliche und nicht ganz so große inhaltliche Nähe führen oft zu Verwirrung, manchmal kommt dann ein *Schinken* heraus. Testen Sie, ob das Problem akut ist.

Zwischenspiel

Kofferpacken

Macht eigentlich mehr Spaß, wenn Sie zu mehreren sind. Sie fahren in Urlaub und nehmen alles Mögliche mit. Um nichts zu vergessen muss jeder Mitspieler alles wiederholen, was schon genannt wurde.

Und nicht zu vergessen wäre natürlich auch der bei *mitnehmen* fällige Akkusativ.

A: Ich nehme ein Buch mit.

B: Ich nehme ein Buch
und eine Brille mit.

A: Ich nehme ein Buch
und eine Brille
und einen Pullover mit.

B: Ich nehme ein Buch
und eine Brille
und einen Pullover
und eine Hose mit.

A: ...

Wer patzt, scheidet aus.

Anschließend das Gleiche noch mal, aber diesmal geht es darum, den anderen zu übertreffen und immer noch eins draufzusetzen – und zwar ein Akkusativverb. (Vielleicht überlegen Sie sich zuvor ein paar und schreiben sie auf ein Blatt.)

A: Ich sehe dich.
B: Ich sehe dich und ich kenne dich.
A: Ich sehe dich und ich kenne dich und ich höre dich.
B: ...

Das funktioniert natürlich auch mit Dativ-Verben:

A: Ich helfe dir.
B: Ich helfe dir und ich zeige dir ein Foto.
A: Ich helfe dir und ich zeige dir ein Foto und ich erkläre dir den Dativ.

Oder strikt alternierend:

A: Ich sehe dich.
B: Ich sehe dich und ich helfe dir.
A: Ich sehe dich und ich helfe dir und ich treffe dich.

Memory II

Machen Sie Ihrer Partnerin klar, dass das Abschreiben der folgenden Sätze (mit Satzzeichen!) auf Kärtchen eine hervorragende Übung ist. Sollte sie daran (nicht völlig unberechtigterweise) zweifeln, müssen Sie selbst schreiben.

Spielen Sie anschließend wieder Memory.

Kannst du . . . mir 10 Euro leihen?
Erklärst du . . . mir bitte den Dativ?
Warum ärgerst du . . . mich immer?
Bitte geben Sie . . . mir mal das Salz.
Hallo, kennst du . . . mich nicht mehr?
Ich glaube, du verstehst . . . mich nicht.
Bitte helfen Sie . . . mir.
Siegfried? Den . . . mag ich nicht.
Komm . . . endlich!
Bitte gib mir . . . einen Rat.
Wann fängt das Konzert . . . an?
Zeigst du . . . mir die Urlaubsfotos?
Bitte hör . . . mir zu!
Bitte hör auf . . . zu singen.
Gehst du gerne . . . tanzen?
Um wie viel Uhr stehst du . . . morgens auf?
Magst du . . . mich?
Findest du . . . mich dick?
Warum räumst du nicht . . . endlich auf?
Ich sehe nicht sehr . . . gern fern.

Lassen Sie gegebenenfalls den Fehler *Magst du tanzen?* nicht durchgehen (Vgl. *Modalverben*, S. 68ff.).

8 Schwierige Personen (Pronomen)

Die Formen der Personalpronomen sind alles in allem recht einfach. Vgl. Anhang *Deklination*, S. 252.

Ziemlich verwirrend gestaltet sich die Sachlage nur bei *ihr*, und auch das Dativpronomen *ihnen* bereitet vielen Lernern Schwierigkeiten.

Ihnen

Ihnen gehört als Dativ zur Höflichkeitsform *Sie*, wie *dir* zu *du*. Vergleichen Sie *Deklination (2)*, S. 100 *dich* und *dir*.

Lesen Sie die Fragen dort noch einmal vor, formulieren Sie jetzt aber in der Höflichkeitsform:

A	B
Wen finden Sie nett?	Sie.
Wem helfen Sie gerne?	Ihnen.
Wen sehen Sie oft?	Sie.
Wem machen Sie gerne Geschenke?	Ihnen.
Wen mögen Sie?	Sie.

Am Ende wieder eine Rekapitulation seitens der Partnerin:

B: Also, ich finde Sie sehr nett, und ich helfe Ihnen auch sehr gerne, aber ...

Außerdem ist *ihnen* natürlich Dativpronomen für den Plural der 3. Person – die Höflichkeitsform fällt ja immer mit dem Plural zusammen:

Die Kinder haben Durst, gib ihnen doch etwas zu trinken.

Ihr

Bei *ihr* muss man sich zunächst klar machen, dass es entweder Personalpronomen oder Possessivpronomen sein kann. Als Personalpronomen im Nominativ ist es schon lange bekannt: *ihr kommt*. Daneben fungiert es als Personalpronomen im Dativ für *sie*: *Ich gebe ihr das Buch.*

Als Possessivpronomen wird es in drei verschiedenen Fällen verwendet, und zwar natürlich in den gleichen wie das Personalpronomen *sie*.

- Eva ist ziemlich vergesslich. Sie hat schon wieder ihr Buch zu Hause gelassen.
- Die Kinder denken auch an gar nichts. Sie haben schon wieder ihre Mützen vergessen.
- Bitte kommen Sie morgen und bringen Sie Ihr Buch mit.

In den folgenden drei Übungen geht es nur um dieses Possessivpronomen, nicht um die Personalpronomen.

Ihr und *dein*

Eine kurze Übung zum Warmwerden. Ihre Partnerin spricht nach folgendem Schema, Sie korrigieren.

Vorgabe	B
Christoph/Uhr?	Christoph, ist das deine Uhr?
Martin/Tasche?	Martin, ist das deine Tasche?
Herr Wolf/Kinder?	Herr Wolf, sind das Ihre Kinder?
Gernot/Auto?	
Herr Lessing/Buch?	
Johanna/CD?	
Willy/Zigaretten?	
Frau Rabe/Kugelschreiber?	
Friedrich/Zeitungen?	
Herr Scholl/Tochter?	
Frau Frisch/Passfoto?	
Ernst/Schwestern?	
Theodor/Laptop?	
Herr Halm/Katze?	
Annette/Bleistifte?	
Frau Korn/Brille?	
Franz/Feuerzeug?	
Herr Neumann/Pfeife?	
Elfriede/Kette?	
Frau Weiß/Schlüssel?	
Greta/Ohrringe?	
Frau Sperber/Handtasche?	
Herr Schulz/Kaffee?	
Katja/Fotoalbum?	
Eva/Sandalen?	
Alexander/Socken?	
Clara/Fahrrad?	

Ihre oder meine?

Erinnern Sie sich an Kapitel *Deklination (1)*, S. 92f., *Das ist meins!* Das nützliche Pronomen soll in diesem Zusammenhang noch einmal geübt werden.

A	B
Ist das Ihre Brille oder meine?	Das ist Ihre.
Ist das Ihr Kaffee oder meiner?	Das ist Ihrer.
Ist das Ihr Wörterbuch oder mein(e)s?	Das ist Ihres.
Sind das Ihre Taschentücher oder meine?	Das sind Ihre.

Teller – Glas – Messer – Kuchen – Stifte – Serviette – Löffel – Gabel – Streichhölzer – Feuerzeug

Schwieriger wird es, wenn nun Ihre Partnerin die Fragen formulieren soll:

B	A
Ist das Ihr Teller oder meiner?	Das ist Ihrer.

Finden Sie anschließend noch einige Beispiele aus Ihrer aktuellen Umgebung und variieren Sie die Antworten:

A	B
Ist das Ihr Kuli oder meiner?	Nein, meiner ist das nicht, das muss wohl Ihrer sein.
	Nein, der hier ist meiner, der da ist wohl Ihrer.

Sein und *ihr*

Ein Possessivpronomen hat eine Art doppelten Bezug. Es zeigt einerseits – genau wie der Artikel *ein* – in der Endung an, zu welchem Wort es gehört (darauf war ja in den beiden letzten Übungen schon zu achten):

sein Buch
seine Tasche

Andererseits zeigt es an, welche Person die „besitzende" ist:

Mein Buch ist das Buch eines *ich.*
Dein Buch ist das Buch eines *du.* ...

Auch mit diesem doppelten Bezug waren Sie in den letzten Übungen schon konfrontiert. Bei den Formen der 3. Person *sein* und *ihr* kann er deshalb Verwirrung schaffen, weil dort zweimal die Frage des Geschlechts ins Spiel kommt.

Sie kennen vielleicht vom Englischen her die Unterscheidung zwischen *his* und *her*; dem entspricht im Prinzip die deutsche Unterscheidung zwischen *sein* und *ihr*, die es aber in vielen anderen Sprachen nicht gibt:

Sein Buch ist das Buch eines Mannes (oder eines Kindes).
Ihr Buch ist das Buch einer Frau (oder der anderen mit *ihr* bezeichneten Personen, s. o.).

Wenn nun zu dieser Geschlechtskennzeichnung die andere hinzutritt, nämlich die durch die Endung ausgedrückte des folgenden Nomens, ist Verwirrung programmiert:

Seine Tasche ist der grammatisch weibliche Gegenstand eines Mannes.
Ihr Stift ist der grammatisch männliche Gegenstand einer Frau.

Dazu eine Übung.

Ihr Freund kommt auch?

Wenn die folgende Übung sehr zäh verläuft, sollte man sie vorerst nur nutzen, um die eben erläuterten Bezüge der Wörter *sein* und *ihr* zu analysieren. Da es sich immer um Nominative handelt, der Kasus also keine zusätzlichen Komplikationen schafft, kann diese Analyse so aussehen:

Karin – Freund
Karin: weiblich, also *ihr*
Freund: männlich, also männliche Form von *ihr*
Resultat: *ihr*

A	B
Karin kommt. (Hoffentlich nicht.	Und ihr Freund? Kommt der auch? Warum?)
Jörg kommt.	Und seine Freundin? Kommt die auch?
Eva kommt.	Bruder?
Klaus kommt.	Schwester?
Anja kommt.	Freund?
Olga kommt.	Schwester?
Erika kommt.	Tochter?
Jens kommt.	Freund?
Antonia kommt.	Mann?
Petra kommt.	Freundin?
Miriam kommt.	Sohn?
Martin kommt.	Frau?
Heidi kommt.	Typ?
Steffen kommt.	Schwesterchen?
Claudia kommt.	Freundinnen?
Katrin und Eva kommen.	Freunde?
Ernst und Georg	Freundinnen?
Emilie und Hannah	Eltern?
Herr und Frau Müller	Tochter?

Zwischenspiel

Textgerüste

Lehrbuch-Texte mit musterhaften Formulierungen sollten gründlich ausgewertet werden. Man kann sie z. B. auf Stichworte reduziert rekonstruieren lassen. Ein Beispiel eines (nachempfundenen) Dialogs:

Eva	Elmar
Wartest du schon lange?	Nein, ich bin erst fünf Minuten hier.
Und was machen wir jetzt?	Wir können zuerst einen Kaffee trinken. Hast du Lust?
Gerne. Wohin gehen wir?	Ich kenne ein Café in der Nähe.
Gut. Gehen wir.	

So oder ähnlich notieren Sie die beiden Parts:

lange warten?	5 Minuten
was machen?	Kaffee – Lust?
gerne – wohin?	kenne Café
gut	

B muss nicht alles wörtlich reproduzieren. Wortumstellung wie: *Zuerst können wir einen Kaffee trinken* ist kein Grund zur Beanstandung, aber die wichtigen Formulierungen sollten erhalten bleiben. Spielen Sie immer beide Rollen in vertauschter Besetzung durch. – Wenn Sie solche Szenen nicht nur sitzend rezitieren, sondern richtig schauspielern, macht es nicht nur mehr Spaß, sondern ist auch schwieriger für Ihre Partnerin – schafft sie's trotzdem, ist der Lerneffekt nachhaltiger.

Neue Perspektiven

In modernen Lehrbüchern beschränkt sich die Auswertung von Texten schon lange nicht mehr auf einige angehängte Verständnisfragen, sondern erfolgt in Form von teils recht unterhaltsamen und effizienten Übungen. Es empfiehlt sich dennoch, darüber hinaus am Text weiterzuarbeiten; die einmalige Bearbeitung auch gut gemachter Übungen reicht meist nicht aus. Durchführen lässt sich dies für bestimmte Textarten auf einfache und oft amüsante Weise, indem die Lesenden – nach gründlicher Lektüre – in Rollen der im Text auftretenden Personen schlüpfen. Sie berichten dann aus deren Perspektive Geschehen oder Umstände, in die sie verwickelt sind, und müssen dabei auf neu erworbene Ausdrucksmittel zurückgreifen.

Je nach Textart kann ein solches Rollenspiel ganz unterschiedlich eingefädelt werden. In vielen Fällen ist es sinnvoll, die Umstände zu umreißen, in denen der Bericht erfolgt. Zum Beispiel eignet sich häufig folgende Frage dazu, dem Ausführenden den Einstieg zu erleichtern: *Was hast du erzählt, als du abends nach Hause gekommen bist?*

Außerdem lassen sich viele Textpassagen in Dialoge verwandeln. Ist etwa im Text die Rede davon, dass jemand telefonisch Erkundigungen einholt, kann dieses nur beschriebene Telefongespräch in einen Dialog umgewandelt werden.

9 Präpositionen (1)

Präpositionen sind unscheinbare Wörtchen wie *in, zu, auf, vor, hinter, mit, bei,* die angeben, in welchem Verhältnis Redegegenstände zueinander stehen (im Deutschen heißen sie auch „Verhältniswörter"). In dieser Funktion übernehmen sie eine sehr wichtige Rolle im Satz und sollten deshalb, während der ersten Monate zumindest, auf der Liste der Lernprioritäten weit oben stehen. Aus diesem Grund wird auch hier der Theorie-Anteil etwas umfänglicher ausfallen.

Für die Grundstufe am wichtigsten und zugleich am schwierigsten zu lernen sind die lokalen Präpositionen, mit denen wir uns im Folgenden ausschließlich beschäftigen. Lokale Präpositionen geben räumliche Verhältnisse zwischen Dingen an.

Das Buch liegt auf dem Tisch.
und: Das Buch liegt unter dem Tisch.
bezeichnen unterschiedliche räumliche Verhältnisse zwischen Buch und Tisch.

Jens ist bei Eva.
bezeichnet Evas Wohnung als den Aufenthaltsort einer Person,

Jens geht zu Eva.
gibt diese als Ziel seines Weges an. Für Lerner ergeben sich zwei Hauptschwierigkeiten: erstens die Wahl der richtigen Präposition in Abhängigkeit von ihrem Bezugswort und zweitens die richtige Verwendung der Fälle.

Wir befassen uns zunächst mit dem ersten Problem, und zwar am Beispiel von Präpositionen, die die Bewegung auf ein Ziel hin bezeichnen.

Präpositionen für Richtungsangaben

Um auszudrücken, dass etwas oder jemand sich von A nach B bewegt oder dorthin befördert wird, können u. a. die Präpositionen *in, zu, auf* und *nach* verwendet werden:

(1) Ich gehe *in die* Bäckerei.
(2) Ich gehe *zum* Bäcker.
(3) Ich gehe *auf das* Rathaus.
(4) Ich fahre *nach* Italien.

Der Beitrag zur Satzbedeutung dieser verschiedenen Präpositionen ist annähernd der gleiche, sie drücken eine Bewegung hin zu einem Ort aus. Dennoch können sie nicht gegeneinander ausgetauscht werden. Welche zu wählen ist, hängt davon ab, zu welcher Klasse von Gegenständen (im weitesten Sinn) der Zielort gehört. Das *in* im ersten Satz lässt sich als Standardpräposition für die Richtungsangabe bezeichnen, die verwendet wird, wann immer der Gegenstand ein Innen und Außen aufweist. Handelt es sich aber wie in (2) um eine Person, verlangt die Regel die Verwendung von *zu*. Das *auf* wie in Beispielsatz (3) muss manchmal verwendet werden, wenn die jeweilige Örtlichkeit eher als Institution denn als konkretes Gebäude aufgefasst wird. Und in (4) ist *nach* zu verwenden, weil es sich um einen Ländernamen handelt.

Damit haben Sie einen ersten Ansatzpunkt zur Erklärung der Verwendung von Präpositionen gefunden. Versuchen Sie einige sehr häufige Fehler zu kommentieren:

- Ich gehe nach Schwimmbad.
- Ich fahre zum Holland.
- Ich gehe in die Bank.
- Ich gehe in den Metzger.
- Ich gehe nach Arzt.

Korrekturen:

- *Schwimmbad* mit *in* (der Standardpräposition, wenn keine besondere Regel greift)
- *Holland* als Ländername mit *nach*
- *Bank* als Institution mit *auf* (dies ist die für den Anfang am ehesten vernachlässigbare Regel, *in die* oder *zur* ist auch nicht ganz falsch)
- *Metzger* als Person mit *zu.*
- *Arzt* als Person mit *zu.*

Hier werden schon die komplizierten Seiten der Verwendung von Präpositionen sichtbar. Der Lerner muss bei den hier besprochenen Richtungsangaben seine Wahl unter vier möglichen treffen, aber damit hat es noch nicht sein Bewenden. Hinzu kommen die Wahl des richtigen Falles für das folgende Satzglied sowie einige Besonderheiten der Formenbildung. Dazu weitere Beispiele und die zu berücksichtigenden Regeln:

- Ich gehe in den Park.
  (auf *in* als Richtungsangabe folgt ein Akkusativ)
- Ich gehe ins Schwimmbad.
  (die Form *in das* wird verkürzt zu *ins*)
- Ich gehe zum Bäcker.
  (*zu* wird mit Dativ verwendet; *zu + dem/das = zum)*
- Ich gehe zur Hautärztin.
  (*zu + der = zur)*

Die erste Annäherung macht deutlich, dass die Verwendung von Präpositionen heikel sein kann, weil jedes Mal ein ganzer Satz von Regeln abzuarbeiten ist. Wir wollen deshalb mit einfachen Übungen in das Thema einsteigen.

Auf, in, nach, zu?

Sie nennen das Stichwort, Ihre Partnerin braucht nur anzugeben, welche Präposition (zur Angabe der Richtung) jeweils in Frage kommt, und zwar noch ohne Artikel und Fall. – Es kommt vor, dass zwei oder sogar drei Präpositionen mit nur schwachen Bedeutungsnuancierungen verwendet werden können. Ihre Partnerin sollte sich durch diesen Umstand nicht verwirren lassen, sondern ihn zunächst als Chance zur Erhöhung der Trefferquote betrachten. Einige Erläuterungen werden aber nachgeliefert. In den folgenden Übungen sind solche konkurrierenden Präpositionen in Klammern gesetzt.

A	B	A	B
Italien	nach	Orthopäde	zu
Arzt	zu	Küche	in
Markt	auf (zu)	Bett	in
Köln	nach	Friseur	zu
Kino	in	Bäcker	zu
Wald	in	Bäckerei	in
Kreuzberg	nach	mein Bruder	zu
Badewanne	in	Sauna	in
meine Freundin	zu	Disko	in
Griechenland	nach	Bayern	nach

Wohin gehst du (denn jetzt schon wieder)?

1. In dieser Übung kommen nur Personenbezeichnungen und weitere Ausdrücke vor, für die *zu* gebraucht wird. *B* muss also männliche und weibliche Nomen unterscheiden, über Artikelverwendung entscheiden und Dativformen bilden, da ja *zu* immer mit diesem Fall verwendet wird. Anfangs können Sie bei den Präpositionen helfen, sie also mitlesen. – Sie lesen in ungläubigem Ton die lange Liste befremdlicher Orte, die Ihre Partnerin aufzusuchen vorhat, diese bleibt aber dabei.

A	B
(Zum) Augenarzt?	Na klar. Ich gehe zum Augenarzt.
(Zu) deine(r) Freundin?	Sicher. Ich gehe zu meiner Freundin.
(Zu) Karin?	Natürlich. Ich gehe zu Karin. (Hast du was dagegen?)

Krankengymnastik?
deine Schwester?
Hals-Nasen-Ohren-Arzt?
Eva?
Zahnarzt?
Esoterik-Messe?
Herr Kuhn?
deine Eltern?
WM-Finale?
Jörgs Schwester?
Senioren Sport?
Hautärztin?
Psychotherapeutin?
Single-Ball?
Greenpeace-Versammlung?
dein Bruder?
Klavierlehrerin?
Rechtsanwalt?

Lassen Sie Ihre Partnerin anschließend aus dem Kopf rekapitulieren:

B: Also, ich gehe zum Arzt, zu Karin ...

> Sollte es zu Problemen wegen der Artikelverwendung bei *zu* kommen, bilden Sie einfach einen *das-ist*-Satz um zu prüfen, ob dort der Artikel gebraucht wird. Das ist der Fall in folgendem Beispiel:
>
> Das ist der Augenarzt. – Ich gehe zum (= zu dem) Augenarzt.
>
> Aber nicht in folgenden:
>
> Das ist meine Freundin. – Ich gehe zu meiner Freundin.
>
> Das ist Eva. – Ich gehe zu Eva.

2. Diesmal handelt es sich nur um Richtungsangaben mit *in* oder *auf*. Ausführung wie oben.

A	B
Schule?	Ja sicher. Ich gehe in die Schule. Warum nicht?
(Was machst du da?	...)

Badewanne?
Rathaus?
Nachtklub?
Krankenhaus?
Kung-Fu-Kurs?
Oper?
Kneipe?
Staatsbibliothek?
Flohmarkt?
Bank?
Evas Party?
Keller?
Sauna?
Öko-Bäckerei?
Tennisklub?
Frauen-Buchladen?
Friedhof?
Bett?

3. *B* muss jetzt die richtige Präposition wählen und die folgenden Wörter in den richtigen Fall setzen. Da die Materie nicht ganz einfach ist, soll die Übung v. a. zur Überprüfung dienen, ob die Regeln verstanden wurden, nicht, ob sie auch

schon rasch angewandt werden können. Versuchen Sie gemeinsam die jeweils gefundene Lösung zu erläutern.

A	**B** *(unterstützt von A)*
Arzt	zum Arzt (*Erläuterung:* für Person *zu*, *zu* mit Dativ, *zu* + *dem* = *zum)*
Küche	in die Küche (*Erläuterung:* für Küche *in* mit Akkusativ)
Karin	zu Karin
Italien	nach Italien
Wohnzimmer	ins Wohnzimmer
meine Freundin	zu meiner Freundin
Park	in den Park
mein Psychotherapeut	zu meinem Psychotherapeuten
Zahnarzt	zum Zahnarzt
Frau Maier	zu Frau Maier
Rathaus	auf das Rathaus
Keller	in den Keller
Schwimmbad	ins Schwimmbad
Markt	auf den Markt
meine Tochter	zu meiner Tochter
Frankreich	nach Frankreich
Bett	ins Bett

In die Staaten

Bei einigen wenigen Ländernamen wie *Türkei, Schweiz, Irak, Iran, USA* ergibt sich eine Besonderheit daraus, dass diese immer mit Artikel verwendet werden. Man sagt, vor der Landkarte stehend:

Das ist Italien/Frankreich/Deutschland ...

Aber:

Das ist die Türkei/die Schweiz/der Irak und: das sind die Vereinigten Staaten ...

Und bei diesen Ländern verwendet man nicht *nach*, sondern *in* + Artikel:

Ich fahre in die Türkei ...

Planen Sie zum Abschluss gemeinsame Unternehmungen, z. B. einen Ideal-Tag.

A/B: Zuerst gehen wir ins Café frühstücken, dann ...

Oder das Gegenteil:

A/B: Zuerst müssen wir ins Krankenhaus, dann ...

Oder eine Weltreise:

A/B: Zuerst fahren wir nach Österreich ...

Zwischenspiel

Situationen

Freie Improvisationen nach situativen Vorgaben. Man kann zuerst einfach ausprobieren, was sich ergibt, dann gemeinsam passende Redemittel suchen und aufschreiben und die Situationen dann noch einmal durchspielen.

1. Heute Abend gibt es ein Konzert. Sie möchten nicht alleine hingehen. Rufen Sie einen Freund/eine Freundin an.
2. Sie sind krank. Sie rufen im Büro an. Der Chef sagt, Sie müssen unbedingt kommen.
3. Sie haben einen sehr guten Kuchen gebacken. Ihre Freundin/Ihr Freund möchte nichts essen (Diät, Krankheit ...).
4. Ihre Freundin ist immer sehr müde. Sie fragen warum. Sie hat Schlafstörungen. Geben Sie ihr Ratschläge.
5. Sie möchten im Urlaub ans Meer, Ihr Partner in die Berge ...
6. Ihre neue Bekanntschaft ist nicht zum ersten Rendezvous gekommen. Sie sind sehr traurig. Eine Freundin/ein Freund tröstet sie.
7. Am Bahnhof. Sie möchten nach Hamburg fahren. Sie haben um 14.00 Uhr einen Termin in Hamburg. Erkundigen Sie sich beim Fahrkartenverkäufer.
8. Nächstes Wochenende bekommen Sie Besuch aus dem Ausland. Sie planen gemeinsam, was Sie mit Ihrem Gast unternehmen werden.

9. Nach dem Bezahlen im Supermarkt kontrollieren Sie den Kassenzettel. Sie haben den teuren Rotwein auf der Rechnung gar nicht gekauft!
10. Sie wollen per Taxi in die Hauptstraße nach Berlin-Charlottenburg, aber Sie haben das Gefühl, dass der Taxifahrer in die falsche Richtung fährt.
11. Ein Freund sucht eine Partnerin. Er ist ein bisschen schüchtern. Geben Sie ihm Ratschläge.
12. Sie haben einen Fensterplatz im ICE reserviert. Auf Ihrem Platz sitzt eine ältere Dame.
13. Heute ist Freitag der Dreizehnte. Ihr Partner sagt: Heute möchte ich lieber zu Hause bleiben. Aber Sie möchten gerne mit ihm ausgehen.

10 Präpositionen (2)

Drei Details im Zusammenhang mit den bisher besprochenen Richtungsangaben sind nachzutragen.

Zu oder *in*?

Zunächst geht es um das Wort *zu* in einer etwas anderen Verwendung als der bis jetzt bekannten.

Beispiele:

Ich gehe zum Bahnhof.
Ich gehe zur Apotheke.

Vergleichen Sie mit:

Ich gehe in den Bahnhof.
Ich gehe in die Apotheke.

Ob man hier *zu* oder *in* verwendet, hängt davon ab, ob die Lokalität betreten wird oder nur Endpunkt eines Weges ist.

Ich gehe zum Bahnhof.

bedeutet, der Bahnhof ist das Ziel meines Weges, aber womöglich will ich nur zum Briefkasten vor dem Bahnhofsgebäude.

Ich muss in den Bahnhof (rein).

besagt dagegen, dass ich das Gebäude betreten muss.

Manchmal sind beide gleichermaßen möglich:

Ich muss eben noch zur Apotheke/in die Apotheke.

bis

Man verwendet *bis* gewöhnlich zusammen mit einer zweiten Präposition, oft *zu*, nur bei Namen kann diese entfallen:

Ich nehme dich mit bis zur nächsten Ecke.
Ich fahre nur bis Augsburg.

Die Bedeutungsnuance gegenüber *zu* oder *nach* ergibt sich daraus, dass *bis* das *Nicht-weiter-als* akzentuiert.

Zu Hause und *nach Hause*

Schließlich ein Klassiker unter den Fehlern bei der Richtungsangabe:

*Ich gehe zu Hause.

Ein konsequenter Fehler – wir haben ja gesehen, dass *zu* normalerweise eine Richtungsangabe ist. Fast nur in diesem einen – natürlich sehr wichtigen – Fall gibt es aber den Ort an, während die Richtung mit *nach* ausgedrückt wird:

Ich bin zu Hause.
Ich gehe nach Hause.

Nach Italien?

Ihre Partnerin braucht sich nur für die richtige von zwei zur Auswahl vorgelesenen Präpositionen zu entscheiden. In wenigen Fällen sind beide möglich.

A	**B**
Ich gehe/fahre ...	
zum Bett *oder* ins Bett	ins Bett natürlich
nach Italien *oder* zu Italien	nach Italien!

in die Schule *oder* nach Schule
zu Karin *oder* nach Karin
zur Post *oder* auf die Post (beide)
ins Kino *oder* zum Kino (beide)
bis zum Parkplatz *oder* bis Parkplatz
zum Bäcker *oder* nach Bäcker
zur Bushaltestelle *oder* in die Bushaltestelle
bis zum Bahnhof *oder* bis Bahnhof
zum Markt *oder* auf den Markt (beide)
nach Stadtzentrum *oder* ins Stadtzentrum
bis Kreuzung *oder* bis zur Kreuzung
in den Supermarkt *oder* auf den Supermarkt
zum Friseur *oder* in den Friseur
nach Bäckerei *oder* in die Bäckerei
nach Stadt *oder* in die Stadt
zum Nachbarn *oder* nach Nachbarn
zur Türkei *oder* in die Türkei
bis zur Kirche *oder* bis Kirche
zum Rathaus *oder* aufs Rathaus *oder* ins Rathaus (alle möglich)
zum Arzt *oder* nach Arzt
nach Schweiz *oder* in die Schweiz

Geh doch selbst!

Jetzt muss *B* genau zuhören und schnell kontern.

A	**B**
Wann gehst du endlich in den Supermarkt? (Ich muss arbeiten!	Und warum gehst du nicht selbst in den Supermarkt? Und ich muss Deutsch lernen ...)

Wann gehst du endlich ...
zum Bäcker – zum Briefkasten – zur Volkshochschule – zur Apotheke – aufs Rathaus – in die Fleischerei – auf den Markt – zum TÜV – zum Kiosk – in den Buchladen – ins Reisebüro – aufs Ausländeramt – in die Reinigung – in die Reparaturwerkstatt – zum Schneider?

Versuchen Sie anschließend Kompromisse zu finden und die Erledigungen zu verteilen. *B* schlägt vor. Wenn Sie sich nicht einigen können, spricht nichts gegen Diskussionen:

Supermarkt – Bäcker

B: Also, ich gehe in den Supermarkt und du gehst zum Bäcker.
A: Aber ...

Briefkasten – Volkshochschule
Apotheke – Rathaus
Fleischerei – Markt
TÜV – Buchladen
Reisebüro – Ausländeramt
Kiosk – Reinigung
Reparaturwerkstatt – Schneider

Zuerst zum Arzt oder in die Apotheke?

Jetzt muss die Partnerin, die nicht ins Buch schauen darf, noch genauer zuhören:

A: Zuerst gehe ich in den Supermarkt und danach in die Apotheke.
B: Warum gehst du nicht zuerst in die Apotheke und dann in den Supermarkt?

Welche guten Gründe haben Sie anzuführen?

ins Kino – ins Restaurant
zum Bahnhof – zur Post
zur Schule – ins Büro
zu Jens – zu meiner Schwester
nach Kreuzberg – nach Charlottenburg
in die Kirche – ins Schwimmbad
nach Italien – in die Türkei
in die Disko – ins Konzert
ins Fitnesscenter – in den Park
zum Alexanderplatz – zum Brandenburger Tor
nach Hamburg – nach Bremen
zu Karin – zum Zahnarzt
zum Arzt – in die Apotheke
in die Schweiz – nach Italien

Was sind „Wechselpräpositionen"?

Nachdem wir bisher nur mit einigen Richtungsangaben zu tun hatten, soll jetzt in großen Schritten der Bereich der lokalen Präpositionen weiter erkundet werden. Dabei ist nur ein wichtiges Phänomen noch neu einzuführen, eben die so genannten „Wechselpräpositionen". Zwei von ihnen, *in* und *auf*, sind bereits bekannt, aber sozusagen erst zur Hälfte. Denn diese beiden verfügen, zusammen mit einigen anderen, über eine besondere Eigenschaft: Sie fordern nicht, wie die meisten Präpositionen, immer den gleichen Fall, sondern können entweder mit Akkusativ oder mit Dativ verwendet werden, wobei sich die Bedeutung ändert. Vergleichen Sie zunächst einige Beispielsätze:

> Wo warst du gestern? – Im Kino.
> Wohin gehst du heute Abend? – Ins Kino.
> Wo bist du? – Auf dem Rathaus.
> Wohin gehst du? – Aufs Rathaus.

Die Dative *im* und *auf dem* bezeichnen hier den Aufenthalt an einem Ort, die Akkusative *ins* und *aufs* – dies war ja schon bekannt – die Richtung. Das Prinzip, nach dem diese Wechselpräpositionen funktionieren, ist also zwar einfach zu erklären und zu verstehen, für Lerner aber beileibe nicht einfach anzuwenden. In leicht handhabbare Form wird es durch Bezug auf die zugehörigen Fragen gebracht. Es lautet dann so: Auf die Frage *wohin?* antworten Wechselpräpositionen mit folgendem Akkusativ, auf die Frage *wo?* mit Dativ.

Klarzustellen ist, dass natürlich die Präpositionen nicht nur dann auf diese Weise verwendet werden, wenn tatsächlich im Dialog Fragen zu beantworten sind. Es handelt sich bei der *wo*- und der *wohin*-Frage um Testfragen, die dem Lerner ermöglichen, sich jedes Mal, wenn er eine Wechselpräposition verwendet, schnell Klarheit über den erforderten Fall zu verschaffen. Was sich im Kopf des Lerners abspielen sollte, wenn er den Satz:

> Der Brief liegt in der Schublade.

formulieren will, ist etwa Folgendes:

Der Brief liegt in ..?.. Schublade. – Die passende Frage würde lauten: Wo liegt der Brief, also Dativ. – Dativ von *die* = *der*, also: Der Brief liegt in der Schublade.

Ebenso werden verwendet: *an, unter, über, hinter, vor, zwischen, neben*. Weitere Beispiele:

> Ich hänge das Bild an die Wand.

Hier wird der Akkusativ verwendet, weil eine Bewegung zum Ziel hin ausgedrückt wird, einfacher: weil die zugehörige Frage *wohin?* lauten würde.

Im nächsten Beispiel:

> Das Bild hängt an der Wand.

folgt dagegen der Dativ, weil die zugehörige Frage *wo?* wäre. Ebenso:

> Ich stelle den Koffer unter den Tisch.
> Der Koffer steht unter dem Tisch.
> Ich lege die Zeitung neben den Fernseher.
> Die Zeitung liegt neben dem Fernseher.

Bis ein Lerner diese Präpositionen richtig verwenden kann, dauert es, wie gesagt, recht lange, also sollte man hier jeden Stress vermeiden und sich (zum Teil natürlich mit Üben verbrachte) Zeit lassen. Wichtig ist fürs Erste, dass zum Prinzip Wechselpräposition keine Fragen offen bleiben. Und auch in einem zweiten wichtigen Punkt sollten eventuelle Unklarheiten ausgeräumt werden.

Die Wechselpräpositionen machen gewöhnlich großen Eindruck auf Lerner und sie neigen deshalb dazu, die hier gelernte Regel unzulässig zu verallgemeinern. Aber diese Regel gilt eben nur für die oben aufgeführte begrenzte Zahl von Präpositionen, während andere immer mit dem gleichen Fall stehen.

Konfusion entsteht vor allem bei *zu*. Diese Präposition gibt ja bekanntlich Antwort auf die Frage *wohin?* Da sie aber keine Wechselpräposition ist, kann mit ihr auch nicht das eine Mal der Akkusativ, das andere Mal der Dativ stehen, sondern – und das ist bei fast allen anderen Präpositionen so – immer der gleiche Fall, und zwar hier der Dativ. Obwohl also mit *zu* eine Richtungsangabe formuliert wird – die Frage also *wohin?* lautet –, wird es mit Dativ verwendet: weil *zu* eben nicht zu den Wechselpräpositionen zählt.

An der Tafel steht kein Bild

Das Verb *stehen* wird auch in Zusammenhang mit Geschriebenem verwendet:

An der Tafel steht ein Wort.
Auf dem Schild steht „Kein Winterdienst".
In der Zeitung steht, dass der Sommer zu warm war.

Ein sehr häufiger Lerner-Fehler ist:

*An der Tafel/in der Zeitung schreibt ...

Versuchen Sie, neben systematischem Korrigieren, dieses befremdliche *stehen* plausibler zu machen durch den unverkürzten – aber so kaum gebräuchlichen – Ausdruck *geschrieben stehen*:

In der Bibel steht geschrieben ...

So lässt sich auch der zweite Fehler vermeiden, dass nämlich das doch endlich gelernte *stehen* auf Abbildungen und Ähnliches angewandt wird; man kann ja nicht sagen:

*An der Tafel steht eine Zeichnung.

Ort und Richtung bei anderen Präpositionen

Bei den Wechselpräpositionen wird, wie wir eben sahen, die Unterscheidung zwischen *wo?* und *wohin?* einfach durch Wechsel des Falles bei gleich bleibender Präposition ausgedrückt. Wie verhält es sich aber bei anderen Präpositionen? Uns fehlen vor allem noch die Gegenstücke zu den anfangs behandelten Richtungsangaben *nach* und *zu*.

Zur Erinnerung noch einmal die Beispiele aus Kapitel *Präpositionen (1)*, S. 109ff.:

(1) Ich gehe *in die* Bäckerei.
(2) Ich gehe *zum* Bäcker.
(3) Ich gehe *auf das* Rathaus.
(4) Ich fahre *nach* Italien.

(1) und (3) stellen keine Schwierigkeit mehr dar. Da es sich um Wechselpräpositionen handelt, werden einfach die zugehörigen Ortsangaben mit Dativ gebildet, also:

Ich bin in der Bäckerei.
Ich bin auf dem Rathaus.

In (4) dagegen muss eine andere Präposition verwendet werden um den Aufenthalt am Ort auszudrücken:

Ich bin in Italien.

Und hier ist auch noch zu beachten, dass ja manche Länder mit Artikel verwendet werden, folglich:

Ich bin in der Türkei.
Ich bin im Iran.

Beim *zu* aus (2) gestaltet sich die Situation etwas verwickelter, weil hier zwei Fälle zu unterscheiden sind. Zunächst die Entsprechung zu dem *zu* für Personen:

Ich gehe zu Karin. – Ich bin bei Karin.
Ich gehe zum Arzt. – Ich bin beim Arzt.

Bei ist in diesen Fällen, bei Personenbezeichnungen also, präzises Gegenstück zur Richtungsangabe *zu*.

Aber für die andere Verwendung von *zu*:

Ich gehe zum Bahnhof.

gibt es kein solches Gegenstück. Auf dieses Problem kommen wir später zurück.

Versuchen Sie sich jetzt noch einmal, am besten gemeinsam, an der Korrektur einiger falscher Sätze:

(1) Ich gehe nach Schule.
(2) Ich war gestern ins Kino.
(3) Ich lebe im Berlin.
(4) Ich gehe in die Park.
(5) Ich gehe beim Arzt.
(6) Das Buch liegt auf der Tisch.

In der Korrektur sollten Sie auf folgende Fehlerursachen hinweisen:

(1) *nach* nur bei Länder- und Städtenamen, richtig: *in die* (auch möglich: *zur*)
(2) richtige Präposition, aber falscher Fall: *wo?* → *im,* also Dativ
(3) bei Städten wird die Präposition ohne Artikel verwendet (*im* = *in dem*)
(4) der Park → *in den* Park (*wohin?* → Akkusativ)
(5) *bei* = *wo?*, hier aber *wohin?*, daher *zum* (für Personen)
(6) Präposition richtig, aber falsches Geschlecht oder falscher Fall: *der* Tisch, *wo?* → Dativ → *auf dem*

In dem oder in dem?

Im Zusammenhang mit den Präpositionen ist es besonders nützlich und wichtig, das Gehör zu schulen. Lerner machen häufig Fehler, die sich allein durch aufmerksames Zuhören vermeiden ließen – was natürlich auch nicht so einfach ist für Lerner, die sich noch sehr auf das eigene Formulieren zu konzentrieren haben.

Zuerst eine ganz einfache Übung zu diesem Zweck. Ihre Partnerin kann dem Fragewort *welch-* entnehmen, in welcher Form sie das Pronomen *der* verwenden muss. Sprechen Sie das *-m* in *welchem* oder das *-r* in *welcher* zu Anfang besonders deutlich. Gehen Sie aber dann bald, vor allem beim auslautenden *-r*, zu einer natürlichen Aussprache über (korrekterweise spricht man ja dieses *-r* nicht als Konsonanten, sondern als Vokal ähnlich dem *a* [welcha]).

A	**B**
In welchem Bett möchtest du lieber schlafen?	In dem.
In welcher Wohnung möchtest du lieber wohnen?	In der.
In welchem Schrank sind die Teller?	
In welchem Zimmer schlafen die Kinder?	
In welcher Tasche ist mein Schlüssel?	
Auf welchem Stuhl möchtest du lieber sitzen?	
In welcher Dose ist der Zucker?	
In welchem See möchtest du lieber schwimmen?	
In welchem Topf ist die Suppe?	
In welcher Tasse ist der Tee?	
In welchem Auto möchtest du lieber in Urlaub fahren?	
In welchem Glas ist das Alkoholfreie?	
In welchem Kleid möchtest du in die Oper gehen?	
Auf welchem Pferd möchtest du lieber reiten?	
In welcher Flasche ist der Essig?	

Anschließend versucht *B* einige dieser Sätze nach Vorgaben zu rekonstruieren und ergänzt wie folgt:

B: In welchem Bett möchtest du lieber schlafen, in dem oder in dem?

Kleid – Oper
Bett – schlafen
Wohnung – wohnen
Schrank – Teller
Tasche – Schlüssel
Stuhl – sitzen
Dose – Zucker
See – schwimmen
Topf – Suppe
Tasse – Tee
Glas – Alkoholfreie
Flasche – Essig

Dann findet Ihre Partnerin vielleicht noch ein paar Alternativen im wirklichen Leben.

Im Bett oder im Café?

In dieser Übung kommen *im* und *in der* auch nebeneinander vor. Sie fragen, *B* antwortet wahrheitsgetreu.

A	B
Wo frühstückst du lieber, im Café oder im Bett? (Und warum?	Im Café. ...)

Wo möchtest du lieber essen, in der Küche oder im Wohnzimmer?
Wo schwimmst du lieber, im Meer oder im Schwimmbad?
Wo möchtest du lieber sitzen, auf dem Balkon oder im Garten?
Wo möchtest du lieber arbeiten, im Büro oder in der Fabrik?
Wo möchtest du lieber Urlaub machen, in den USA oder in der Türkei?
Wo möchtest du lieber schlafen, im Bett oder auf dem Sofa?
Wo machst du lieber Gymnastik, im Garten oder im Fitness-Center?
Wo siehst du lieber fern, im Wohnzimmer oder in der Küche?
Wo gehst du lieber spazieren, im Park oder in der Fußgängerzone?
Wo siehst du lieber Filme, im Fernsehen oder im Kino?
Wo tanzt du lieber, in der Disco oder auf einer Party?
Wo fotografierst du lieber, in der Wohnung oder im Freien?
Wo fühlst du dich wohler, am Meer oder in den Bergen?
Wo kaufst du lieber Kleidung, im Kaufhaus oder in der Boutique?

Ihre Partnerin rekapituliert anschließend, was sie noch weiß und begründet vielleicht auch:

B: Ich frühstücke lieber im Café (dann brauche ich nicht abzuspülen), ich esse lieber ...

Hallo, ich bin in der Sauna

Die Partnerin hört Ortsangaben (über das Handy) und verwandelt sie in Richtungsangaben.

A	B
Hallo, ich bin in der Sauna. Kommst du auch? (Sauna ist sehr gesund ...	Nein, ich gehe überhaupt nicht gerne in die Sauna. ...)
Hallo, ich bin im Schwimmbad. Hast du Lust zu kommen? (Warum denn?	Nein, ich gehe gar nicht gerne ins Schwimmbad. ...)

Hallo, ich bin ...
im Kino – bei Eva – in Kreuzberg – in der Kneipe – im Billard-Salon – bei Frau Schmidt – in der Disko – bei Helmut – am See – im Casino – im Volkspark – beim Italiener – in der Eisdiele – am Rheinufer – in der Mensa – im Café – im Zoo – im Theater – beim Chinesen – im Biergarten

Nur eben mal schnell Zigaretten holen

Wenn es Ihrer Partnerin gelingt, sowohl den B- als auch den A-Part der folgenden Übung relativ fehlerfrei zu bewältigen, ist das Thema lokale Präpositionen, von ein paar noch zu besprechenden Details abgesehen, relativ erledigt. Für die Grundstufe wenigstens einmal.

A	B
Wohin gehst du?	Ich muss (nur kurz/eben/schnell) zum Bäcker.
(Und was machst du beim Bäcker?	Wurst kaufen!)

Friseur – Supermarkt – Bäcker – Zigarettenautomaten – Reinigung – Garage – Kreuzberg – Arzt – Garten – Maria – Apotheke – Bahnhof – Kiosk – Schöneberg – Zentrum – Fleischer – Peter – Keller

Lassen Sie sich zum Schluss von *B* rückhaltlos alle Termine, Verpflichtungen und Verabredungen der kommenden Woche aufzählen:

B: Am Montag muss ich nach Kreuzberg zu Frau Schmidt ...

Weisen Sie Ihre Partnerin noch darauf hin, dass nach Modalverben oft ein einfaches Bewegungsverb wie *gehen* oder *fahren* entfallen kann. Man sagt eher: *Ich muss zum Arzt* als *Ich muss zum Arzt gehen.* Das ist ein praktischer Nebeneffekt der Tatsache, dass die Richtung durch Präpositionen und Fälle klar vom Ort unterschieden ist; das Verb wird überflüssig.

Zwischenspiel

Ich sehe was ...

Versetzen Sie sich mit allen Sinnen in eine vorgestellte Situation. Beschreiben Sie genau, aber ohne das Erraten zu einfach zu machen, was Sie sehen, hören, schmecken, riechen, fühlen ... – bis Ihre Partnerin erraten hat, wo Sie sind und was Sie tun.

Auf dem Fahrrad im Wald

die Luft ist frisch – mir ist warm – meine Beine tun weh – ich höre einen Vogel – ich sehe die Sonne – ich sehe einen Mann – ich rieche Pilze – ich sehe ein Reh – meine Hose ist schmutzig ...

Sie können sich entweder beide zunächst einen Überblick über die folgenden Szenerien verschaffen oder nur der Beschreibende tut das oder Sie lassen sich etwas ganz Neues einfallen.

einen hohen Berg besteigen
joggen im Park
in der Sauna
tauchen im Meer
nachts alleine im Wald
im Sommer am Meeresstrand
im Ferrari auf der Autobahn
in einem großen Biergarten
ein Spaziergang im Herbst
ein Winterabend am Kamin
morgens im vollen Bus
auf dem Fernsehturm
in der Sahara
am Nordpol
im Zoo
in der Disko
in einem alten Schloss um Mitternacht
alleine im Bett in einer Regennacht

Zur schönen Tätigkeit des Spazierengehens ist eine Anmerkung überfällig. Es gibt sie sprachlich in zwei gerne ein wenig durcheinander geworfenen Varianten:

Ich gehe spazieren. Ich mache einen Spaziergang.

Und ebenso viele Fehlervarianten sind verbreitet:

*Ich mache einen Spazierengang. *Ich spaziere gerne im Park.

Testen Sie gleich, ob Ihre Partnerin in die Falle geht. („Was machen die beiden älteren Herren da im Park?")

Exerzitium grammatico-philosophicum

Zur Erholung noch einmal ein *Was passt nicht?* – diesmal zu den interessanten Themen Grammatik und Philosophie.

Eine kleine Hilfestellung zur Grammatik: Es geht u. a. um Trennbarkeit bei den Verben, Artikel, Wortart und Fall. – Ihre Partnerin sollte anschließend wieder ausführlich ihre Resultate versprachlichen – und natürlich ihren philosophischen Standpunkt darlegen.

gehen	schwimmen	Haus	trinken
aufstehen	arbeiten	anmachen	aufräumen
Sokrates	Plato	Dionysos	Aristoteles
hinten	oben	neben	unten
fahren	warten	schlafen	raten
Frankreich	Türkei	Irak	Niederlande
Fisch	Haus	Kind	Wort
in den	auf dem	beim	unter dem
dich	ihn	mir	mich
Kant	Fichte	Schelling	Bismarck
mein	kein	sein	ihr
entschuldigen	anfangen	verstehen	erklären
ihn	ihm	ihnen	mir
Böll	Adorno	Jelinek	Grass
Computer	Fernsehen	Schreibmaschine	Drucker
essen	helfen	lesen	sehen
nach	bei	ins	zum
Hegel	Wittgenstein	Husserl	Heidegger
in	an	bei	auf
können	wollen	dürfen	mögen
hübsch	gut	hässlich	hell
nach Hause	ins Bett	auf dem Tisch	zur Schule
Name	Reise	Käse	Riese
einundhalb	zweiundhalb	dreieinhalb	vierundhalb
Auge	Ende	Kind	Reise
eine Spanierin	eine Japanerin	eine Deutsche	eine Bolivianerin
Klinsmann	Habermas	Kahn	Beckenbauer

B: ‚Haus' passt nicht, es ist nämlich kein Verb, sondern ein Nomen.

11 Vergangenheit (1)

Zur nicht sonderlich schwierigen Formenbildung von Perfekt und Präteritum vergleichen Sie den Anhang.

Nicht sonderlich schwierig heißt nicht, dass einem die Formen zuflögen, aber es ist auch nicht sinnvoll und erforderlich, sie regelrecht einzupauken (*sehen – sah – gesehen ... sehen – sah – gesehen ... gehen – ging – gegangen ... gehen – ging – gegangen ...*). Jedenfalls ist nachdrücklich davon abzuraten, irgendwelche Listen mit allen unregelmäßigen Verben des Deutschen (um die 170) abzuarbeiten.

Ganz knapp noch einmal zur Verwendung der beiden wichtigen Zeiten Perfekt und Präteritum. Beim Sprechen ist immer Perfekt möglich, üblich aber die Verwendung des Präteritums für *sein, haben* und die Modalverben. Also z. B. eher *ich war* als *ich bin gewesen*, was aber auch nie falsch ist.

Für das Schreiben gelten eigene Regeln, auf die wir hier nicht eingehen.

Haben oder *sein?*

Gelegentlich bereitet die Wahl des richtigen Hilfsverbs für die Bildung des Perfekts Schwierigkeiten. Die wichtigsten Regeln lauten:

– Transitive Verben, also solche mit Akkusativ, bilden das Perfekt mit *haben*. Für die Praxis formuliert: Wenn das Verb mit dem Wort *etwas* (oder *jemand*) verwendet werden kann, ist das Hilfsverb *haben*:

  Ich esse etwas → ich habe etwas gegessen.
  ich sehe etwas → ich habe etwas gesehen.

– Verben, die eine Ortsveränderung bezeichnen, bilden das Perfekt mit *sein*:

  Ich bin gegangen (Ortsveränderung: von A nach B)
  Ich bin gekommen, geflogen, gefahren ...

Bei Verben, die nicht unter eine dieser beiden Regeln fallen, sollte das Hilfsverb mitgelernt werden. *Haben* ist insgesamt das weitaus häufiger verwendete.

Einprägen sollte man sich:

> Ich bin gewesen.
> Ich bin geblieben.

Danke, hab schon!

Deshalb zuerst eine Wiederholung der Konjugation von *haben*. Die 1. Person Singular kann so gesprochen werden wie im familiären Ton meist von Deutschen, also ohne Endungs-*e*. (Aber schreiben natürlich immer mit -*e*). Ebenso die saloppere Form *was* statt *etwas*. *A* liest, *B* ohne Buch.

A	B
Möchtest du was essen? (Was denn? ...	Nein, ich hab schon was gegessen. ...)
Möchte Jens was essen?	er hat
Möchtet ihr was essen?	wir haben
Möchte Eva was essen?	sie hat
Möchten deine Freunde was essen?	sie haben
Möchtest du was trinken?	ich hab schon was getrunken
Möchte Gabi was trinken?	sie hat
Möchten deine Eltern was trinken?	sie haben
Möchtet ihr was trinken?	wir haben

Ebenso, jetzt aber auch mit Verben, die *sein* verlangen, und daneben mit viel Anteilnahme an den merkwürdigen Gegebenheiten:

A	B
Wir essen jetzt.	Was, ihr habt noch nicht gegessen!? Wieso denn?
(Wir haben natürlich auf dich gewartet.	...)
Uwe fährt jetzt los.	Was, er ist noch nicht losgefahren!? Wieso denn das?

Niklas repariert jetzt das Radio.
Wir kopieren grade die neuen Übungen.
Anne steht jetzt auf.
Alwin fliegt heute nach Malta.
Wir putzen jetzt die Badewanne.
Elke fährt jetzt zum TÜV.
Carlo holt grade Jenny ab.
Olaf und Max spülen grade Geschirr.
Wir trinken jetzt Kaffee.
Frank fotografiert grade Evelyn.
Heike und Sandra heben grade Geld ab.
Wir ziehen nächste Woche aus.
Wir waschen jetzt die Hemden.
Das Kind schläft jetzt ein.
Albert trinkt jetzt Kaffee.
Ich gehe morgen zum Arzt.
Wir räumen jetzt den Keller auf.
Herta bügelt grade die Hemden.
Wir gehen jetzt einkaufen.
Eva macht gerade die Hausaufgaben.
Katja fängt jetzt an zu kochen.
Jens übersetzt gerade den Text.
Wir packen jetzt die Geschenke aus.

Ergänzungen zur *haben-sein*-Regel

Aufstehen wird mit *sein* verwendet, weil es ja in gewissem Sinn auch eine Ortsveränderung bezeichnet. Aber auch die Verben *aufwachen* oder *einschlafen* beispielsweise verlangen *sein* als Hilfsverb, weil sie zwar keine Orts-, aber eine Zustandsveränderung bezeichnen.

Die komplette Regel lautet also: **Verben, die Orts- oder Zustandsveränderungen bezeichnen, bilden das Perfekt mit *sein*.**

Runterbringen bezeichnet eine Ortsveränderung, warum also mit *haben*? Weil die oben zuerst aufgeführte Regel Vorrang hat: *Runterbringen* ist ein transitives Verb, man bringt *etwas* (= Akkusativobjekt) runter, daher *haben* als Hilfsverb.

Bei *aufräumen* ist die Bildung des Partizips zu beachten: Wie bei allen trennbaren Verben wird das *-ge* zwischen Vorsilbe und eigentlichem Verb eingefügt, die Form ist also *aufgeräumt*.

Isst du eigentlich gerne Knoblauch?

Zum noch besseren Kennenlernen und Üben des Perfekts ein paar Fragen mit *eigentlich*, mit denen man ein bisschen unschuldig tun kann oder abruptere Übergänge zu einem neuen Thema bewältigt:

A: Isst du eigentlich gerne Fisch?
B: Heute ja. Aber früher/als Kind hab ich überhaupt nicht gerne Fisch gegessen.

Fliegst du eigentlich gerne? – Trinkst du eigentlich gerne Bier? – gerne tanzen – gerne ins Kino gehen – gerne fernsehen – gerne lesen – gerne shoppen gehen – dich für Kunst interessieren – gerne schwimmen – gerne Briefe schreiben – gerne ins Theater gehen – gerne früh aufstehen – Politik interessant finden – gerne Jazz hören – gerne in die Oper gehen – gerne Horrorfilme sehen – gerne in die Sauna gehen – gerne Rad fahren – gerne Fremdsprachen lernen – Ordnung wichtig finden – dich für Sport interessieren – Katzen mögen

Ihre Partnerin sollte auch den *A*-Part einmal übernehmen. Außerdem können Sie sich natürlich viele weitere *eigentlich*-Fragen einfallen lassen.

Eine weitere, noch wichtigere Verwendungsweise von *eigentlich* ist die folgende:

Ich hab eigentlich keinen Hunger mehr.
Ich tanze eigentlich nicht so gerne.
Eigentlich bin ich eher ein schüchterner Mensch.

In anderen Sprachen wird die Bedeutung des Wortes mit Ausdrücken wie *in Wirklichkeit* wiedergegeben, dem es auch nahe kommt. *In Wirklichkeit* ist im Deutschen aber oft etwas zu stark für die beabsichtigte Abschwächung des Gesagten.

Schon wieder?

A liest, *B* reagiert ohne Buch, aber mit einer gewissen Entrüstung – und wieder mit *hab* ohne *-e* (was gleich noch entrüsteter klingt).

A	B
Kochst du heute?	Schon wieder? Ich hab doch erst gestern gekocht.
Gehst du heute schwimmen?	Schon wieder? Ich bin doch erst gestern schwimmen gegangen.
Machst du heute Fotos?	Schon wieder? Ich hab doch erst gestern Fotos gemacht.
Gehst du heute ins Kino?	Schon wieder? Ich bin doch erst gestern ins Kino gegangen.
Kaufst du heute ein?	Schon wieder? Ich hab doch erst gestern eingekauft.
Machst du heute einen Ausflug?	Schon wieder? Ich hab doch erst gestern einen Ausflug gemacht.
Siehst du heute fern?	Schon wieder? Ich hab doch erst gestern ferngesehen.
Gehst du heute spazieren?	Schon wieder? Ich bin doch erst gestern spazieren gegangen
Spielst du heute Tennis?	Schon wieder? Ich hab doch erst gestern Tennis gespielt.
Fährst du heute in die Stadt?	Schon wieder? Ich bin doch erst gestern in die Stadt gefahren.
Ziehst du heute das neue Kleid an?	Schon wieder? Das hab ich doch erst gestern angezogen.
Kochst du heute Spaghetti?	Schon wieder? Das hab ich doch erst gestern gekocht.
Stehst du morgen früh auf?	Schon wieder? Ich bin doch erst heute früh aufgestanden.
Bezahlst du heute das Essen?	Schon wieder? Ich hab doch erst gestern bezahlt.
Bringst du heute den Müll runter?	Schon wieder? Ich hab doch erst gestern den Müll runtergebracht.
Putzt du heute das Bad?	Schon wieder? Das hab ich doch erst gestern geputzt.
Räumst du heute das Zimmer auf?	Schon wieder? Das hab ich doch erst gestern aufgeräumt.
Gehst du heute in die Disko?	Schon wieder? Ich bin doch erst gestern in die Disko gegangen.
Gehst du heute früh ins Bett?	Schon wieder? Ich bin doch erst gestern früh ins Bett gegangen.

Vielleicht erinnert sich *B* an alles, was sie doch erst gestern gemacht hat, und vielleicht fallen Ihnen weitere Fragen ein, die Anlass zur Entrüstung geben könnten.

Schon wieder ist ein nicht ganz einfach zu verstehender Ausdruck. Wer ihn verwendet, macht deutlich, dass das wiederholte Eintreten des Sachverhalts ungewöhnlich oder lästig o. ä. ist. Mit einfachem *wieder* lässt sich das nicht ausdrücken.

Party-Talk

Formulierungen mit den Ausdrücken *schon mal* und *noch nie* sind sehr nützlich, nicht nur für Smalltalk:

Hast du schon mal Sushi gegessen? – Nein, noch nie./Ja, schon ziemlich oft/schon ein paar Mal.
Bist du schon mal im Ballett gewesen? – Nein, noch nie.

In der Übung kann dort, wo eine Vergangenheitsform von *sein* benötigt wird, auch einmal das Perfekt *ist gewesen* verwendet werden. Zwar ist es in Kontexten wie hier seltener als die Form des Präteritums *war*, aber doch nicht ganz ungebräuchlich. Außerdem spielt das Partizip *gewesen* in anderen grammatischen Konstruktionen eine wichtige Rolle. – Während des Interviews kann durchaus ein bisschen weitergeplaudert werden: Und warum?/Und was hast du da gemacht ...?

Vorgabe	**B** *fragt*	**A** *antwortet* **B** *notiert*
in Japan	Bist du schon mal in Japan gewesen?	noch nie/zweimal
Pizza Margherita	Hast du schon mal Pizza Margherita gegessen?	...
in der Sauna		
Tango tanzen		
in Frankreich		
auf einer Insel		
australischen Wein trinken		
in einem türkischen Bad		
chinesische Zigaretten rauchen		
in einem koreanischen Restaurant		
nachts alleine im Wald spazieren gehen		
in der Schweiz		
ein englisches Buch lesen		
eine E-Mail schreiben		
eine Sprachprüfung machen		
Golf spielen		
einen deutschen Film sehen		

Anschließend gibt Ihre Partnerin wieder, was sie von Ihnen erfahren hat, vergleicht mit eigenen Erfahrungen und gibt schließlich an, wie sie zu all dem steht:

B: Also du bist schon mal in Japan gewesen, du hast dort eine Bekannte besucht, aber ich bin noch nie dort gewesen, ich habe nämlich keine Bekannte in Japan ... – Aber ich möchte gerne einmal nach Japan fahren ...

Noch einen?

Hier geht es um ein einziges Partizip, *gegeben*, und um Pronomen, und zwar noch einmal die Personalpronomen im Dativ *ihr, ihm, ihnen* und um das unbestimmte Pronomen *ein.*

A	B
Bitte gib Peter einen Apfel.	
	Noch einen? Ich hab ihm schon einen gegeben.
Bitte gib Karin eine Banane.	
	Noch eine? Ich hab ihr schon eine gegeben.
Bitte gib Jens und Eva ein Bier.	
	Noch eins? Ich hab ihnen schon eins gegeben.

Echter klingt es wieder mit *doch*: Ich hab ihm doch schon einen gegeben.

Opa – ein Küsschen
Karin – einen Kaffee
Eva – eine Tasse Tee
Jörg – eine Briefmarke
Maria – einen Hamburger
Peter – einen Stift
Jens und Eva – ein Brötchen
Ulla – einen Apfel
Claudia – eine Banane
Jens und Heidi – ein Glas Wein
Katrin – einen Rat
Martin – ein Taschentuch

Esmeralda – einen Bleistift
den Kindern – eine Orange
dem Bettler – einen Euro
Ernst – ein Stück Kuchen
der Kleinen – ein Bonbon
dem Kleinen – ein Bonbon
dem Jungen – ein Taschenmesser
dem Mädchen – ein Glas Wasser
der Dame – ein Taschentuch
dem Herrn/einen Kugelschreiber
Denis und Elvira – ein Stück Schokolade
Björn und Ulrike – ein Päckchen Zigaretten

Hier hat's früher viele Pilze gegeben

Im Zusammenhang mit *geben* ist noch auf eine wichtige und von Lernern – weil etwas kompliziert erscheinend – oft vernachlässigte Form hinzuweisen, nämlich das Perfekt von *es gibt*:

> Gestern hat es was Gutes zu essen gegeben.
> Früher hat's hier viele Pilze gegeben.

Berichten Sie Ihrer Partnerin, was es früher in Ihrer Stadt/Ihrem Land gegeben hat, aber heute nicht mehr (so oft) – und lassen Sie sich berichten. Fragen Sie auch, warum es das nicht mehr so oft gibt.

Her sein

Sehr nützlich, aber für Lerner auch sehr schwierig ist der Ausdruck *her sein*. Geben Sie die folgenden und bei Gelegenheiten viele weitere Verwendungsbeispiele:

> Wie lange ist das her? = Wann war das?
> Früher gab's hier viele Pilze, aber das ist schon lange her.
> Es ist schon wieder acht Jahre her, dass wir geheiratet haben.

Es wird Ihnen nicht schwer fallen, sich viele weitere Dialogmuster und Sprechanlässe zu den Vergangenheitsformen der Verben einfallen zu lassen. Theoretisch bringen diese wenig Problematisches mit sich, müssen aber doch sehr gründlich geübt werden.

Zwischenspiel

Aber Küssen ist anstrengend

Eine sehr einfache Weise, ein wenig ins Gespräch zu kommen. Fordern Sie Ihre Partnerin auf, eine Sache zu nennen, die sie besonders gerne mag/gerne tut. Versuchen Sie sie von deren Schädlichkeit zu überzeugen. Anschließend umgekehrt.

B	A
Ich schwimme sehr gerne.	Aber Schwimmen ist sehr gefährlich.
Ich kann sehr gut schwimmen.	Aber Haifische schwimmen schneller.
Aber ich schwimme im Freibad.	Aber das Freibad ist sehr teuer.
Aber billiger als dein Fitness-Studio.	Aber das ist gesünder.
Ich bin anderer Meinung. ...	Aber ...

Einige für Diskussionen nützliche Redemittel:

Meiner Meinung nach ist Küssen zu anstrengend.
Ich bin der Meinung, dass Schwimmen gefährlich ist.
Ich bin anderer Meinung.
Ich bin der gleichen Meinung.
Das sehe ich auch so/nicht so/anders.

Bei der Verwendung des Wortes *Meinung* kommt es regelmäßig zu großer Verwirrung, die Formulierungen sind aber sehr wichtig und nützlich.

Meiner Meinung nach ...
steht als ein Satzglied meist auf Position 1 eines normalen Satzes, gefolgt also vom Verb – wie oben.

Es kann aber auch die Plätze tauschen:
Küssen ist meiner Meinung nach zu anstrengend.

Ich bin der Meinung ...
ist dagegen selbst ein Satz, an den ein zweiter Satz angeschlossen wird. Vergrößert wird die Konfusion durch den merkwürdigen Genitiv in diesem Ausdruck (*der Meinung sein*), der so nur in wenigen anderen Fällen verwendet wird (*der Ansicht sein, des Glaubens sein, guten Mutes sein ...*). Daraus ergeben sich Fehler wie:
*Meine Meinung nach ist, dass ...

Oft hört man auch das eigentlich nicht falsche, aber wenig gebräuchliche:
Meine Meinung ist, dass ...

Jedenfalls sollten Lerner die beiden anderen Formulierungen auch kennen und beherrschen.

Aber Rauchen hält schlank

Umgekehrt geht's natürlich auch. Fordern Sie Ihre Partnerin auf, eine Sache zu nennen, die sie überhaupt nicht mag/gerne tut. Versuchen Sie, sie von deren angenehmen Seiten und Nützlichkeit zu überzeugen.

B	A
Ich hasse Spinnen. Aber ...	Aber Spinnen fressen Insekten.

Beide Diskussionsvarianten eignen sich oft nur für einen kurzen Schlagabtausch, also geben Sie sich geschlagen, wenn *B* mit zwei, drei wirklich starken Argumenten aufwarten konnte.

Was nehmen wir mit?

Sie werden sich auf die einsame Insel begeben und dürfen fünf Gegenstände mitnehmen.

Erstellen Sie zuerst jeder Ihre eigene Liste mit den favorisierten Dingen und versuchen Sie dann den anderen von deren Nützlichkeit zu überzeugen. Einigen Sie sich schließlich.

Wer mehr durchkriegt, hat gewonnen.

Nützliche Redemittel:

Ich schlage vor, wir nehmen ... mit.
Ich finde, wir sollten ... mitnehmen.
Wir brauchen unbedingt ...
Meiner Meinung nach sollten wir ... mitnehmen.
Ich bin der Meinung, wir sollten ... mitnehmen.
Ich halte Bücher für sehr wichtig.

12 Präpositionen (3)

Zum letzten Mal das Thema Präpositionen. Zunächst einige kurze Bemerkungen zur Abgrenzung dieser von einer anderen Wortart, anschließend Übungen als Fortsetzung der beiden ersten Teile.

Präpositionen und Adverbien

Die Unterscheidung zwischen Präpositionen und Adverbien ist nicht nur für Grammatiker interessant, sondern auch eine ergiebige Fehlerquelle für Deutschlernende. Es geht um den Unterschied zwischen beispielsweise *hinter* und *hinten, unter* und *unten, vor* und *vorne.*

Um die Problematik an einem häufig gehörten Fehler deutlich zu machen:

*Das Auto steht hinten dem Haus.

Präpositionen sind Wörter, die zwei Dinge zueinander in Beziehung setzen:

Das Auto (Ding 1) steht hinter dem Haus (Ding 2).
Das Lehrbuch (Ding 1) liegt unter der Zeitung (Ding 2).

Eine solche Präposition kann also nicht alleine stehen:

*Das Auto steht hinter.

Das (lokale) Adverb *hinten* dagegen stellt keine Beziehung zwischen zwei Dingen her, sondern bezeichnet einen Ort im Raum, so wie z. B. die Wörter *hier* oder *dort*. Es wird auch oft mit *dort/da* oder *hier* zusammen verwendet:

Das Auto steht da hinten.

Ein kleiner Fragetest kann weiterhelfen. Bei der Präposition kann man fragen *hinter wem oder was?/ vor wem oder was?* ... beim Adverb dagegen nur *wo?*

Die wichtigsten Präpositionen, bei denen Verwechslungsgefahr besteht:

Präposition	Adverb
über	oben
auf	oben
unter	unten
hinter	hinten
vor	vorne

Unterwegs

Ebenfalls nicht Präposition, sondern Adverb, ist das sehr nützliche *unterwegs*. Es erlaubt, wenn z. B. nach dem gegenwärtigen Aufenthaltsort einer Person gefragt wird, eine Pauschalauskunft in Ermangelung näherer Informationen oder weil solche nicht nötig sind. Ohne jede Präzisierung:

Eva ist gerade unterwegs. Eva ist viel unterwegs.

Oder eingrenzend:

Eva ist in der Stadt unterwegs.

Und auch im Sinn von *auf dem Weg nach*:

Eva ist unterwegs nach Bremen.

Gestern bin ich ...

Sie lesen den Satzanfang vor, ihre Partnerin braucht sich nur für eine von drei möglichen Ergänzungen zu entscheiden: *gegangen* oder *gefahren*, wenn es sich um eine Richtungsangabe handelt, *gewesen* bei einer Ortsangabe.

A	**B**
Gestern bin ich ...	
ins Kino	gegangen
in der Kirche	gewesen
in München	gewesen
ins Freibad	gegangen
zu Hause	gewesen
in der Kneipe	gewesen
nach Graz	gefahren
auf dem Rathaus	gewesen
bei Karin	gewesen
in die Türkei	gefahren
zum Friseur	gegangen
nach Hause	gegangen/gefahren
auf der Post	gewesen
auf den Flohmarkt	gegangen
im Restaurant	gewesen
am Strand	gewesen
in der Goethestraße	gewesen
in den Park	gegangen

Machen Sie noch ein bisschen weiter mit anderen Lokalitäten.

Abschließend sollte *B* rekapitulieren, wo (und wohin) sie tatsächlich schon gewesen (und gefahren) ist, z. B. so:

B: Ins Kino bin ich schon oft/schon mal gegangen, aber in der Kirche bin ich noch nie gewesen ...

Wohin nach der Disko?

Zwei häufig verwendete, aber komplizierte und bei Lernern kaum bekannte Formen sind:

bei mir zu Hause (auf die Frage: *Wo sollen wir lernen?*)
und: zu mir nach Hause (auf die Frage: *Wohin gehen wir nach der Party?*)

Lerner versuchen sich hier oft mit falschen Formen wie:
(*)In meinem Haus/zu meinem Haus (die in anderer Bedeutung aber richtig sein können),
oder gar, immer falsch:
*in/zu meinem Hause

Ein weiterer häufiger Fehler:
*Ich wohne mit meinen Eltern.

In vielen Sprachen verwendet man in diesem Zusammenhang tatsächlich das Wort, das unserem *mit* entspricht. Man kann natürlich auch auf Deutsch sagen *Ich wohne mit meinen Eltern zusammen*, aber es ist eine untypische Ausdrucksweise.

Schließlich noch ein Klassiker unter den Präpositionsfehlern:
*Potsdam ist neben Berlin.

Neben verwendet man nur für Dinge, die in einer tatsächlichen oder gedachten Linie nebeneinander angeordnet, sozusagen ausgerichtet sind, wie Häuser, Banknachbarn, Bücher im Regal usw.

An den beiden letzten Beispielen, wo jeweils *bei* richtig wäre, sieht man nun auch, dass es kein einfaches Gegenstück zu *zu* in seiner zweiten Bedeutung geben kann. (Vgl. *Präpositionen (2)*, S. 119f.) Denn *bei einem Ort* bedeutet eben nicht *an einem Ort*, sondern *in der Nähe von diesem Ort*. Die Entsprechung kann also unterschiedlich ausfallen: Ich gehe *zum* Bahnhof – Ich bin *am* Bahnhof, *im* Bahnhof, *vor* dem Bahnhof: je nachdem.

Akkusativ für Dativ

Die Partnerin hört Dative (*wo?*) und muss Akkusative *(wohin?)* verwenden – und ihre Konsterniertheit angesichts uninformierter Fragen verbergen:

A	**B**
Warst du gestern im Supermarkt?	Samstags gehe ich doch nie in den Supermarkt!
Warst du gestern im Schwimmbad?	Ich gehe doch samstags nie ins Schwimmbad!
Warst du gestern in der Disko?	Samstags gehe ich doch nie in die Disko!

Steigern Sie langsam Komplexität und Emotionalität der Antwort (wenn die *dass*-Nebensätze mit Verb-Endstellung schon bekannt sind):

> **B:** Du weißt doch ganz genau, dass ich samstags nie in den Supermarkt gehe! *Oder:* Wie oft soll ich dir noch sagen, dass ich samstags nie in den Supermarkt gehe!

Verwenden Sie zuerst folgende Wörter:

> Schule – Kaufhaus – Restaurant – Sauna – Badewanne – Wald – Park – Theater – Kino – Krankenhaus – Cafeteria – Tennishalle – Kantine

und denken Sie sich noch ein paar eigene aus.

Im A

Jetzt umgekehrt, Akkusative hören und Dative verwenden. Um die Aufmerksamkeit ganz auf Artikel und Präposition zu lenken wird mit Platzhaltern gearbeitet.

A	B
Gehst du heute in den A?	Ich war doch erst gestern im A.
Gehst du heute in die B?	Ich war doch erst gestern in der B.
Gehst du heute ins C?	Ich war doch erst gestern im C.
Gehst du heute in die D?	Ich war doch erst gestern in der D.
Gehst du heute ins E?	Ich war doch erst gestern im E.
Gehst du heute in den F?	Ich war doch erst gestern im F.
...	...

Quatsch!

Versprechen Sie sich.

A	B
Der Tisch liegt auf dem Buch.	Quatsch! Das Buch liegt auf dem Tisch.
Die Tasche ist in der Zeitung.	Quatsch! Die Zeitung ...
Das Klavier liegt auf den Noten.	
Die Garage ist schon im Auto.	
Der Tisch steht auf dem Teller.	
Der Schrank hängt schon in den Kleidern.	
Im Salz ist schon Suppe.	
Das Regal steht im Buch.	
Die Wanne ist schon im Wasser.	
Im Bier ist noch ein Kühlschrank.	
...	

Zum Abschluss noch einmal der Hinweis, dass Präpositionen wegen ihrer wichtigen Rolle im Satz sehr gründlich geübt werden sollten.

Zwischenspiel

Im Jackpot: 100 Euro

Menschen zum Lernen zu motivieren ist eine der vornehmsten, aber auch schwierigsten Lehrer- und Partner-Aufgaben. Die einzige unfehlbare Methode ist die folgende, die allerdings nur beim Thema Präpositionen funktioniert und von der man nur in Notfällen Gebrauch machen sollte.

Verstecken Sie, wenn Ihre Partnerin auf keine andere Weise mehr zur Befassung mit Präpositionen zu bewegen ist, einen Geldschein irgendwo im Zimmer. *B* rät unter Gebrauch folgender Formulierungen:

> **B:** Ich glaube, er liegt in der Schreibtischschublade.
> Ich nehme an, du hast ihn unter den Teppich gelegt.

Damit die Sache weder abendfüllend noch zu teuer wird, ziehen Sie für jeden falsch getippten Ort ein paar Prozent vom Nennwert ab (verschärft: für jeden Grammatikfehler ein paar mehr). Bevor es in die roten Zahlen geht, kann *B* aufhören zu raten. Vorher gilt natürlich: Der Rest ist für sie.

Wie war dein Tag?

Was hat Ihr Partner heute (gestern ...) wohl gemacht? Zuerst geht *B* die Liste durch und formuliert Vermutungen mit den Vorgaben in bejahter oder verneinter Form. *A* bestätigt oder dementiert:

B	A
Ich vermute, du hast nicht viel gearbeitet.	Du hast Recht.
Wahrscheinlich hast du Zeitung gelesen.	Das stimmt nicht.
...	

Anschließend tut *A* ein Gleiches. Wer mehr Treffer erzielt, ist der bessere Menschenkenner.

Nützliche Formulierungen für Vermutungen:

> Ich nehme an, du hast ...
> Ich vermute, du hast ...
> Vermutlich hast du ...
> Wahrscheinlich hast du ...

Für Bestätigung/Zurückweisung:

> Du hast Recht. (Nicht: *Du bist richtig.) – Du hast nicht Recht.
> Das stimmt. – Das stimmt nicht.
> Das ist richtig. – Das ist nicht richtig.

Gewählter:

> Das trifft zu. – Das trifft nicht zu.

1. viel arbeiten
2. Zeitung lesen
3. in der Kneipe ein Bier trinken
4. die Wohnung aufräumen
5. zu spät in/nach ... kommen
6. U-Bahn fahren
7. einem Obdachlosen Geld geben
8. viele Zigaretten rauchen
9. einkaufen gehen
10. einen Döner essen
11. lange fernsehen
12. viel Kaffee trinken
13. für deine/n Partner/in ein Geschenk kaufen

14. Computerspiel spielen
15. mich vermissen
16. mit vielen Leuten telefonieren
17. eine interessante Person kennen lernen
18. jemandem einen Gefallen tun
19. einen Mittagsschlaf machen
20. Geld abheben
21. viel Geld ausgeben
22. eine interessante Neuigkeit hören
23. eine E-Mail schreiben
24. jemanden mit dem Auto abholen
25. gute Laune haben

13 Zeitangaben

Im Anhang findet sich eine Übersicht, die die wichtigsten Zeitangaben mit und ohne Präpositionen aufführt. Hier werden einige besonders nützliche bzw. fehlerträchtige Ausdrücke herausgegriffen.

Zeitangaben im Akkusativ

Vorab eine Wiederholung des benötigten Formenschatzes. Wie bilden die folgenden Wörter den Akkusativ Singular?

A		B
Der Nominativ ist		*Der Akkusativ ist*
ein Jahr	–	ein Jahr
ein Monat	–	einen Monat
eine Woche	–	eine Woche
ein Tag	–	einen Tag
eine Stunde	–	eine Stunde
eine Minute	–	eine Minute
eine Sekunde	–	eine Sekunde

Kein großes Formenproblem also, nur die Maskulina ändern sich. Das Gleiche mit Pluralen.

A		B
Der Singular ist		*Der Plural ist*
ein Jahr	–	zwei Jahre
ein Monat	–	zwei Monate
eine Woche	–	zwei Wochen
ein Tag	–	zwei Tage
eine Stunde	–	zwei Stunden
eine Minute	–	zwei Minuten
eine Sekunde	–	zwei Sekunden

Mit diesen nackten Akkusativen lassen sich sehr nützliche Zeitangaben formulieren. Es kommt nur darauf an, den Akkusativ nicht zu vergessen; in vielen anderen Sprachen werden solche Ausdrücke für diesen Zweck einfach in ihrer Grundform verwendet.

Der Kurs dauert einen Monat.
Sie bleibt noch eine Stunde.
Ich war einen Moment unaufmerksam.
Nächsten Sonntag gehe ich ins Kino.
Letztes Jahr war ich in Spanien.
Ich bleibe diesen Sommer hier.

Probieren Sie zunächst aus, ob Ihre Partnerin mit den drei zuletzt aufgeführten Angaben mit *dies-, letzt- und nächst-* schon umgehen kann. Stellen Sie geeignete Fragen, die mit diesen Ausdrücken beantwortet werden können. Beispiele:

A	B
Wann warst du zuletzt beim Friseur?	Letzten Mittwoch.
Wann ziehen wir um?	Nächstes Jahr.
Wann war Eva hier?	Letzten Sonntag.
Wann gehen wir in Urlaub?	Diesen Sommer.
Wann gehen wir ins Kino?	Nächsten Mittwoch.
Wann machst du das Deutsch-Diplom?	Nächste Woche!
Wann warst du zuletzt am Meer?	Letztes Jahr.

Anschließend sollte sich auch *B* einige solche Fragen einfallen lassen.

Wie lange schon, wie lange noch?

Die oben aufgeführten Beispielsätze antworten auf zwei verschiedene Fragen, nämlich *wann?*, womit ein Zeitpunkt, und *wie lange?*, womit ein Zeitraum erfragt wird. In ihrer einfacheren und für Lerner unproblematischen Form lautet die Frage nach dem Zeitraum:

Wie lange dauert der Kurs? – Einen Monat.

Die gleiche Frage mit den Wörtchen *schon* oder *noch* formuliert hat aber eine andere Bedeutung, und die ist es, mit der Lerner oft ihre Schwierigkeiten haben:

Wie lange dauert der Kurs schon? – Einen Monat.

Das *schon* stellt den Bezug zum Sprechzeitpunkt her, der ohne es nicht gegeben ist. Im ersten Beispielsatz kann daher die Rede von einem bereits laufenden oder auch nächstes Jahr zu absolvierenden Kurs sein. Der zweite Satz dagegen bedeutet: wie lange von Anfang bis zum heutigen Tag, aber natürlich nicht: dass der Kurs insgesamt einen Monat dauert. Erst wenn Ihrer Partnerin diese Bedeutung des *schon* klar ist, wird sie die einfachen Fragen und dazugehörigen Antworten verwenden können. Dieses *wie lange schon?* lässt sich natürlich mit beliebigen Ausdrücken verwenden:

Wie lange lernst du schon Deutsch?
Wie lange wohnst du schon in Köln?
Wie lange arbeitest du schon bei VW?
Wie lange kennst du Eva schon?
Wie lange wartest du schon?

In die Zukunft weist dagegen *noch*:

Wie lange arbeitest du noch bei VW? – Noch einen Monat.
Wie lange bleibst du noch im Bad? – Nur noch drei Minuten.

Ein weiteres Problem ist für die Antwort zu vermerken. Das *noch* kann in der Antwort wiederholt werden, es geht aber auch ohne:

Wie lange arbeitest du noch bei VW? – (Noch) Einen Monat.

Das *schon* aber hat kurioserweise eine andere Bedeutung, wenn es in der Antwort gebraucht wird. Hören Sie es?

> Wie lange lernst du schon Deutsch? – (*)Schon drei Tage.

Das klingt deshalb etwas seltsam, weil *schon* in dieser Verwendung ein langes Andauern ausdrückt. Angemessen wäre es also in diesem Satz:

> Ich lerne schon drei Jahre Deutsch.

Daher kann es in der Antwort eben nur dann verwendet werden, wenn es in diesem Sinn passt. Ansonsten bestehen zwei Möglichkeiten:

> Wie lange lernst du schon Deutsch? – Einen Monat.
> Wie lange lernst du schon Deutsch? – Seit einem Monat.

Natürlich existiert auch zur zweiten Antwort die korrespondierende Frage:

> Seit wann lernst du Deutsch? – Seit einem Monat.

Diese Frage unterscheidet sich nicht von der *wie-lange-schon*-Frage, ist aber vielleicht nicht ganz so gebräuchlich. Wir wollen jedenfalls für den Anfang folgende Empfehlung für Frage und Antwort geben:

> Wie lange ... schon? → ([Schon] einen Monat)
> (Seit wann?) → Seit einem Monat.

Wobei zu beachten ist, dass die Präposition *seit* den Dativ fordert (s. u.). Am wichtigsten ist aber zunächst, dass Ihre Partnerin die einfache und sehr häufig verwendete *Wie-lange-schon*-Frage überhaupt verwendet. Dazu noch eine kleine Übung. Schreiben Sie in Stichworten einige Eigenschaften oder von Ihnen ausgeübte Tätigkeiten nieder, auf die sich sinnvollerweise mit der Frage *wie lange schon?* Bezug nehmen lässt. Beispiele:

> einen Bart tragen
> Klavier spielen
> in Frankfurt wohnen
> bei XY arbeiten

Ihre Partnerin soll anschließend zuerst Schätzungen notieren und dann nachfragen:

> **B:** Wie lange trägst du schon einen Bart?
> Ich schätze: drei Tage/seit drei Tagen/schon drei Jahre.

Im Englischen müsste in solchen Sätzen nach *how long* das Perfekt verwendet werden. Tut man das im Deutschen, ergibt sich eine andere Bedeutung:

> Wie lange bist du hier gewesen?

impliziert, dass der Gefragte nicht mehr hier ist.

> How long have you been here?

heißt also auf Deutsch (und das sollte man Lernern, die diese englische Verwendungsweise des Perfekts kennen, einschärfen):

> Wie lange bist du schon hier?

Vor 13,7 Mrd. Jahren

Eine sehr wichtige Rolle bei der Formulierung von Zeitangaben spielen die drei Präpositionen *seit, vor* und *in*. Alle drei stehen mit Dativ und ihre Verwendung ist eigentlich leicht zu erklären; dennoch werden an ihrer Stelle oft falsche Formulierungen verwendet wie:

*Drei Jahre zurück bin ich nach Deutschland gekommen.
*Nach zwei Jahren gehe ich zurück nach Italien.

Richtig ist natürlich *vor drei Jahren* bzw. *in zwei Jahren*. Das *seit* ist schon bekannt, es kann noch auf eine andere Art verwendet werden, nämlich um sich auf einen Ausgangspunkt zu beziehen. Die beiden Verwendungen also:

Ich bin seit einem Jahr hier.
Ich bin seit Januar hier.

Fragen Sie Ihre Partnerin, um herauszufinden, ob sie die wichtigen Wörtchen *vor* und *in* schon beherrscht, wann der Urknall (international: *Big Bang*) war und wann es Abendessen (*dinner*) gibt. Kann sie beide Fragen nicht beantworten, üben Sie.

B gibt, von Ihrem Hier und Jetzt aus gerechnet, die folgenden Zeitpunkte mit *in* oder *vor* an.

A	B
Der nächste Donnerstag	in ... Tagen
Der letzte Montag	vor ...
Mein nächster Geburtstag	
Die nächste Olympiade	
Mein letzter Geburtstag	
Weihnachten	
Das Ende des Ersten Weltkriegs	
Die nächste Bundestagswahl	
Die letzte Papstwahl	
Die Geburt Mozarts	
Ostern	
Die nächste Fußball-WM	
Das Jahr 2117	
Das Jahr 1116	
Mitternacht	
Dein erster Kuss	
Deine letzte Prüfung	
Unser nächster Urlaub	
Der Urknall	
Abendessen	

Noch eine praktische Regel, als Rätsel für *B* formuliert: Da *seit, vor, in* in dieser Bedeutung immer mit Dativ verwendet werden, haben alle Pluralwörter, auf die sie sich beziehen, die Endung ....?

(Lösung: Die Endung *-n*: in drei Woche<u>n</u>, vor zwei Tage<u>n</u>, seit drei Jahre<u>n</u> ...)

Wann kommst du wieder?

In der folgenden Übung können zunächst noch einmal verschiedene Frageformen geübt werden. Lassen Sie Ihre Partnerin sich zunächst schriftlich mit dieser Aufgabe beschäftigen. Sie soll mit Fantasie eine Frage finden, die zur vorgegebenen Antwort passt.

Antwort	**B** *schreibt zum Beispiel*
in zwei Jahren	Wann gehst du zurück nach Frankreich?
seit drei Tagen	Wie lange bist du schon krank?/Seit wann bist du krank?

vor einem Jahr – bald – seit drei Monaten – einen Monat – seit vorgestern – vor vielen Jahren – schon fünf Jahre – noch einen Monat – in zwei Wochen – seit meinem Geburtstag – noch eine Woche – schon einen Monat – gerade eben – in fünf Jahren – nächsten Freitag – letztes Jahr – vorgestern

Anschließend korrigieren Sie zunächst die niedergeschriebenen Fragen und stellen sie dann Ihrer Partnerin – die darauf passende Antworten, aber nicht unbedingt die ursprünglichen aus der Übung geben soll:

A	**B**
Wann gehst du zurück nach Frankreich?	In einem Jahr.
(Und warum nicht früher?	...)

Noch nicht verheiratet oder nicht mehr?

Oben hatten wir bereits eine Verwendung von *schon* und *noch* im Zusammenhang mit Zeitangaben besprochen. Hier eine weitere sehr wichtige Verwendungsweise:

Hast du schon aufgeräumt?	Ich habe noch nicht aufgeräumt.
Bist du noch müde?	Ich bin nicht mehr müde.

Bei Ausdrücken mit Artikel *ein*:

Hast du schon eine Wohnung gefunden?	Ich habe noch keine Wohnung gefunden.
Hast du noch Hunger?	Ich habe keinen Hunger mehr.

Problematisch ist also, wie auf S. 95 schon bemerkt, die Umklammerung des Nomens im letzten Satz durch *kein mehr*, im Gegensatz zum vereint bleibenden *nicht mehr*. Hier eine Übersicht über Ausdrücke, mit denen nach demselben Schema verfahren wird:

schon	– noch nicht	noch	– nicht mehr
schon etwas	– noch nichts	noch etwas	– nichts mehr
schon ein	– noch kein	noch ein	– kein ... mehr
schon jemand	– noch niemand	noch jemand	– niemand mehr
schon einmal, mal	– noch nie, (niemals)	noch mal	– nie mehr/nicht mehr

Eins noch?

Ihre Partnerin antwortet nur mit *nein* oder *doch* und bemüht sich gelegentlich auch um gute Gründe. – Das *immer noch* wird häufig verwendet, um ein unerwartet langes oder vielleicht lästiges Andauern auszudrücken.

A	**B**
Nimmst du noch ein Bier?	Nein danke, ich nehme keins mehr/ kein Bier mehr.
(Warum denn nicht?	Ich muss noch Auto fahren.)
Bist du nicht mehr krank?	Doch, leider bin ich immer noch ein bisschen krank.
(Warst du beim Arzt?	...)
Möchtest du noch eine Tasse Tee?	Nein ...
Hast du keine Lust mehr?	Doch ...
Hast du immer noch Hunger?	Nein ...
Bist du nicht mehr traurig?	Doch ...
Bist du immer noch ledig?	
Nimmst du keinen Salat mehr?	
Liebst du mich noch?	
Sag mal, kennst du mich nicht mehr?	
Hast du heute noch was vor?	
Warst du noch nie in Jamaica?	
Liebst du mich nicht mehr?	
Möchtest du noch was essen?	
Warst du schon mal in Havanna?	
Hast du noch Zeit?	
Hast du den alten VW noch?	
Ist noch jemand im Zimmer?	
Hast du heute schon was gegessen?	

Der Unterschied zwischen *noch nie* und *noch nicht* muss oft erklärt werden: Ersteres wird nur dann verwendet, wenn das Ereignis zeitlebens nicht eingetreten ist, das letztere, wenn dessen bevorstehendes Eintreten erwartet wurde:

Warst du wirklich noch nie (im ganzen Leben) im Krankenhaus?
Warst du noch nicht beim Arzt? Ich dachte, du hattest einen Termin.

Kommen Sie auf die nicht immer ganz leichten Übungen in diesem Kapitel zurück. Wenn der Stoff beherrscht wird, bleibt nicht mehr viel Fundamentales offen zum Thema Zeitangaben und das Sprechen wird natürlicher klingen. – Wenn Sie Schwerpunkte setzen wollen, empfehlen sich dafür zunächst die Frage *wie lange schon?* und die Präpositionen *in* und *vor*.

Zwischenspiel

Fragen erraten II

Ihre Partnerin bekommt wieder das Buch, liest still die Fragen und beantwortet sie, und zwar in kürzestmöglicher Form. Ihre Aufgabe ist es, die Frage zu erraten. Sie haben jedes Mal drei Versuche.

Wie lange lernst du schon Deutsch?

B *beantwortet die Frage*	**A** *versucht die Frage zu erraten*
Ein Jahr.	Wie lange bist du schon verheiratet?
Falsch.	Wie lange hast du schon den Führerschein?
Falsch.	Wie lange lernst du schon Deutsch?
Richtig!	

Wie lange bist du schon in Deutschland?
Wann stehst du normalerweise auf?
Wann hast du zuletzt Kaffee getrunken? (*Vor ...*)
Wie viele Tage hat der Februar?
Wie lange lernst du schon Deutsch?
Wie lange brauchst du zu Fuß von zu Hause bis zum Supermarkt?
Wie lange siehst du jeden Tag fern?
Wann ist Goethe geboren? *(Tipp für B: Am achtundzwanzigsten August 1749)*
Wie lange dauert ein Fußballspiel?
Wie lange lebst du schon in dieser Stadt?
Wann isst du normalerweise zu Abend?
Wann war dein letzter Geburtstag? (*Vor ...)*
Wann war der Dreißigjährige Krieg zu Ende? *(1648)*
Wie lange muss ein weiches Ei kochen?
Wie lange schläfst du normalerweise?
Wann ist Weihnachten? (*In ...)*
Wann fängt die Geisterstunde an? (*Um Mitternacht)*
Wann gehst du normalerweise ins Bett?

Brauchen

Achten Sie vor allem auf die Verwendung des sehr nützlichen, aber nicht ganz leicht zu handhabenden Verbs *brauchen*. Beispiele:

Ich brauche eine Stunde für die Hausaufgaben.
Ich brauche eine Stunde zum Duschen.
Ich brauche eine Stunde (für den Weg) von hier zur Schule.
Ich brauche eine Stunde um die Hausaufgaben zu machen.
Wie lange brauchst du noch im Bad?

Wenn Sie diese Beispielsätze gemeinsam gelesen haben, beantworten Sie jetzt die folgenden Fragen, Ihre Partnerin errät den Wortlaut in höchstens drei Versuchen.

A *beantwortet die Frage*	**B** *versucht die Frage zu erraten*
Wann stehst du normalerweise auf?	
Wann war dein letzter Urlaub?	
Wie lange kennst du deine Partnerin schon?	
Wie viele Einwohner hat deine Stadt?	
Wann hat das neue Jahrtausend angefangen? *(Vor ...)*	
Wann ist Mozart geboren? *(1756)*	
Wie lange dauert der Winter?	
Wann war dein letzter Geburtstag? *(Vor ...)*	
In welchem Alter darf man Auto fahren?	
Wann gehst du normalerweise ins Bett?	
Wie viele Monate hat ein Jahr?	
Wie lange brauchst du für 100 Meter?	
Wann war der Zweite Weltkrieg zu Ende?	
Wie viele Menschen leben auf der Erde?	
Wann fängt das nächste Jahr an? *(In ...)*	
Wie viele Wochen hat ein Jahr?	
Wann isst du normalerweise zu Abend?	
Wie lange schläfst du normalerweise?	

1½

Bitten Sie Ihre Partnerin, die Überschrift zu diesem Abschnitt laut zu lesen. Wenn Sie – wie 99½ Prozent aller Deutschlerner – **einundhalb* liest, weil *eineinhalb (zweieinhalb, dreieinhalb ...)* so komisch klingt, sollten Sie ihr die nächste Übung nicht ersparen.

Ihre Partnerin löst die Aufgaben mündlich, Sie kontrollieren mit Taschenrechner.

2 + 2½ =

3½ + 4½ =

4½ + 5½ – ½ =

9½ – 4½ – 1½ =

3½ – 1½ – 1½– ½ =

7½ + 2½ – ½ + 1½ =

14 Vergangenheit (2)

Die andere wichtige Vergangenheitsform neben dem Perfekt ist das Präteritum. Zu den Formen und zur Verwendung vgl. den Anhang. Lerner tun sich oft schwer mit der Verwendung der häufigsten und eigentlich sehr einfachen Form *war*, dem Präteritum des Verbs *sein* also. In bestimmten häufigen Fällen scheinen in vielen Sprachen andere Ausdrucksweisen zumindest bevorzugt zu werden, nämlich anstatt beispielsweise:

Ich war gestern im Kino.
Letztes Jahr war ich in Italien.

Eher: Ich bin gestern ins Kino gegangen.
Ich bin letztes Jahr nach Italien gefahren.

Die Formulierung *bin gegangen/gefahren* im Deutschen ist natürlich meist nicht falsch und wird auch von Deutschen verwendet. Das Problem ist die Lerner-Scheu vor dem simplen *war*, das in anderen Zusammenhängen unersetzlich ist.

Gestern war ich auf 'ner Party

In der folgenden Übung kann dieses *war* geübt werden in Abgrenzung zu *bin gegangen* und einem zweiten sehr oft falsch verwendeten Verb, nämlich *bleiben*. Während dieses in vielen Sprachen einfach den Aufenthalt bezeichnet, wird es im Deutschen nur dann verwendet, wenn das Fortdauern der Anwesenheit ausgedrückt oder hervorgehoben werden soll. Es steht somit in Kontrast zu *weggehen*:

Bleibst du noch oder gehst du schon?

Im Hotel bleiben hat eine andere Bedeutung als beispielsweise im Englischen *(stay)*, weil es unterstreicht, dass das Hotel nicht verlassen wurde:

Ich bin den ganzen Tag im Hotel geblieben.
(Also nicht an den Strand gegangen ...)

Oder es kann, wie in der Übung, verwendet werden um die Aufenthaltsdauer von einem gegebenen Zeitpunkt aus anzugeben. – Der zweite Übungszweck besteht in einer Wiederholung der Ausdrücke mit Präpositionen nach den Fragen *wo?* oder *wohin?* (Vgl. *Präpositionen (2)*, S. 116ff. und Anhang *Wo? und wohin?*, S. 254)

Ihre Partnerin kann die *A*- oder die *B*-Rolle übernehmen. Wenn Sie *B* spricht, ohne Buch (aber vielleicht schreiben Sie das Schema auf ein Blatt Papier); wenn sie *A* spricht, schadet es nichts, die Fragen in der Antwort zu wiederholen. Die *A*-Erwiderungen erfolgen frei.

A *(Schwimmbad)*	**B**
Gestern war ich im Schwimmbad.	Wann bist du ins Schwimmbad gegangen?
Um 10.	Und wie lange bist du im Schwimmbad geblieben?
Bis 11.	(Warum bist du nicht länger geblieben?)

Oder: **B** *(Disko)*	**A**
Gestern war ich in der Disko.	Wann bist du in die Disko gegangen?
Ungefähr um 10 (bin ich in die Disko gegangen.)	Wie lange bist du in der Disko geblieben?
Bis etwa 2 (bin ich in der Disko geblieben.)	(Und mit wem hast du getanzt?
Ich habe nur zugeguckt ...)	...

Karin: Gestern war ich bei Karin. – Wann bist du zu Karin gegangen? – Wie lange bist du bei Karin geblieben?

Potsdam: Gestern war ich in Potsdam. – Wann bist du nach Potsdam gefahren? – Wie lange bist du in Potsdam geblieben?

eine Party: Gestern war ich auf einer Party. – Wann bist du auf die Party gegangen? – Wie lange bist du auf der Party geblieben?

Jens: Gestern war ich bei Jens. – Wann bist du zu Jens gegangen? – Wie lange bist du bei Jens geblieben?

Kino: Gestern war ich im Kino – Wann bist du ins Kino gegangen? – Wie lange bist du im Kino geblieben?

Armes Kind

Neben *sein* und *haben* werden auch die Modalverben häufiger im Präteritum als im Perfekt verwendet.

Ihre Partnerin ergänzt zuerst alleine entweder *musste* oder *durfte.*

B

Als Kind	*musste*	ich mit meiner Schwester in einem Bett schlafen.
	....	ich nie in den Zirkus.
	....	ich jeden Tag die Ohren putzen.
	....	ich nur eine Stunde am Tag fernsehen.
	....	ich jeden Sonntag in die Kirche.
	....	ich nie Bonbons essen.
	....	ich keine Cola trinken.
	....	ich immer Spinat essen.
	....	ich nur am Sonntag Kuchen essen.
	....	ich fünf Kilometer zu Fuß in die Schule laufen.
	....	ich oft zum Arzt.
	....	ich jeden Tag das Geschirr spülen.
	....	ich immer das Bier aus dem Keller holen.
	....	ich jeden Tag mein Zimmer aufräumen.
	....	ich nie alleine ins Kino.
	....	ich immer auf meine Schwester aufpassen.
	....	ich nur einmal im Jahr in den Zoo.
	....	ich nie Horrorfilme sehen.

Anschließend korrigieren Sie. Dann lesen Sie die korrigierten Sätze einzeln vor, Ihre Partnerin reagiert bestätigend, bedauernd, neidisch oder negierend:

A: Als Kind musste ich mit meiner Schwester in einem Bett schlafen.
B: Du Armer. Ich musste nicht/nie mit meiner Schwester in einem Bett schlafen. Ich hatte ein eigenes Bett ...

A: Als Kind durfte ich nie in den Zirkus.
B: Ich durfte auch nie in den Zirkus. Meine Eltern sagten, die Tiger sind zu gefährlich ...

Unterhalten Sie sich anschließend über weitere Kindheitstraumata.

Umlaut oder nicht?

Ein sehr häufiger Fehler beim Präteritum der Modalverben: die Verwechslung mit dem Konjunktiv, also von *musste* und *müsste*, *durfte* und *dürfte*, *konnte* und *könnte*.

Wenn Sie hier Unsicherheiten bei Ihrer Partnerin hören, üben Sie gründlich die Aussprache und machen Sie auf den grammatischen Unterschied aufmerksam. Es kommt zwar dank Kontext nicht immer gleich zu Missverständnissen, aber es ist eben ein recht gravierender Fehler, zwei Formen mit so völlig unterschiedlicher Bedeutung zu verwechseln wie:

Ich musste nach Hause. – Ich müsste nach Hause.

Möchtetete?

Möchte ist ein völlig aus dem Rahmen fallendes Verb, weil es mit einer Konjunktivform als normales Präsensverb verwendet wird (es ist der Konjunktiv von *mögen*). Ohne langes Theoretisieren: Es gibt Vergangenheitsformen nur von *mögen* – *habe gemocht* und *mochte* – und es gibt keine eigenen Vergangenheitsformen von *möchte*, stattdessen muss *habe gewollt* und *wollte* verwendet werden. Vergleichen Sie:

Heute will ich arbeiten, gestern wollte ich nicht arbeiten.
Heute möchte ich arbeiten, gestern ...?... ich nicht arbeiten.

Hier geht eben nur *wollte*. Wenn Sie Ihre Partnerin auffordern, die fehlende Form zu ergänzen, wird sie wahrscheinlich *möchtete* sagen: hoffentlich zum letzten Mal. (Aber es ist kein schlechter Fehler, weil er immerhin zeigt, dass die reguläre Formenbildung klappt.) – Wenn noch Unklarheiten bleiben, dann wahrscheinlich wegen der Bedeutung: *mögen* und *mochte* = *gern haben*, aber *möchte* = *wollen*. Noch zwei Beispiele:

Zuerst mochte ich Karin nicht so gerne, aber jetzt mag ich sie sehr.
Gestern wollte ich früh ins Bett, aber heute will/möchte ich lange aufbleiben.

Warum nur?

Noch einmal Modalverben im Präteritum.

A	B
Warum bist du gestern nicht gekommen? Warum durftest du nicht?	Ich durfte/wollte/konnte nicht. ... Meine Mutter hat es verboten. ...
Warum hast du keine Hausaufgaben gemacht? Warum konntest du nicht?	Ich durfte/wollte/konnte nicht. ... Ich hatte keine Zeit/Lust. ... Ich war müde ...

Warum hast du deine Suppe nicht gegessen?
Warum bist du gestern nicht schwimmen gegangen?
Warum bist du gestern nicht mit dem Fahrrad gefahren?
Warum hast du auf der Party nicht mit mir getanzt?
Warum hast du mich nicht angerufen?
Warum hast du mir keine Postkarte geschickt?
Warum bist du nicht länger auf der Party geblieben?
Warum hast du dein Zimmer nicht aufgeräumt?
Warum hast du mein Fahrrad nicht repariert?
Warum hast du gestern das Geschirr nicht gespült?
Warum hast du mir nicht zum Geburtstag gratuliert?
Warum hast du mir keine Blumen mitgebracht?
Warum hast du mich heute Morgen nicht geküsst?
Warum hast du mir nicht die Wahrheit gesagt?
Warum hast du mir nicht beim Umzug geholfen?
Warum hast du meine Blumen nicht gegossen?
Warum hast du meinen selbst gebackenen Kuchen nicht gegessen?

Auch mit vertauschten Rollen, und natürlich Diskussionen.

Zum Schluss einige Verben, mit deren Vergangenheitsformen man sich auskennen sollte, weil sie wichtig sind, aber leicht Konfusion stiften.

liegen – lag – gelegen	—	legen – legte – gelegt
sitzen – saß – gesessen	—	(sich) setzen – setzte – gesetzt
stehen – stand – gestanden	—	stellen – stellte – gestellt
hängen – hing – gehangen	—	hängen – hängte – gehängt

Das Ortsverb (*wo?*) ist jeweils stark, hat also zu lernende unregelmäßige Formen auf *-en*, das Richtungsverb (*wohin?*) schwach mit Formen auf *-t*. *Hängen* hat kurioserweise bei gleichen Formen für das Präsens verschiedene Vergangenheitsformen. Hilfsverb für die starken Verben ist *haben*, im südlichen Sprachraum wird auch *sein* verwendet:

Die Zeitung hat/ist auf dem Tisch gelegen.

Zwischenspiel

Erzähl mir was

Ihre Partnerin nutzt nach Geschmack einige der folgenden bunt gemischten Redeanlässe um Sie ein wenig zu unterhalten.

B *erzählt*

Wann haben Sie zuletzt gelacht?

Wann waren Sie zuletzt böse?

Wann haben Sie Ihren besten Freund/Ihre beste Freundin kennen gelernt?

Wann haben Sie zuletzt eine neue Bekanntschaft gemacht?

Welches Gericht essen Sie am liebsten? Wie kocht man es?

Welches Spiel spielen Sie gerne? Was braucht man dafür? Wie sind die Spielregeln?

Welchen Film haben Sie zuletzt gesehen? Erzählen Sie den Inhalt.

Ihr Lieblingswitz.

Was wissen Sie über: Nelson Mandela – Willy Brandt – Queen Elizabeth – Mao Tse Tung – Voltaire – Papst Johannes Paul II – Jürgen Habermas – William Shakespeare – Hillary Clinton – Maria Callas – Angela Merkel – Leonardo da Vinci – Kolumbus – Dschingis Khan – Julius Cäsar – Goethe – Kleopatra – Mozart

Und was wissen Sie über Ihre Nachbarn?

Schildern Sie einen Schultag/einen Tag an der Universität in Ihrem Land.

Reisen in Deutschland und in Ihrem Land. Vergleichen Sie.

Großstädte in Deutschland und in Ihrem Land. Vergleichen Sie.

Politik in Deutschland und in Ihrem Land.

Ihre Muttersprache. (Wo wird sie gesprochen, von wie vielen Leuten, ihre Geschichte, erklären Sie die Besonderheiten der Grammatik ...)

Ein Dorf in Ihrem Land.

Arm und Reich in Deutschland und in Ihrem Land.

Es war einmal ein junges Mädchen, das immer ein rotes Mützchen auf dem Kopf trug ...

Hänsel und Gretel gingen mit ihrem Vater in den Wald ...

Wissen und *kennen*

Die beiden Wörter sind nicht ganz leicht auseinander zu halten; die einfachste lernergerechte Regel besagt: *wissen* mit Komma, *kennen* ohne.

Ich weiß, dass sie kommt.
Ich weiß, wo er wohnt.
Ich weiß nicht, wie spät es ist.
Ich kenne Eva gut.
Ich kenne den Weg.
Ich kenne den Unterschied zwischen *wissen* und *kennen*.

Anders formuliert: Auf *wissen* folgt gewöhnlich ein Nebensatz, auf *kennen* ein Nomen. Für den Anfang unwichtige Ausnahmen:
Ich weiß den Weg/die Uhrzeit ...

Wichtiger dagegen die folgenden Verwendungen mit Präposition, für die die Regel: mit Komma nicht gilt:
Ich wusste nichts von ihren Geschäften.
Ich weiß nicht viel über dein Land.

Vgl. auch *erfahren* in *Zwischenspiel (25)*, S. 239.

15 Vergleiche

Formen

Vergleiche werden mit den „Komparativ"- und den „Superlativ"-Formen der Adjektive formuliert. Diese Formen sind eigentlich ganz einfach zu bilden:

klein – kleiner – am kleinsten *oder* der kleinste

Zu beachten sind nur die Umlaute bei sehr vielen Adjektiven mit Vokalen *a, o* und *u*:

stark – stärker – am stärksten/der stärkste
groß – größer – am größten/der größte
kurz – kürzer – am kürzesten/der kürzeste

und einige unregelmäßige Bildungen:

gut – besser – am besten
viel – mehr – am meisten
gern – lieber – am liebsten

Außerdem ist die Verwendung der *am ...-en*-Form und der Form mit bestimmtem Artikel zu erklären. Die *am*-Form verwendet man in jedem Fall immer dann, wenn das Adjektiv sich auf ein Verb bezieht, also eine Tätigkeit charakterisiert (wenn es als „Adverb" verwendet wird). Beispiel:

Alle Kinder hier singen gut, aber Eva singt am besten.

Normalerweise wird die *am*-Form nicht vor einem Nomen verwendet. Hier unterlaufen viele Fehler:

*Der Mont Blanc ist am größten Berg in Europa.

So ... wie und *als*

Zwei Vergleichsglieder werden mit *so ... wie* bei Gleichheit, mit *als* bei Ungleichheit gegenübergestellt:

Er ist so groß wie ich.
Er ist größer als ich.

Nicht so wird, auch wenn es sachlich natürlich Ungleichheit ausdrückt, dennoch mit *wie* verwendet:

Er ist nicht so groß wie ich.

Genug

Bei *genug* tritt ein Stellungsproblem auf, weil es anders als ähnliche Wörter hinter dem Bezugswort steht, und zwar bei Adjektiven:

Die Reisetasche ist groß genug, wir brauchen keinen Koffer.

Bei Nomen dagegen:

Ich habe leider nicht genug Geld, sonst würde ich sofort in Urlaub fahren.

Ich bin unvergleichlich!

Wählen Sie zuerst die auf Sie zutreffende Alternative und erlauben Sie dann Ihrer Partnerin, Sie zu übertreffen – oder auch nicht.

A	B
Ich bin schlank.	Ich bin schlanker/nicht so schlank/dicker/ nicht so dick.
Ich habe viel Geld.	Ich habe weniger/nicht so viel/mehr Geld.

Ich bin schlank/dick.
Ich habe viel/wenig Geld.
Ich bin groß/klein.
Ich habe wenig/viel Zeit.
Ich arbeite viel/wenig.
Ich habe viel/wenig Geduld.
Ich bin sportlich/unsportlich.
Ich bin musikalisch/unmusikalisch.
Ich fühle mich alt/jung.
Ich trinke viel/wenig Kaffee.
Meine Haare sind lang/kurz.
Ich fahre gerne/nicht so gerne Auto.
Ich sehe gut/schlecht.
Ich habe viel/nicht viel Humor.
Mein Gedächtnis ist gut/schlecht.
Ich kann schnell/nicht so schnell laufen.
Ich gehe oft/selten spazieren.
Meine Gesundheit ist gut/nicht so gut.
Ich habe viel/wenig Stress.
Ich lerne gerne/nicht so gerne.
Ich bin tolerant/nicht sehr tolerant.

Ihre Partnerin versucht anschließend – aus dem Kopf oder ins Buch schauend – rekapitulierend zu bewerten:

B: Du bist schlank, ich bin leider nicht so schlank.

Noch besser, indem sie Konstruktionen mit *als* oder *so ... wie* verwendet:

B: Du bist leider schlanker als ich, aber du bist zum Glück nicht so groß wie ich ...

Wenn das schon gut klappt, lassen Sie sich gemeinsam noch eine eines Superlativs würdige Person einfallen:

Du bist schlanker als ich, aber am (aller)schlanksten ist Evelyn.
Ich bin größer als du, aber am größten ist Herr Müller.

Angemessen wäre hier auch die Formulierung *noch schlanker/größer ...*

Wird der Superlativ verwendet, muss klar sein, dass damit nicht einfach ein sehr hohes Maß, sondern das höchste Maß im Verhältnis der in den Vergleich einbezogenen Gegenstände gemeint ist. Gelegentlich hört man nämlich Fehler wie:

*München ist eine schönste Stadt.

oder auch

(*)... die schönste Stadt.

womit aber eigentlich gesagt werden soll, dass München *eine sehr schöne* Stadt ist, also nicht unbedingt die Nummer eins.

Lieber Fisch

Das häufig verwendete *gerne/lieber* sollte gründlich geübt werden.

A	B
Isst du gerne Fisch?	Nicht so gerne. Ich esse lieber Fleisch.
Spielst du gerne Schach?	Karten
Trinkst du gerne Bier?	Wein
Gehst du gerne spazieren?	schwimmen gehen
Siehst du gerne fern?	ins Kino gehen
Liest du gerne Comics?	Romane
Gehst du gerne ins Theater?	Ballett
Gehst du gerne in die Disko?	Kneipe
Spielst du gerne Tennis?	Fußball
Hörst du gerne Jazz?	Klassik

Man kann noch ein bisschen weiter formulieren:

B: Aber am (aller)liebsten esse ich eigentlich Salat.

Lieber machen und *lieben*

Lerner kennen aus ihren Sprachen oft Ausdrücke wie *bevorzugen* oder *vorziehen* (z. B. engl. *prefer*), die dort sehr geläufig sind, was sie dann auch von den deutschen Wörterbuch-Übersetzungen voraussetzen. Dem ist aber nicht so: *lieber machen, lieber wollen* ... sind die üblichen Ausdrucksweisen, während *vorziehen* und *bevorzugen* schon deutlich in eine gehobene Stillage gehören.

Viele Fehler sind der Verwechslung des Adverbs *lieber* (des Komparativs von *gerne*) mit dem Verb *lieben* geschuldet. Wenn deren Wortartzugehörigkeit und damit die Verwendungsweisen nicht durchschaut werden, kann es zu kuriosesten Formulierungen kommen:

*Ich liebe essen Fisch als Fleisch ...

Geben Sie viele Beispiele.

Lieber Nachtigall als Lerche

Ihre Partnerin stellt Ihnen die folgenden vier ausformulierten und die restlichen noch zu formulierenden Fragen und notiert kurz Ihre Antworten.

B *fragt*	**A** *antwortet*	**B** *notiert*
Was isst du am liebsten?	Hähnchen	
Welche Stadt gefällt dir am besten?		
Welchen Vogel magst du am meisten?		
Welches Land findest du am interessantesten?		
Was trinken?		
Welche Blume (schön finden)?		
Welche Musik (hören)?		
Welche Schauspielerin (gefallen)?		
Wo Urlaub machen?		
Welche Farbe (gefallen)?		
Welchen Schriftsteller (mögen)?		
Welchen Sport treiben?		
Welche Sprache (schön finden)?		

Anschließend formuliert Ihre Partnerin nach ihren Notizen Sätze, vergleicht mit eigenen Vorlieben und verteidigt diese gegebenenfalls auch:

B: Du isst am liebsten Hähnchen, aber ich esse nicht so gerne Hähnchen, ich esse am liebsten Gemüse. Das ist gesünder!

Meine Lieblinge

Anstelle obiger Formulierungen kann man oft den Ausdruck *Lieblings-...* verwenden.

Was ist deine Lieblingsblume?
Wer ist deine Lieblingsschauspielerin?

Ihre Partnerin antwortet unter Verwendung von Verben:

A	**B**
Was ist dein Lieblingsgericht?	Am liebsten esse ich Hähnchen.
Wer ist dein Lieblingsschauspieler?	Mir gefällt X am besten./Ich finde X am besten./Ich finde, X ist der beste Schauspieler.
Was ist dein Lieblingsbuch?	
Wer ist dein Lieblingssportler?	
Was ist deine Lieblingsfarbe?	
Wer ist dein/e Lieblingspolitiker/in?	
Was ist deine Lieblingsbeschäftigung?	
Was ist deine Lieblingsblume?	
Was ist dein Lieblingsfilm?	
Was ist deine Lieblingssendung im Fernsehen?	

Zwischenspiel

Besser Birnen oder Äpfel?

Schreiben Sie jeder zehn x-beliebige Nomen untereinander auf ein Blatt Papier. Sie sollen anschließend der Reihe nach die Vorteile ihrer Nomen gegenüber denen der Partnerin herausstreichen, wozu Sie allerdings neben gelegentlichen Komparativen einige Fantasie brauchen.

A *hat als erstes Wort notiert:* Hund
B *hat als erstes Wort notiert:* Buch

B: Also, ein Buch ist billiger, man braucht nicht mit ihm Gassi zu gehen ...
A: Aber ein Buch kann dich nicht so gut beschützen ...

Wer häufiger argumentativ überlegen bleibt, ist Gesamtsieger.

Heut hab ich was Tolles erlebt

Berichten Sie, wenn Sie nach Hause kommen oder sich treffen, die wichtigsten Vorfälle des Tages, darunter auch einen, der so nicht stattgefunden hat. Ihre Partnerin muss deshalb noch aufmerksamer zuhören als sonst und herausfinden, welches die Lügengeschichte war. Anschließend umgekehrt.

14 Uhr: Vortrag Prof. Dr. B.

Lassen Sie sich etwas von Ihrer Partnerin erzählen. Sie muss natürlich ein bisschen vorbereiten, am besten, indem sie Stichworte notiert und dann frei spricht. (Eine gute Übung, für Sprachkurs-Referate und fürs Leben überhaupt.) Sie machen sich Notizen während des Vortrags, so dass Sie anschließend weiterführende oder Verständnisfragen stellen können. Notieren Sie auch (und nur) solche eventuellen Fehler, die Sie für besonders gravierend halten, und besprechen Sie sie anschließend gemeinsam.

1. Feiern Sie gerne? Beschreiben Sie eine Party, eine Geburtstagsfeier ... Wann, wo, wen laden Sie ein, was gibt es zu essen und zu trinken, was passiert sonst ...?

2. Erinnern Sie sich an den ersten Tag in der Schule, den ersten Arbeitstag, den ersten Tag in Deutschland, den ersten Tag im Deutschkurs ...? Erzählen Sie.
3. Beschreiben Sie den Weg von zu Hause zur Schule. Womit fahren Sie, wie weit, wo steigen Sie um, was sehen Sie unterwegs, was machen Sie in der U-Bahn ...?
4. Wann haben Sie zuletzt eine größere Anschaffung gemacht (Auto, Möbel, Elektrogeräte ...). Wo haben Sie sich zuvor informiert, wo haben Sie gekauft, gab es Probleme, sind Sie zufrieden ...?
5. Wo würden Sie gerne Urlaub machen? Wie stellen Sie sich einen schönen Urlaubstag dort vor?
6. In Deutschland ziehen die Kinder oft schon früh aus dem Elternhaus aus und leben alleine, oft auch in einer anderen Stadt als die Eltern. Wie war/ist das in Ihrem Land?
7. Viele Menschen glauben, dass es zwischen klimatischen Bedingungen in einem Land und der Mentalität der Menschen dort einen Zusammenhang gibt. Südeuropäer sind „temperamentvoll", Deutsche „kalt" ... Glauben Sie das auch? Können Sie Beispiele geben?
8. Glauben Sie an Astrologie? Warum, warum nicht? Warum glauben viele Menschen an Astrologie?
9. Autofahrer sind gut organisiert und können auf politische Entscheidungen reagieren. Eine Fußgänger-Lobby gibt es nicht. Warum? Schreiben Sie das Manifest der Fußgänger!

Fußgänger-Manifest

1. ....
   ....
2. ....
   ....
3. ....
   ....
4. ....
   ....
5. ....
   ....
6. ....
   ....
7. ....
   ....

16 Adjektive (1)

Dem doch etwas komplizierten Thema Adjektivdeklination wollen wir uns in mehreren kleinen Schritten annähern.

Zuerst behandeln wir nur die Formen des Nominativs. Hier die erste Spalte der im Anhang auf S. 254 ganz wiedergegebenen Tabelle. Der zuerst angegebene Buchstabe steht für die Endung des Wortes, das dem Adjektiv vorausgeht, der zweite für die Endung des Adjektivs. Zum Beispiel kann **-r** *e* für *der große* oder *dieser große* oder *welcher große* usw. stehen.

	Mask.	Neutrum	Fem.	Plural
Nominativ	**-r** *e* (*ein großer*)	**-s** *e* (*ein großes*)	**-e** *e*	**-e** *n*

Singular und Plural

Wie Sie hier und in der Tabelle auf S. 254 sehen, gibt es zwei Standardendungen für Adjektive, nämlich *-e* und *-n*. Damit ist klar, dass sich nicht jeder Adjektivendung sozusagen eine feste Bedeutung oder grammatische Funktion zuordnen lässt. Die Endung *-n* beispielsweise kann prinzipiell für alles stehen außer für den Nominativ Singular der drei Geschlechter und für den Akkusativ von Neutra und Feminina.

Das hat zur Konsequenz, dass sich die Endungen schlecht einprägen. Das Endungs-*s* eines Pronomens (*dieses*) signalisiert dem Lerner (fast) eindeutig das Neutrum, aber ein Adjektiv-*n* sagt ihm noch gar nichts. Solche bedeutungslosen Formen sind schwerer anzueignen. Man kann aber doch Übungen so gestalten, dass die Endungen sich als im jeweiligen Kontext bedeutungsvoll und nicht als bloßer Sprachzierrat darstellen. Hier zum Einstieg eine solche erste Unterscheidung mit Hilfe der Adjektivendung, nämlich die zwischen Singular und Plural:

der/die/das große Mann/Frau/Kind
aber: die großen Männer/Frauen/Kinder

Meistens (wie in den Beispielen hier) lässt sich der Numerus auch am Nomen ablesen. Aber im Fall von als Nomen verwendeten Adjektiven ist das nicht so:

die Kranke
und: die Kranken

sind nur an der Endung zu unterscheiden. Ebenso natürlich im schon besprochenen Fall der *Deutschen*:

Guck mal, die Deutsche von gestern.
Guck mal, die Deutschen von gestern.

Dazu eine Übung, in der es nur um diese eine Unterscheidung durch Adjektivendungen geht.

Die netten Mäuse und die unsympathische Katze

Sie wählen frei oder aus folgender Liste ein Adjektiv in einer von zwei Formen, der femininen oder der Pluralform, also *die große* oder *die großen* usw.

> groß – alt – deutsch – neu – kalt – italienisch – klein – japanisch – nett – heiß – unsympathisch – hübsch – laut – hässlich – schwer – interessant – leicht – englisch – schön – langweilig – kurz – dumm – intelligent ...

Ihre Partnerin wählt aus folgender Liste eine möglichst passende Ergänzung (je unpassender die Wahl, desto mehr muss sie natürlich mit Rückfragen rechnen).

A *liest*	**B** *ergänzt ein passendes Wort in Singular- oder Pluralform*	
die große	Liebe	
die neuen		Wohnungen
	Frau	Frauen
	Übung	Übungen
	Tasche	Taschen
	Französin	Französinnen
	Krise	Krisen
	Freundin	Freundinnen
	Italienerin	Italienerinnen
	Liebe	
	Tasse	Tassen
	Sudanesin	Sudanesinnen
	Angst	Ängste
	Blume	Blumen
	Suppe	Suppen
	Musik	
	Kolumbianerin	Kolumbianerinnen
	Maus	Mäuse
	Deutsche	Deutschen
	Dame	Damen
	Katze	Katzen
	Flasche	Flaschen
	Aufgabe	Aufgaben
	Kranke	Kranken
	Chinesin	Chinesinnen
	Übung	Übungen
	Wohnung	Wohnungen
	Gitarre	Gitarren
	Vase	Vasen
	Jacke	Jacken

Machen Sie die Übung gleich oder später noch einmal und lassen Sie Ihre Partnerin jetzt ganze Sätze ergänzen:

A	B
Die große	Liebe ist nur ein Traum.
Die neuen	Wohnungen im Nachbarhaus sind schön.

Sehr viel lässt sich, wie gesagt, mit dieser ersten Unterscheidung durch Adjektivendungen noch nicht anfangen. Sie gilt nur für Nominative und außerdem nur dann, wenn *der, die, das* oder ein anderes Wort mit erkennbarer Endung dem Adjektiv vorausgehen. Auf diese Merkwürdigkeiten gehen wir nun näher ein.

Die Adjektivdeklination(en)

In der Nominativ-Zeile oben finden Sie zwei, in der Gesamt-Tabelle drei blau hervorgehobene Felder. In diesen Fällen ist die Sonderregel zu beachten, die das Deklinieren der Adjektive etwas heikel macht. Hier hängt nämlich die Wahl der Endung vom dem Adjektiv vorausgehenden Wort ab. Wir hatten in Kapitel *Deklination (1)* schon mit Besonderheiten in genau diesen Fällen zu tun. Wörter wie *ein, kein, mein, dein, ihr ...* haben hier ihre Endungen verloren; wir haben gesehen, dass sie diese Endungen wieder erhalten, wenn sie alleine, also nicht vor einem Nomen stehen. Für die Adjektive folgt als Konsequenz, dass sie nach *ein, kein* usw. die dem vorausgehenden Wort abgängige Endung übernehmen. Folgt also – bei den blau gedruckten Formen – ein Adjektiv auf ein Wort mit Endung, bescheidet es sich selbst mit einem *-e*, folgt es auf ein Wort ohne Endung, liest es dessen verlorenes *-r* oder *-s* auf und nutzt es für sich:

der kleine Hund – ein kleiner Hund
das kleine Tier – ein kleines Tier

Bei den Feminina und im Plural dagegen ohne Unterschied:

die kleine Frau – eine kleine Frau
die kleinen Kinder – meine kleinen Kinder

Im Grammatikkapitel war schon die Rede davon, dass sich in älteren Lehrbüchern oder Grammatiken gewöhnlich drei Adjektiv-Tabellen finden: eine für die Endungen nach *der* usw., eine für die Endungen nach *ein* usw. – was bleibt für die dritte? Es sind die Endungen von Adjektiven, die alleine vor einem Nomen stehen, denen also weder *der, dieser* usw. noch *ein, mein* usw. vorausgehen:

Starker Wind blies über das Meer.
Große Angst lähmt.
Großes Glück ist meist unverdient.
Freche Kinder sind eine Plage.

Wie Sie sehen, tauchen hier keine neuen Endungen auf, und von der Deklination nach *ein* unterscheidet sich diese (im hier behandelten Nominativ) nur im Plural: *-e* statt *-en* für das Adjektiv. Die Regel, die auch für (fast) alle anderen Fälle der Verwendung von Adjektiv ohne vorausgehenden Artikel gilt, lautet: Das Adjektiv bekommt die Endungen, die sonst der Artikel hätte (in der Tabelle also die an erster Stelle stehenden).

Die Tabelle im Anhang enthält vier Zeilen zu vier Spalten, also außer dem Nominativ eben noch die drei anderen Fälle. Wenn einem Lerner an dieser ersten Zeile klar geworden ist, was die Tabelle besagt und wie sie zu handhaben ist, hat er zumindest in der Theorie das Schlimmste hinter sich. – In allen folgenden Übungen soll Ihre Partnerin v. a. auch das genaue Zuhören schulen. Sie kann im Prinzip den von Ihnen geäußerten Fragen oder Ausdrücken alle Informationen (zum Genus vor allem) entnehmen, die sie zur korrekten Antwort braucht, muss also nur auf Regeln zurückgreifen. Natürlich ist auch das keine leichte Aufgabe.

Die neue Vase ist nicht so schön

Sie sprechen gemeinsam Urteile über alles, was Ihnen in den Weg kommt, und zwar je ein lobendes und ein kritisches. – Das Nomen im *B*-Satz kann weggelassen werden.

A	B
Die alte Vase ist schön	aber die neue (Vase) ist nicht so schön.
Die erste Übung ist leicht	aber die zweite ...
Die teuren Gitarren sind gut	
Die schwarze Tasche ist schick	
Die junge Frau ist nett	
Die erste Aufgabe ist schwer	
Die kleinen Tassen sind schön	
Die schwarzhaarige Französin ist nett	
Die kleinen Mäuse sind süß	
Die junge Deutsche ist schlank	
Die schlanken Hunde sind schnell	
Die roten Blumen sind schön	
Die schwarzen Katzen sind hübsch	
Die lange Jacke ist elegant	
Die schwarzen Vasen sind teuer	
Der kurze Rock ist schick	
Die große Spinne ist eklig	
Die deutsche Grammatik ist leicht	

Anschließend schauen Sie um sich und fahren fort.

In der allgemeinen Adjektiv-Verwirrung tun Lerner oft zu viel des Guten und statten Adjektive auch dann mit Endungen aus, wenn sie einmal keine brauchen, weil sie als Prädikate (nach *ist)* verwendet werden:

*Die Vase ist schöne.

Dem ist glücklicherweise nicht so, solche „prädikativen" Adjektive bleiben unverändert:

Die Vase ist schön.

Das A und die B

Ihre Partnerin braucht nur das Genus und gegebenenfalls den Plural der folgenden Buchstaben-Platzhalter zu erkennen. Verwenden Sie nur *ein* und *mein* (*mein* wird für Pluralformen benötigt).

A	B
ein kleines A	das A
meine große B	die B
ein netter C	der C
meine alten D	die D *(Plural)*
mein freundlicher E	der E
...	

Später kann man versuchen, für die Buchstaben Wörter mit den entsprechenden Anfangsbuchstaben einzusetzen. Als Vorbereitung darauf machen Sie aber zuerst die nächste Übung.

Dein kleines, gemütliches Zimmer

Geben Sie Ihrer Partnerin Artikelwort und Adjektiv vor und lassen Sie sie ein auch grammatisch passendes Nomen finden.

A	B
dein kleines	Zimmer
eure großen	
dein hübscher	
dein altes	
eure verrostete	
eure schönen	
deine neuen	
eure süße	
euer bequemes	
dein interessantes	
euer langweiliger	
deine dicken	
euer gemütliches	
eure unfreundlichen	
eure lustige	
deine niedlichen	
eure nette	
eure altmodischen	
dein komisches	
euer dummer	
dein sympathischer	
euer unbequemes	
eure teure	

Anschließend muss *B* die Ausdrücke, passend zum Possessivpronomen, in Sätzen von folgender Machart unterbringen:

- Als ich gestern bei Maria/ bei Eva und Jörg war,
- habe ich zu ihr/ihnen gesagt:
- „Dein/Euer ..."

Also:

B: Als ich gestern bei Maria war, habe ich zu ihr gesagt: „Dein kleines Zimmer ist wirklich sehr gemütlich."
(**A:** Und was hat sie geantwortet? ...)

In der Kneipe

Versetzen Sie sich in die Kneipe und lassen Sie Ihre Partnerin, ein bisschen weitschweifig, antworten:

Kellner A	**Gast B**
Ein kleines Bier und eine große Cola.	Das kleine Bier ist für mich und die große Cola für ihn.

Eine große Pizza und ein kleiner Teller Spaghetti.
Ein kleines Schnitzel und eine große Portion Pommes.
Ein kleines Glas Wein und ein großes Bier.
Ein kleiner Becher Kaffee und eine große Limonade.
Eine kleine Tasse Kakao und ein großes Glas Grog.
Ein kleiner Salat und eine große Vorspeisenplatte.
Ein großes Glas Mineralwasser und ein kleiner Orangensaft.
Ein kleines gemischtes Eis und ein großer gemischter Salat.

Variation:

Kellner A	**Gast B**
Ein kleines Bier und eine große Cola.	Nein, eine kleine Cola und ein großes Bier!

Das Problem besteht nun natürlich darin, die vielen, für sich genommen ganz einfachen Regeln und Unterscheidungen wieder zu einem Ganzen zusammenzusetzen. Anders als auf dem Weg des geduldigen Übens ebendieser isolierten Anwendungsfälle geht das aber nicht. Wiederholen und variieren Sie die Übungen oft.

Zwischenspiel

Texte mit Lücken

Um mit Texten zu arbeiten, braucht man nicht immer ein Lehrbuch. An folgendem, allerdings nicht ganz einfachen Zeitungsartikel sollen Ihnen einige Möglichkeiten der Textarbeit vorgeführt werden. Lesen Sie ihn zunächst in der Form, in der er im Unterricht präsentiert wurde. Die Teilnehmer sollten im Gruppenwettstreit schnellstmöglich die fehlenden Wörter ergänzen. Schaffen Sie's?

NOTIERT

Helfer. Ein .... in Mannheim hat die .... gerufen, weil er nicht wusste, wie eine Babyflasche zubereitet wird. Die .... glaubte, er wisse das und ging auf Faschingstour. Als die .... zu schreien anfing, geriet er in Panik. Aus Angst, das .... könnte verhungern, rief er die .... Ein Beamter, der Vater ist, zeigte ihm, wie eine Babyflasche zubereitet wird.

(Tagesspiegel, 22.02.01)

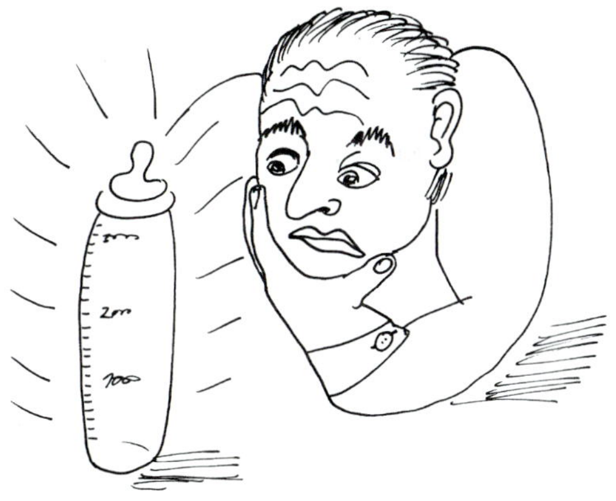

Solche Übungen können Sie nun mit einfachsten Mitteln – mit Stift zum Schwärzen, vielleicht Kopierer – aus geeigneten Texten aller Art erstellen. Besonders nützlich ist diese Übung auch, wenn ein Lerner sich einen bestimmten Fachwortschatz anzueignen hat. Man wählt dann Texte seiner Fachrichtung und schwärzt Schlüsselwörter.

Im Anschluss an den Lösungsversuch Ihrer Partnerin und an gegebenenfalls eine kurze Besprechung neuer Wörter lässt sich noch einiges mit dem Text anfangen. In *Zwischenspiel (8)*, S. 108, war schon die Rede vom aus Texten abzuleitenden Rollenspiel. Das lässt sich auch mit einem solchen kurzen Text hervorragend durchführen. Mögliche Sprechkonstellationen wären:

- Wie erklärt der Vater dem Polizisten die Situation und wie reagiert dieser?
- Abends kommt die Mutter nach Hause: Was erzählt der Vater ihr?
- Der Polizeibeamte kommt nach Hause: Was erzählt er seiner Frau?
- Was erzählen die Eltern später einmal ihrer Tochter?
- ...

Schlüsselwörter

Textreproduktionen, bei denen sich der Lerner eng an die ursprünglichen Formulierungen und an zeitliche und kausale Verknüpfung des Geschehens halten soll, sind eine äußerst fordernde Angelegenheit. Die berüchtigten „Fragen zum Text" andererseits sind oft so nervtötend banal und somit wiederum eher demotivierend, dass man am besten versucht, ganz ohne sie auszukommen. Eine freiere Alternative besteht darin, dem Lerner Schlüsselwörter aus Texten zu präsentieren und ihn Ergänzungen zu diesen finden zu lassen. Sie benennen also einfach die Handelnden oder Hauptgegenstände des Textes, Ihre Partnerin versucht textgemäße Ergänzungen zu formulieren, braucht aber nicht die Originalsätze getreu zu reproduzieren.

Für eine Geschichte, in deren Mittelpunkt ein Umzug steht, könnte eine unkomplizierte Form der Auswertung so aussehen:

A	B
Jörg	zieht bald um. Er freut sich.
Wohnung	Seine Wohnung hat drei Zimmer und einen Balkon. ...
Freunde	Seine Freunde helfen ihm.
...	

Bei kurzen Texten, die auch in Formulierungsdetails gut im Gedächtnis bleiben, muss es sich nicht einmal unbedingt um Schlüsselwörter handeln:

A	B
wahrscheinlich	Wahrscheinlich zieht seine Freundin bald bei ihm ein.

Lösung zu „Notiert":

Helfer. Ein Vater in Mannheim hat die Polizei gerufen, weil er nicht wusste, wie eine Babyflasche zubereitet wird. Die Mutter glaubte, er wisse das und ging auf Faschingstour. Als die Tochter zu schreien anfing, geriet er in Panik. Aus Angst, das Baby könnte verhungern, rief er die Polizei. Ein Beamter, der Vater ist, zeigte ihm, wie eine Babyflasche zubereitet wird.

17 Adjektive (2)

Adjektive ohne Artikel

Hier gab es ja bislang nur das Pluralproblem: mit Artikeln immer *-n* für das Adjektiv, ohne Artikel *-e*. Dabei ist zu bedenken, dass im Plural Adjektive viel häufiger ohne Artikel verwendet werden, nämlich auch dann, wenn im Singular der Artikel *ein* stünde:

Da sitzt eine Katze. – Da sitzen Katzen.

Daher ist auch die Form auf *-e* für das Adjektiv gar nicht so selten:

Da sitzt eine kleine Katze. – Da sitzen kleine Katzen.

Dieser Plural auf *-e* steht (natürlich nur in Nominativ und Akkusativ, s. Tabelle) insbesondere auch nach *viele* und nach Zahlen:

Im Korb liegen viele kleine Katzen.
Im Korb liegen zwei kleine Katzen.

Während es beispielsweise nach *alle* das *-n* erhält:

Alle kleinen Katzen im Korb schlafen.

An diesem Punkt, bei der Frage, welche Adjektivform auf welches Wort folgt, kann die Angelegenheit übrigens so kompliziert werden, dass – wenn auch noch nicht in den hier aufgeführten Fällen – selbst einem Muttersprachler gelegentlich das Sprachgefühl den Dienst versagt. Ein Grund mehr, die Sache mit den Adjektiven nicht bis zum Äußersten zu treiben.

Junge Mädchen sind immer zu dünn!

B soll eine Äußerung von Ihnen kommentieren, bekräftigend oder auch etwas schnippisch.

A	B
Die kleinen Kinder da sind nett.	Kleine Kinder sind immer nett!
Die alten Leute da gehen so langsam.	
Diese bayerische Weißwurst schmeckt sehr gut.	
Die jungen Leute da machen zu viel Krach.	
Das kleine Kätzchen da ist süß.	
Diese polnische Gans schmeckt gut.	
Die modernen Häuser da sind hässlich.	
Die jungen Mädchen da sind zu dünn.	
Die alte Kneipe da ist gemütlich.	
Dieser französische Wein schmeckt toll.	
Der alte Taxifahrer kennt sich gut aus.	
Die frischen Erdbeeren schmecken sehr gut.	
Das neue Fahrrad fährt sehr schnell.	
Der neue Besen kehrt sehr gut.	

Kommen Sie nun noch einmal auf die erste Übung im Kapitel *Adjektive (1)* zurück. Ihre Partnerin soll Spruchweisheiten formulieren, indem sie, diesmal ohne Artikel, Adjektive und Pluralnomen kombiniert:

B		
Große	Frauen	laufen schnell.
Neue	Wohnungen	sind teuer.

Wir kommen zur zweiten Zeile unserer Tabelle im Anhang, dem Akkusativ. Wie versprochen gibt es hier nicht mehr viel Neues zu lernen.

	Mask.	Neutrum	Fem.	Plural
Akkusativ	**-n** *n*	**-s** *e* *(ein groß**es**)*	**-e** *e*	**-e** *n*

Nur bei den Neutra ist wegen der unterschiedlichen Endungen nach *der* und nach *ein* noch Achtsamkeit geboten, ansonsten Einheitsendung für alle. Zur Erinnerung: Wenn das Adjektiv alleine steht, bekommt es nicht die hier kursiv gedruckte eigentliche Adjektivendung, sondern die vorne stehende, die eigentlich zum Artikel gehört. Da es hier also fast nichts Neues gibt, nur eine kurze Übung.

Ich möchte ein A

Als Vorübung gehen Sie noch einmal gemeinsam das Alphabet durch. Ihre Partnerin liest vor, Sie fragen zurück, die Partnerin antwortet, wenn möglich ohne ins Buch zu schauen.

B	A	B
Ich möchte ein A.	Was für eins?	Ein blaues natürlich!
Ich möchte eine B.	Was für eine?	Eine blaue natürlich!
Ich möchte einen C.	Was für einen?	Einen blauen ...
Ich möchte ein D.	Was für eins?	Ein blaues.
Ich möchte eine E.	Was für eine?	Eine blaue.
Ich möchte eine F.	Was für eine?	Eine blaue.
Ich möchte einen G.	Was für einen?	Einen blauen.
Ich möchte ein H.	Was für eins?	Ein blaues.
Ich möchte eine I.	Was für eine?	Eine blaue.
Ich möchte einen J.	Was für einen?	Einen blauen.
Ich möchte ein K.	Was für eins?	Ein blaues.
Ich möchte eine L.	Was für eine?	Eine blaue.

Und weiter ad libitum ...

Beim nächsten Mal versuchen Sie Wörter einzusetzen, brauchen sich dabei aber an keinerlei Vorgaben (außer der alphabetischen) mehr zu halten:

B	A	B
Ich möchte eine Ananas.	Was für eine?	Am liebsten eine süße.
Ich brauche eine Brille.	Was für eine?	Eine schicke natürlich!
Ich will ein Cembalo.	Was für eins?	Am besten ein altes.
Ich suche einen Deutschlehrer.		
Ich möchte eine Erdbeertorte.		
Ich brauche einen Föhn.		
Ich will eine Goldkette.		
Ich brauche einen Hammer.		
Ich suche ein Internet-Café.		
Ich brauche eine Jacke.		
Ich möchte ein Klavier.		
Ich brauche einen Laptop.		
Ich will einen Minirock.		
Ich suche einen Nebenjob.		

Dieses Jahres!

Ein Nachtrag zur dritten Deklinationsvariante ohne vorausgehendes Wort ist noch erforderlich. Hier nehmen die Adjektive ja die Endungen an, die sonst der Artikel usw. erhalten würde. Beispiel Dativ:

mit großem Eifer
mit großer Freude

Vergleichen Sie:

mit diesem groß*en* Eifer
trotz deiner großen Freude

Aber im Genitiv Mask. und Neutr. behalten die Adjektive das reguläre *-n* auch dann, wenn sie alleine stehen:

Im August letzten Jahres ...

Hier liegt die Ursache für einen auch unter Deutschen verbreiteten Fehler. *Dieser* ist kein Adjektiv, sondern eines der Wörter, die einem Adjektiv vorausgehen können, es hat daher immer die fetten Endungen. Der Genitiv ist also:

im Sommer dieses Jahres

Letzter und *nächster* sind aber Adjektive und haben deshalb im Genitiv das *-n*:

im Sommer letzten/nächsten Jahres

Der häufig gehörte Muttersprachler-Fehler:

*im Sommer diesen Jahres

ergibt sich also aus der falschen Analogie zu *nächsten* und *letzten*. Und Ihre – durch ständiges Korrigiertwerden von Deutschen entnervte – Partnerin sollte die nächste Gelegenheit für eine Retourkutsche nutzen.

Heute schon gelernt?

Eine sehr nützliche Form ist *etwas* + neutrales Adjektiv, wie *etwas Gutes, etwas Schönes, etwas Interessantes* – nicht nur, weil sie oft aus Formulierungsnöten hilft, wenn Wörter nicht bekannt sind. Lassen Sie sich von Ihrer Partnerin interviewen, sie macht Notizen.

B	**A** *antwortet,* **B** *notiert*
Hast du heute schon etwas Warmes getrunken? (Und wo?	Eine Tasse Kaffee. Im Café ...)
Hast du in letzter Zeit etwas Schönes gekauft? (Was für ein Buch?	Ein Buch. Von Goethe ...)

Hast du heute schon etwas Interessantes gelesen?
Hast du gestern etwas Gutes gekocht?
Hast du gestern etwas Interessantes im Fernsehen gesehen?
Hast du in letzter Zeit etwas Verbotenes gemacht?
Hast du heute schon etwas Süßes gegessen?
Hast du heute schon etwas Schönes gesehen?
Hast du heute schon etwas Gutes getan?
Hast du in letzter Zeit etwas Lustiges gehört?
Hast du in letzter Zeit etwas Teures gekauft?
Hast du in letzter Zeit etwas Neues gelernt?
Hast du heute etwas Schlechtes gemacht?

Anschließend präsentiert Ihre Partnerin die Ergebnisse und vergleicht mit den eigenen Erlebnissen. Dabei bietet sich folgende Formulierung an, um die unbestimmten *etwas*-Angaben zu präzisieren:

Du hast etwas Warmes getrunken, nämlich/und zwar eine Tasse Kaffee ...

Die Verneinung ist ganz einfach:

Du hast nichts Warmes getrunken.

Also: **B:** Du hast schon etwas Warmes getrunken, nämlich eine Tasse Kaffee, und zwar alleine im Café – das finde ich okay. Aber ich habe heute noch nichts Warmes getrunken, das finde ich ...

Zwischenspiel

Im Todeslabyrinth der grässlichen Killer-Adjektive

Ein Gesellschaftsspiel, also auch zu mehreren. Die Spielvorlage ist auf der nächsten Seite abgedruckt.

Es geht darum, als erstes Paar und wohlbehalten ins Ziel zu kommen. Sie stellen die Frage:

A: Möchtest du lieber einen grünen Pullover oder einen roten Pullover?

Ihre Partnerin (die natürlich die Spielvorlage nicht zu Gesicht bekommen darf) trifft entgegen ihren sonstigen Shopping-Gewohnheiten eine schnelle Entscheidung:

B: (Ich möchte lieber) einen grünen.

Sie folgen dem von *grün* abgehenden Strich und stellen die nächste Frage, also:

A: Möchtest du lieber eine neue oder eine alte Wohnung?

Und so weiter. Wenn zu mehreren, fertigen Sie Kopien an und geben das Startzeichen, wenn Sie nur zu zweit sind, müssen Sie eben auf die Uhr schauen, wer in zwei Durchgängen länger braucht. Spieler im Rennen ist dann natürlich der jeweils Antwortende.

Variationen

Einige – grammatisch vorgreifende – Formulierungs-Varianten. Sie können es dabei belassen, sich etwas gepflegter auszudrücken:

A: Hättest du lieber einen grünen Pullover oder einen roten Pullover?
B: Ich hätte lieber einen grünen (Pullover).

Oder Sie können dazu übergehen, zu den Nomen jeweils neue, passende Verben zu finden und zur Bedingung machen, dass nur solche Alternativ-Fragen – also keine mit *möchtest du/hättest du gerne* – gestellt werden.

Beispiele:

Würdest du lieber in einer alten oder in einer neuen Wohnung wohnen?
Würdest du lieber in den schwarzen oder in den roten Schuhen tanzen gehen?

Das *würdest du lieber* wird wie *hättest du lieber* erst im Kapitel *Konjunktiv (2)*, S. 225, behandelt, ist aber, wie an diesen Beispielen zu sehen, leicht zu handhaben: Mit einfachem Infinitiv wird ein Satz draus.

Eine weitere Variante:

Wärst du lieber Besitzerin eines grünen oder eines roten Pullovers?

Das ist zwar etwas sperrig, dafür wird aber auch der Genitiv noch geübt.

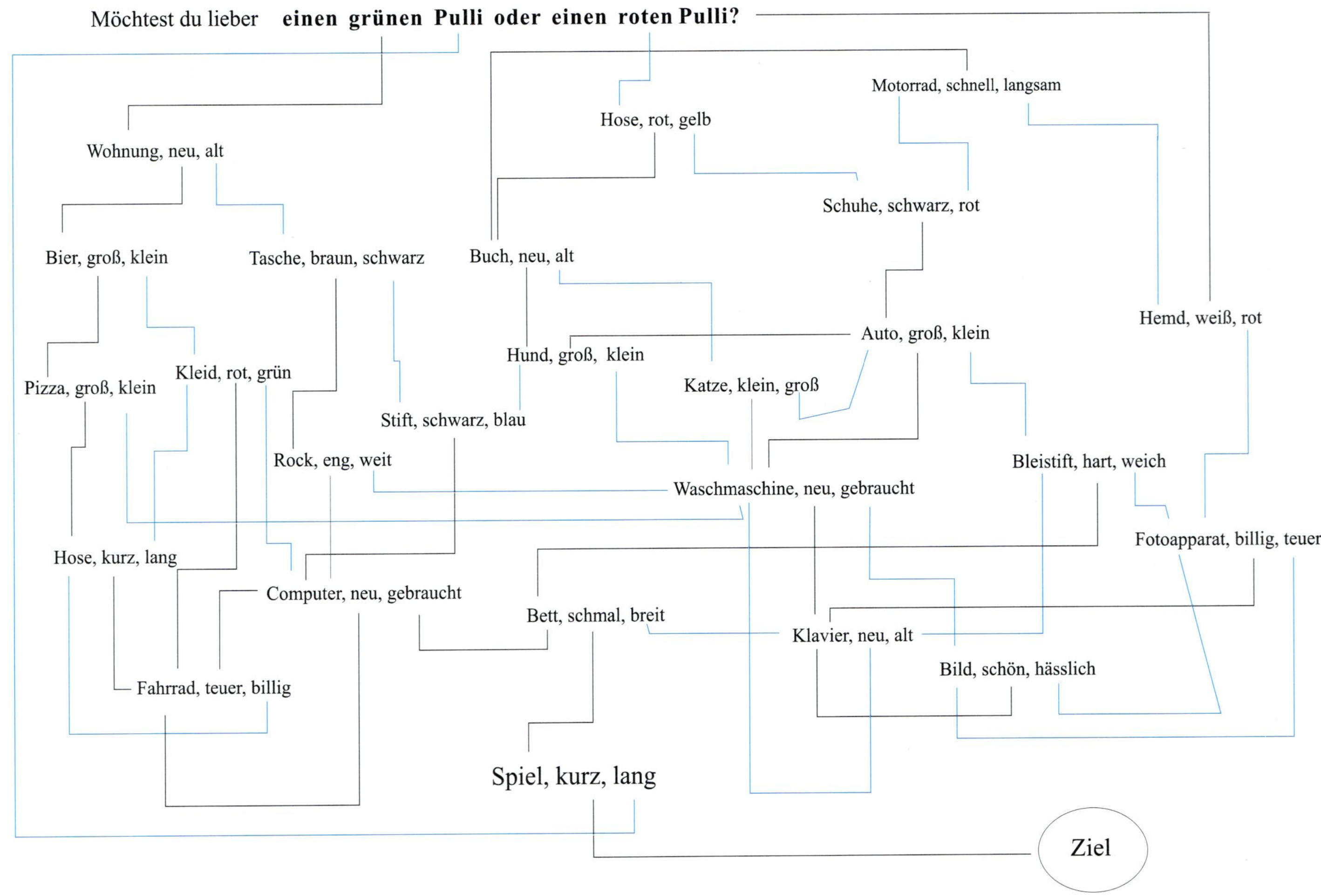
Möchtest du lieber **einen grünen Pulli oder einen roten Pulli?**
Motorrad, schnell, langsam
Hose, rot, gelb
Wohnung, neu, alt
Schuhe, schwarz, rot
Bier, groß, klein
Tasche, braun, schwarz
Buch, neu, alt
Hemd, weiß, rot
Auto, groß, klein
Hund, groß, klein
Kleid, rot, grün
Pizza, groß, klein
Katze, klein, groß
Stift, schwarz, blau
Rock, eng, weit
Bleistift, hart, weich
Waschmaschine, neu, gebraucht
Fotoapparat, billig, teuer
Hose, kurz, lang
Computer, neu, gebraucht
Bett, schmal, breit
Klavier, neu, alt
Bild, schön, hässlich
Fahrrad, teuer, billig
Spiel, kurz, lang
Ziel

18 Adjektive (3)

Zu den Adjektiven bleibt nicht mehr viel zu sagen, nur noch viel zu üben. Aber denken Sie auch an früher zum Thema Bemerktes: Ein vergessenes Endungs-*n* beim Adjektiv verdunkelt weder dessen Bedeutung noch wirft es düstere Schatten auf die Intelligenz des Lerners. Es gibt Wichtigeres, in der Grammatik und im Leben.

Gestern bin ich ...

A	B
Gestern bin ich ...	
in ein kleines Theater (Und was hast du gesehen?	gegangen (natürlich) ...)
in einer alten Weinstube	gewesen
in ein schönes Freibad	gegangen
in einer neuen Kneipe	gewesen
auf dem alten Rathaus	gewesen
in eine neue Kneipe	gegangen
auf der alten Post	gewesen
auf den billigen Flohmarkt	gegangen
in einem griechischen Restaurant	gewesen
auf einer netten Party	gewesen
zu einem alten Freund	gegangen
in ein neues Museum	gegangen
in einer kleinen Sauna	gewesen
in der neuen Diskothek	gewesen
in einen schönen Park	gegangen
bei einer alten Freundin	gewesen
auf einem schönen Schiff	gewesen
in die neue Schule	gegangen
ins neue Kanzleramt	gegangen
in der schönen Frauenkirche	gewesen
ins Technische Museum	gegangen
in der alten Staatsbibliothek	gewesen
in einen kleinen Jazzkeller	gegangen
in einem kleinen Weinkeller	gewesen
auf der kleinen Insel	gewesen
an einen schönen Strand	gegangen

Ihre Partnerin sollte sich abschließend wenigstens an sechs Listen-Orte erinnern können, an denen sie gestern gewesen oder zu denen sie gegangen ist – und dann an mindestens ebenso viele, an denen sie gestern tatsächlich gewesen oder zu denen sie gegangen ist.

Nicht in <u>die</u> Kneipe!

Ander- ist ein nützliches Wort, nicht nur, weil es sich für Übungen zur Adjektivdeklination anbietet.

A	B
Gehen wir	*Nein,*
in die Kneipe da?	lieber in eine andere.
in das Restaurant da?	lieber in ein anderes.
in den Klub da?	in einen anderen.
in die Kirche da?	in eine andere.
in das Kino da?	in ein anderes.
auf diese Party da?	auf eine andere.
an diesen See da?	an einen anderen.
über diese Brücke da?	über eine andere.
in dieses Café da?	in ein anderes.
in den Supermarkt da?	in einen anderen.
in den Park da?	in einen anderen.
in dieses Theater da?	in ein anderes.
in das Schwimmbad da?	in ein anderes.
in diese Sauna da?	in eine andere.
in die Kneipe da?	Okay.

Ein häufiges Problem ist die Verwechslung mit *anders*. Vergleichen Sie:

Ich möchte ein anderes (Buch ...).
Ich mache das anders. = auf andere Art

Warst du etwa in <u>der</u> Kneipe da!?

A	B
Warst du	*Aber nein,*
in der Kneipe da?	in einer anderen.
in dem Restaurant da?	in einem anderen.
in dem Klub da?	in einem anderen.
in der Kirche da?	in einer anderen.
in dem Kino da?	in einem anderen.
bei dem Arzt da?	bei einem anderen.
auf der Party?	auf einer anderen.
an diesem See da?	an einem anderen.
in diesem Park da?	in einem anderen.
in diesem Theater da?	in einem anderen.
in diesem Schwimmbad da?	in einem anderen.
in der Sauna da?	in einer anderen.
in der Kneipe da?	Genau.

Der, die, das Deutschen …

… und die Anderen. Gelegentlich muss deutlich gemacht werden, dass die deutschen Endungsfeinheiten ihren Sinn haben können: Es lassen sich durchaus wichtige Unterscheidungen mit ihnen machen. – Ihre Partnerin braucht nur zu erkennen, ob es sich um einen Angehörigen der betreffenden Nationalität weiblichen oder männlichen Geschlechts handelt, oder um jeweils mehrere. Zur Erinnerung: nur *Deutsch…* wird wie ein Adjektiv dekliniert, die anderen Bezeichnungen für Angehörige von Nationalitäten folgen den Deklinationen für Nomen.

A	B
Gestern habe ich	
mit dem Deutschen gesprochen.	Also mit einem Mann. (Über Fußball, stimmt's?)
mit der Französin geflirtet.	Also mit einer Frau. (Ist sie schön?)
die Deutschen gesehen.	Also mehrere. (…)
die Deutsche getroffen.	…
den Deutschen Fotos von meiner Familie gezeigt.	
den Spaniern einen Kaffee gekocht.	
Deutsche gesehen.	
den Schwedinnen Komplimente gemacht.	
einer Deutschen einen Blumenstrauß geschenkt.	
mit den Griechinnen geflirtet.	
die Deutschen zu einem Kaffee eingeladen.	
mit dem Algerier Schach gespielt.	
der Deutschen einen Brief geschrieben.	
den Franzosen meine Wohnung gezeigt.	
einem Nigerianer die italienische Grammatik erklärt.	

Mehr und *mehrere*

Komplikationen ergeben sich bei der Verwendung von *mehrere* und *mehr*. Letzteres ist Komparativ zu *viel*, hat aber im Unterschied zu anderen Komparativen bemerkenswerterweise keine Endungen:

Ich habe viel<u>e</u> Bücher – Ich habe mehr Bücher.
(Vgl.: *Ich habe schöner<u>e</u> Bücher:* normaler Komparativ mit Endung.)

Lerner meinen fälschlich, das Wort *mehrere* sei die mit Endung ausgestattete Komparativ-Form von *viel* und sagen:

(*)Ich habe mehrere Bücher,

obwohl sie eigentlich zum Ausdruck bringen wollen, dass sie *mehr* Bücher haben (als jemand anderes). Tatsächlich hat aber *mehrere* die Bedeutung von *einige* oder ist nur um eine kleine Nuance davon unterschieden. Das Wort ist also kein Komparativ. Schnell-Test für Ihre Partnerin: Kann man mit einem *als*-Satz fortfahren, ist von den beiden Wörtern nur das unveränderliche *mehr* möglich (das also keine Endung haben kann und zu haben braucht).

Zwischenspiel

Eine Frau und ein Mann

Zuerst muss sich Ihre Partnerin alleine mit dem folgenden Text befassen, genauer: ihn ergänzen, und zwar mit viel Fantasie, aber auch Gefühl für die (grammatische) Form. Vorne steht immer ein Artikelwort (*ein, eine, mein, Ihr, der, die, dem …*), darauf folgt ein Adjektiv nach Wahl. In der ersten Zeile könnte z. B. stehen: *eine schöne*, in die zweite könnte man eintragen: *einem grünen*, dort aber in jedem Fall einen Dativ, da ja die Frage lauten muss: Wo sitzt die schöne Frau?

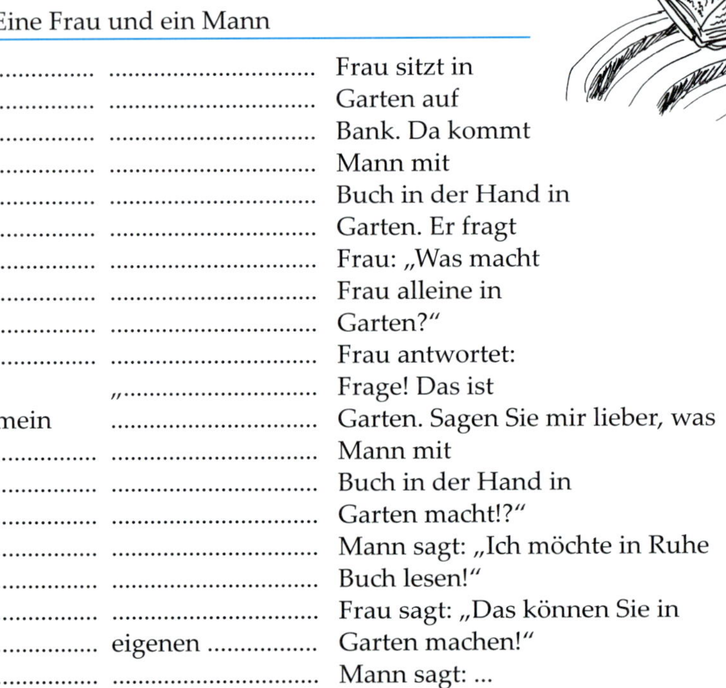

Eine Frau und ein Mann

....	....	Frau sitzt in
....	....	Garten auf
....	....	Bank. Da kommt
....	....	Mann mit
....	....	Buch in der Hand in
....	....	Garten. Er fragt
....	....	Frau: „Was macht
....	....	Frau alleine in
....	....	Garten?“
....	....	Frau antwortet:
	„...............................	Frage! Das ist
mein	....	Garten. Sagen Sie mir lieber, was
....	....	Mann mit
....	....	Buch in der Hand in
....	....	Garten macht!?“
....	....	Mann sagt: „Ich möchte in Ruhe
....	....	Buch lesen!“
....	....	Frau sagt: „Das können Sie in
....	eigenen	Garten machen!“
....	....	Mann sagt: …

Anschließend korrigieren Sie. Es ist auf korrekte Formen zu achten, aber auch darauf, dass der Artikel *ein* oder *der* passend gewählt wurde. Dann liest Ihre Partnerin noch einmal und versucht anschließend die Geschichte auswendig zu erzählen. Wo es nicht weitergeht, springen Sie natürlich bei.

Dann erzählen Sie die Geschichte weiter, und zwar abwechselnd je einen Satz – in dem natürlich mindestens ein Adjektiv vorkommen muss. Die schwierigste, aber auch reizvollste Aufgabenstellung: Bringen Sie die Story, aus dieser verfahrenen Lage, trotzdem noch zu einem Happyend.

19 Verben mit Präpositionen

Hier geht es um solche Verben, die immer mit einer bestimmten Präposition zusammen verwendet werden: *denken an, warten auf, sich ärgern über, sich freuen auf ...* Ihrer Partnerin müsste alles bekannt sein, was nötig ist, um diese Verben richtig zu gebrauchen. Die Präpositionen werden immer mit einem bestimmten Fall verwendet, z. B. *denken an* mit Akkusativ, *warten auf* auch mit Akkusativ, *sprechen mit* mit Dativ ...

Es muss nur klar sein, dass Verb und Präposition nicht frei kombinierbar sind, sondern dass gewöhnlich nur diese eine Kombination möglich ist. *Warten* kann also z. B. überhaupt nur mit der Präposition *auf* verwendet werden.

Einige andere solcher Verben kommen mit Bedeutungsunterschieden ohne oder mit Präposition vor – wenn mit, dann aber immer mit der gleichen:

Ich ärgere dich.
Ich ärgere mich über dich.

In seltenen Fällen kann ein Verb mit zwei verschiedenen Präpositionen verwendet werden, wie bei:

sich freuen auf /sich freuen über

wo ebenfalls wieder ein Bedeutungsunterschied eintritt. Konsequenz: Mit dem Verb muss gegebenenfalls die zugehörige Präposition gelernt werden und mit dieser der Kasus. Am einprägsamsten ist das wieder mit *dich* oder *dir*: *Ich freue mich auf dich – ich telefoniere mit dir ...*

Ich denk an dich

Die Aufgabe für Ihre Partnerin besteht im ersten Durchgang darin, nur das Pronomen im Akkusativ oder im Dativ zu ergänzen (*dich* oder *dir*), im zweiten auch die Präposition (Sie lesen also dann nur noch *ich* + Verb).

A	**B** *(zweiter Durchgang)*	**B** *(erster Durchgang)*
Ich denke	an	dich
Ich spreche	mit	dir
Ich ärgere mich	über	dich
Ich träume	von	dir
Ich warte	auf	dich
Ich spiele	mit	dir
Ich erinnere mich	an	dich
Ich telefoniere	mit	dir
Ich freue mich	auf	dich
Ich streite	mit	dir
Ich interessiere mich	für	dich
Ich unterhalte mich	mit	dir
Ich kümmere mich	um	dich
Ich verabrede mich	mit	dir

Wenn die Verben einigermaßen sitzen, sollte natürlich wieder der Lebensbezug hergestellt werden: Stellen Sie Fragen, die mit den Verben aus der Liste zu beantworten sind:

A	B
Was tust du oft?	Ich denke oft an dich, ich träume oft von dir ..
Was tust du nicht oft?	Ich verabrede mich nicht oft mit dir ...
Was tust du gerne?	Ich denke gerne an dich ...
Was tust du nicht gerne?	Ich streite nicht gerne mit dir ...
Was tust du sonntags gerne?	Sonntags spiele ich gerne mit dir ...
Was tust du nie?	...
Was möchtest du öfter tun?	...
Was möchtest du nicht mehr so oft tun?	...

Dann auch einmal mit anderen Gegenständen, wobei *A* zum Beispiel die Verben – eventuell mit *oft, nie* ... – vorgeben kann und *B* ergänzt:

A	B
Ich denke oft	an meine Kindheit
Ich interessiere mich	überhaupt nicht für Sport

Nicht ganz einfach sind Verben wie *aufpassen auf, sich aufregen über, nachdenken über,* weil sie zwei ähnliche Komponenten mit verschiedener Funktion haben: Das *auf-* aus *aufpassen* ist Teil des trennbaren Verbs, das nachstehende *auf* die Präposition, mit der ein folgendes Satzglied angeschlossen wird:

Ich denke über dich nach.
Ich rege mich über dich auf.
Ich passe auf dich auf.

Nicht trennbar und ohne Präposition ist dagegen das Verb *überlegen,* dessen Bedeutung von der von *nachdenken* nicht leicht abzugrenzen ist. Manchmal sind beide auch austauschbar, aber eben bei ganz unterschiedlicher Konstruktion.

Vergleichen Sie:

Ich hab mir die Sache gründlich überlegt.
= sie betrachtet, um zu einem vernünftigen Entschluss zu kommen.

Ich hab lange über die Sache nachgedacht.
= mich im Geist mit ihr beschäftigt.

Und geben Sie weitere Beispiele.

An wen denkst du?

Wenn die Verben mit Kasus sitzen, können auch die Frageformen gebildet werden: *wen* für den Akkusativ, *wem* für den Dativ.

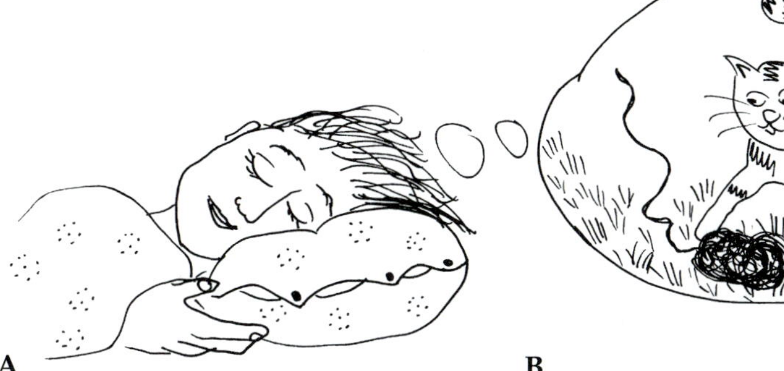

A	B
Ich träume manchmal von ihm.	Von wem träumst du manchmal?
Ich denke oft an ihn.	An wen denkst du oft?
Ich spreche oft mit ihr.	Mit wem sprichst du oft?
Heute muss ich auf sie aufpassen.	Auf wen musst du heute aufpassen?
Ich spiele oft mit ihnen.	Mit wem spielst du oft?
Gestern habe ich mich über ihn aufgeregt.	Über wen hast du dich aufgeregt?
Gestern habe ich mit ihr gesprochen.	Mit wem hast du gesprochen?
Ich habe mich heftig mit ihr gestritten.	Mit wem hast du dich gestritten?
Gestern habe ich an ihn gedacht.	An wen hast du gedacht?
Ich habe mich lange nicht mit ihr getroffen.	Mit wem hast du dich lange nicht getroffen?
Gestern habe ich mit ihm telefoniert.	Mit wem hast du telefoniert?
Neulich habe ich mich lange mit ihr unterhalten.	Mit wem hast du dich lange unterhalten?
Ich werde mich um sie kümmern.	Um wen wirst du dich kümmern?
Ich habe mich sehr auf sie gefreut.	Auf wen hast du dich gefreut?
Ich tanze gerne mit ihr.	Mit wem tanzt du gerne?
Ich passe nicht so gerne auf sie auf.	Auf wen passt du nicht gerne auf?
Ich rege mich manchmal ziemlich über ihn auf.	Über wen regst du dich manchmal auf?
Ich habe lange auf sie gewartet.	Auf wen hast du lange gewartet?
Ich habe mich für morgen mit ihm verabredet.	Mit wem hast du dich verabredet?

Anschließend übernimmt Ihre Partnerin den *A*-Part und beantwortet Ihre Rückfrage, und dies zwar passend zum Personalpronomen im ersten Satz, sonst aber schon fast unpassend schroff:

B	A
Ich spreche oft mit ihr.	Mit wem sprichst du oft?
Mit meiner Freundin Eva natürlich. Mit wem denn sonst!	…

Sie kann dabei auch aus folgenden Ausdrücken auswählen:

meine Mutter – mein Bruder – meine Freundin Eva – meine große Liebe – die Kinder von Claudia – den neuen Freund von Ella – die Schwester von Max – mein Vater – mein alter Freund Sven – meine neue Lehrerin – meine kleine Nichte – mein kleiner Neffe – meine koreanischen Freunde – die Freundin von Denis – mein Chef – mein neuer Kollege

Treffen und *begegnen*

Zwei wichtige Wörter, von denen eines auch als Verb mit Präposition gebraucht werden kann. *Treffen* hat zwei verschiedene Konstruktionen, entweder nur mit Akkusativ oder reflexiv mit Präposition *mit*:

Ich treffe dich. – Ich treffe mich mit dir.

Begegnen nur mit Dativ:

Ich begegne dir.

Inhaltlich zeichnet sich *begegnen* dadurch aus, dass es ein zufälliges, nicht eigens arrangiertes Zusammentreffen ausdrückt, bei *jemanden treffen* ist die Sachlage uneindeutig und bei *sich mit jemandem treffen* ist klar, dass es sich um eine verabredete Zusammenkunft handelte. Mit *jemanden treffen* liegt man also für den Anfang immer richtig.

Woran denkst du?

Eine Besonderheit ist bei Fragen zu beachten, die sich nicht wie in der letzten Übung auf Personen, sondern auf Dinge oder Ereignisse beziehen. Die Fragepronomen lauten dann nämlich anders. Regulär müsste die Frage zu *an etwas denken* heißen:

An was denkst du?

Zu *sich aufregen über*:

Über was regst du dich auf?

Diese Formen kann man zwar in ziemlich saloppem Deutsch verwenden, die Standardformen sind aber:

Woran denkst du? Worüber regst du dich auf?

Also *wo* (+ *r*) + Präposition, um das auf Sachen bezogene Fragewort zu Verben mit Präposition zu bilden. – In der Übung muss Ihre Partnerin darauf achten, ob von einer Person oder einer Sache die Rede ist.

A	B
Seit Januar bin ich mit Eva verheiratet.	Mit wem bist du seit Januar verheiratet?
An den Urlaub denke ich oft.	Woran denkst du oft?
Ich interessiere mich für Sport.	Wofür interessierst du dich?
Ich freue mich auf das Wochenende.	Worauf freust du dich?
Ich diskutiere oft über Politik.	Worüber diskutierst du oft?
Gestern war ich mit Elsa verabredet.	Mit wem warst du gestern verabredet?
Gestern habe ich mit Karin gesprochen.	Mit wem hast du gestern gesprochen?
Gestern habe ich an Peter gedacht.	An wen hast du gestern gedacht?
Über dumme Fragen rege ich mich auf.	Worüber regst du dich auf?
Über Geld spreche ich nie.	Worüber sprichst du nie?
Gestern habe ich mit Senta telefoniert.	Mit wem hast du gestern telefoniert?
Ich bin mit deiner Idee einverstanden.	Womit bist du einverstanden?
Vor Hunden habe ich Angst.	Wovor hast du Angst?
Ich träume oft von Monstern.	Wovon träumst du oft?

Anschließend werfen Sie *B* ein paar Stichwörter hin um zu testen, ob sie immer zuhört, wenn Sie was sagen:

A	B
Eva (Hörst du mir auch mal zu?	Ich glaube, du regst dich über Eva auf. ...)

Ebenso wie Verben gibt es auch Nomen und Adjektive mit festen Präpositionen, die dann also wieder mitgelernt werden müssen. Beispiele: *Angst haben vor, sich Sorgen machen um, Wert legen auf, einverstanden sein mit, verliebt sein in, verheiratet sein mit.*

Zu Letzterem ist eine Bemerkung wegen folgenden unvermeidlichen Fehlers nötig:

*Giorgio hat letztes Jahr mit Eva geheiratet.

Es stimmt schon, dass *verheiratet sein* mit Präposition *mit* und folgendem Dativ verwendet wird (es ist Partizip von *verheiraten*), aber *heiraten* ist ein sehr einfach zu verwendendes transitives Verb, also mit Akkusativ und ohne Präposition:

Ich möchte <u>dich</u> heiraten! Möchtest du <u>mich</u> auch heiraten?

Daran denke ich auch oft

Besondere Formen gibt es nicht nur für Fragewörter, sondern auch für Pronomen. Bei Personen verwendet man schon bekannte Formen:

Ich denke oft an Karin.
– An die denke ich auch oft./Ich denke auch oft an sie.

Bei Sachen würde man regulär also ebenso formulieren:

Ich denke oft an den Urlaub.
– An den denke ich auch oft./Ich denke auch oft an ihn.

Aber diese Formen sind auch in saloppem Deutsch kaum mehr akzeptabel, stattdessen wird eine Form verwendet, die der oben gezeigten in der Struktur ähnelt:

Daran denke ich auch oft.

Also *da* (+ *r*) + Präposition.

Hierzu eine Übung, in der Ihre Partnerin sich wieder als Gegenpol erweist. Die familiäre *-e*-Auslassung beim Verb macht alles noch passionierter.

A	B
Ich denke oft an den Urlaub.	Daran denk ich überhaupt nie!
Ich spiele oft mit Claudia Karten.	Mit der spiel ich nie Karten!
Ich interessiere mich sehr für Politik.	Dafür interessier ich mich überhaupt nicht!
Ich habe Angst vor Gewittern.	Davor hab ich überhaupt keine Angst!
Ich ärgere mich oft über das Fernsehprogramm.	
Ich spreche oft mit meinen Geschwistern.	
Ich lege Wert auf Pünktlichkeit.	(überhaupt keinen Wert)
Ich denke oft an meine Kindheit.	
Ich träume oft vom Essen.	
Ich unterhalte mich oft mit unserer Lehrerin.	
Ich mache mir Sorgen um die Umwelt.	(überhaupt keine Sorgen)
Ich habe große Angst vor Mäusen.	(absolut keine Angst)
Ich freue mich auf das Wochenende.	
Ich diskutiere gerne über Politik.	
Ich denke gerne über die Zukunft nach.	(total ungern)
Ich mache mir Sorgen um Karin.	
Ich spreche gerne über Gefühle.	(sehr ungern)
Ich fürchte mich vor Schlangen.	
Ich lege großen Wert auf gesundes Essen.	
Ich rege mich oft über das deutsche Wetter auf.	
Ich achte sehr auf korrekte Kleidung.	
Ich telefoniere oft mit meiner Mutter.	

Danach beziehen Sie noch die vorausgegangene Übung ein und machen mit Stichwörtern so weiter:

A	B
Eva	Ich glaube, mit der bist du verheiratet. (Wie lange schon?)
Gewitter	Davor hast du Angst. (Ich aber nicht.)

Interview

Verben mit und ohne Präposition

B	**A** *antwortet*	**B** *notiert Stichpunkte*
Mit wem unterhältst du dich am liebsten?	Mit Karin	Karin
An wen denkst du häufig?		
Worüber kannst du lachen?		
Mit wem kannst du über alles sprechen?		
Von wem träumst du manchmal?		
Wonach sehnst du dich am meisten?		
Über wen ärgerst du dich manchmal?		
Worüber regst du dich manchmal auf?		
Wem leihst du gerne Geld?		
Woran glaubst du nicht?		
Wovor hast du am meisten Angst?		
Worüber sprichst du nicht gerne?		
Wofür interessierst du dich überhaupt nicht?		
Woran denkst du nicht gerne?		
Worauf freust du dich?		
Wem machst du gerne Geschenke?		

Ihre Partnerin trägt anschließend die Resultate vor und bezieht Stellung:

B: Also du unterhältst dich am liebsten mit Karin. Das verstehe ich nicht, weil ich sie sehr langweilig finde. Ich unterhalte mich lieber mit Rolf.

Sich handeln um ist einer der kompliziertesten Ausdrücke des Deutschen überhaupt, ihn in der Grundstufe schon richtig verwenden zu wollen, würde an Hybris grenzen. Nur verstehen sollte man ihn, weil er (in einer bestimmten Verwendung) nichts anderes ist als ein Synonym zum wichtigsten aller Wörter: dem Verb *sein*. Die vollständige Konstruktion ist:

Bei X handelt es sich um Y.

Beispiel:

Beim Delfin handelt es sich nicht um einen Fisch, sondern um ein Säugetier.

Vielleicht fallen Ihnen ein paar Sätze mit *sich handeln um* in dieser Verwendungsweise ein, die Ihre Partnerin dann in einfachere Sätze mit *sein* umwandeln soll.

Zwischenspiel

Was ist passiert!?

Geben Sie Ihrer Partnerin das Zeitungsfoto einer/s Nicht-Prominenten mit möglichst prägnanten Zügen oder betätigen Sie sich zeichnerisch als Fantasie-Porträtist. Die Partnerin soll diese Person mit einer erfundenen Identität ausstatten. Bis hierher können Sie verfahren wie in *Zwischenspiel (2)*, S. 60. Dann teilen Sie *B* mit, dass die Person gestern verhaftet wurde. Was ist passiert!? Es muss Ihrer Partnerin gelingen, die Umstände der Verhaftung schlüssig aus den zuvor gemachten Angaben herzuleiten.

Anstelle der Verhaftung kann es auch zu anderen dramatischen Ereignissen gekommen sein: Die Person wurde in einer dunklen Gasse ermordet aufgefunden, ertrunken aus dem Fluss gezogen, hat Selbstmord begangen, wurde gekidnappt, hat sich in ein Kloster zurückgezogen, wurde mit neuem Partner fotografiert ...

Arbeit mit Texten

Was kann man mit Texten machen? Wir hatten u. a. die Möglichkeit angesprochen, sich in Rollen von im Text auftretenden Personen zu versetzen und diese etwas auszubauen. Beim folgenden Fachtext (aus der Zeitungs-Kinderecke) ist das kaum praktizierbar. Aber es gibt andere Möglichkeiten. Lesen Sie zunächst beide den Text.

> Warum weht der Wind?
>
> Wind besteht aus bewegter Luft. Warum aber bewegt sich die Luft und bläst uns beim Fahrradfahren um die Nase? Das liegt an der Sonne. Denn die Sonne erwärmt die Luft. An manchen Stellen auf der Erde mehr als an anderen. Die warme Luft dehnt sich dann aus und drückt kalte Luft beiseite. In den Luftschichten über der Erde, der Atmosphäre, werden ständig große Windströmungen hin- und hergetrieben. Wie Suppe, die ununterbrochen umgerührt wird. Nur auf dem Mond weht kein Wind, weil es dort keine Luft gibt. *(Tagesspiegel)*

Zeichnen Sie

Zeichnen Sie, schnell und ohne künstlerischen Ehrgeiz, einige der Sachverhalte aus dem Text. Lassen Sie Ihre Partnerin raten und ausformulieren, was Ihre Zeichnungen darstellen. Ein Beispiel: Sie zeichnen einen Radfahrer und einen blasenden Mund, Ihre Partnerin erkennt: „Die Luft bläst uns beim Fahrradfahren um die Nase."

Texte mit Lücken

Angesprochen wurde auch schon die Möglichkeit des Schwärzens von Text-Schlüsselwörtern (vgl. *Zwischenspiel (16)*, S. 167). Auch am Computer lassen sich ohne Mühe eingescannte oder -getippte Texte weiterverarbeiten. Zum Beispiel zu Lückentexten mit bestimmten grammatischen oder Wortschatz-Schwerpunkten.

Im Folgenden zwei solcher Bearbeitungen, zuerst zum Thema Präpositionen – es wurden einfach alle Präpositionen ausgelassen –, dann zu den Verben.

Warum weht der Wind? – *ohne Präpositionen*

Wind besteht .... bewegter Luft. Warum aber bewegt sich die Luft und bläst uns .... Fahrradfahren .... die Nase? Das liegt .... der Sonne. Denn die Sonne erwärmt die Luft .... manchen Stellen .... der Erde mehr als .... anderen. Die warme Luft dehnt sich dann aus und drückt kalte Luft beiseite. In den Luftschichten .... der Erde, der Atmosphäre, werden ständig große Windströmungen hin- und hergetrieben. Wie Suppe, die ununterbrochen umgerührt wird. Nur .... dem Mond weht kein Wind, weil es dort keine Luft gibt.

Warum weht der Wind? – *ohne Verben*

Wind .... aus bewegter Luft. Warum aber .... sich die Luft und ....uns beim Fahrradfahren um die Nase? Das .... an der Sonne. Denn die Sonne .... die Luft an manchen Stellen auf der Erde mehr als an anderen. Die warme Luft .... sich dann aus und .... kalte Luft beiseite. In den Luftschichten über der Erde, der Atmosphäre, werden ständig große Windströmungen hin- und her.......................... Wie Suppe, die ununterbrochen .... wird. Nur auf dem Mond .... kein Wind, weil es dort keine Luft ....

Schließlich können Sie, wenn der Text schon gut bekannt ist, auch mit Synonymen oder Umschreibungen arbeiten um die neuen Ausdrücke abzurufen. Sie lesen einfach vor und ersetzen Ausdrücke:

Wind <u>ist</u> bewegte Luft.

Ihre Partnerin versucht sich an die ursprüngliche Version zu erinnern:

Wind besteht aus bewegter Luft.

Weitere Beispiele:

Warum aber bewegt sich die Luft und <u>weht</u> uns beim Fahrradfahren um die Nase? <u>Der Grund ist</u> die Sonne. Denn die Sonne <u>macht</u> die Luft an manchen Stellen auf der Erde <u>wärmer</u> als an anderen. ...

Es geht darum, dem Lerner die neuen Ausdrücke ohne den Umweg über die Muttersprache ins Gedächtnis zu rufen.

Bemerkt werden soll noch, dass die Auswahl der (zu schwärzenden oder zu umschreibenden) Lernwörter mit mehr Bedacht erfolgen sollte als in den Beispielen. Versuchen Sie einmal, die wichtigsten drei Verben aus dem Text anzugeben und vergleichen Sie mit einer Lehrer-Rangliste:

1. *liegen an* – bezeichnet eine äußerst wichtige Kausalbeziehung, wird sehr oft verwendet und seine Bedeutung lässt sich nicht aus der Grundbedeutung von *liegen* ableiten.
2. *bestehen aus* – bezeichnet ebenfalls eine wichtige inhaltliche Beziehung zwischen Dingen und wird häufig und in vielen möglichen Kontexten verwendet.
3. vielleicht *drücken* – nützlich, insofern es ein häufig ausgeführtes Tun bezeichnet und kaum durch ein anderes Verb zu ersetzen ist.

Vergleichen Sie damit *umrühren*, ein Wort, das in fast nur einem einzigen (Küchen-)Kontext verwendet wird, oder *erwärmen*, das leicht zu verstehen und auch leicht durch andere Wörter zu ersetzen ist. Das bedeutet natürlich nicht, dass diese Wörter überflüssig und nicht irgendwann zu lernen wären – aber eben deutlich nachrangig gegenüber solch inhaltsschweren und viel benutzten Ausdrücken wie den Top 3 hier.

In den noch folgenden Kapiteln hätte sich, bei gleicher Rollenverteilung wie bisher, der deutsche Leser mehr mit Theorie zu befassen und wäre als Übungspartner weniger beansprucht. Außerdem sind dort viele Aufgaben alleine, manchmal auch schriftlich zu lösen.

Vielleicht treten Sie aus diesem Anlass gleich die Gesamtzuständigkeit an die Partnerin ab: Sie soll versuchen, auch mit den einführenden und erläuternden Passagen alleine zurechtzukommen.

Die selbstständige Befassung sollte sie als Leseverstehens-Übung auffassen, d. h. sich auf das Entnehmen zentraler Informationen konzentrieren (am besten ohne Wörterbuch). Da man Dinge am besten verstehen lernt, wenn man sie zu erklären hat, wäre es keine schlechte Übung, wenn Ihre Partnerin Ihnen nach der Lektüre ein paar Grammatik-Lektionen erteilen würde.

20 Hauptsatz und Nebensatz

Hauptsätze sind selbstständige Sätze, Nebensätze hängen von Hauptsätzen ab:

Hauptsatz: Karin kommt heute nicht zur Arbeit.

Hauptsatz + Nebensatz: Karin kommt heute nicht zur Arbeit, weil sie ihr Kind zum Arzt bringen muss.

Die Unterscheidung spielt für uns vor allem deshalb eine wichtige Rolle, weil die Stellung des Verbs in Hauptsätzen anders geregelt ist als in Nebensätzen. Zunächst zu den Hauptsätzen. Dort steht das Verb auf Position 2, andere Satzglieder können oft sowohl vor als auch nach dem Verb stehen:

Ich kann leider morgen nicht kommen.
Leider kann ich morgen nicht kommen.

Für viele Lerner ist die Abfolge Subjekt-Verb (*ich – kann*) der Standard, von dem sie in ihren Sprachen auch dann nicht abweichen, wenn andere Wörter vorausgehen. Das Deutsche aber macht aus diesem *ich – kann* plötzlich ein *kann – ich*, scheinbar völlig unmotiviert, d. h. nur weil an den Satzanfang ein *leider* oder eben irgendein anderes Satzglied getreten ist.

Morgenstund II

Eine ganz gute Übung, um dieses Stellungsproblem langsam in den Griff zu bekommen, besteht darin, *dann*-Sätze bilden zu lassen. Ihre Partnerin soll deshalb sehr detailliert ihre morgendlichen Aktivitäten zu Papier bringen, und zwar zunächst noch ohne sie durch *dann* zu verknüpfen. Am besten notiert sie nur Stichworte:

(Ich bin) aufgestanden. (Ich habe) Kaffee gekocht. ...

Zum Beispiel:

aufwachen – aufstehen – ins Bad gehen – duschen – (sich die) Zähne putzen – sich waschen – sich die Haare waschen – sich abtrocknen – sich kämmen – Gymnastik machen – sich anziehen – sich schminken – Kaffee kochen – Brötchen holen – die Zeitung aus dem Briefkasten holen – das Radio einschalten – den Tisch decken – frühstücken – einen Blick in die Zeitung werfen – den Tisch abräumen – joggen gehen – die Schuhe anziehen – den Mantel anziehen – zur U-Bahn gehen

Dann trägt sie Ihnen diese Morgenroutinen vor, jetzt aber verbunden durch Voranstellung der Uhrzeit oder die Wörtchen *dann, danach* oder *(eine halbe Stunde) später*:

Um 8 Uhr bin ich aufgestanden. Dann habe ich Kaffee gekocht. Danach habe ich die Zeitung aus dem Briefkasten geholt. ...

Ähnliches lässt sich für jeden beliebigen (möglichst ereignisreichen) Tagesabschnitt durchführen. Man bekommt dadurch mit der Zeit ein Gefühl für dieses merkwürdige, aber sehr häufige *dann habe ich*, und damit für die wichtigste Verbpositionsregel überhaupt. Leider verkompliziert sich die Angelegenheit durch einige weitere Regeln. Um die geht es im Folgenden.

Hauptsatz + Hauptsatz: Wohin mit dem Verb?

Wenn ein Hauptsatz mit anderen verbunden wird, wie wirkt sich das auf die Verb-Position aus? Wie muss man in dem Satz:

Karin hat Kaffee gekocht und Jörg hat die Zeitung geholt.

zählen, um die Verbposition zu bestimmen?

Am einfachsten und anschaulichsten:

1	**2**	**...**	**(0)**	**1**	**2**	**...**
Karin	hat	Kaffee gekocht	/und/	Jörg	hat	die Zeitung geholt.

Das *und* steht also zwischen den beiden Sätzen, vom zweiten Satz aus betrachtet sozusagen in der Null-Position: Es hat keinen Einfluss auf die Abfolge der Satzglieder im folgenden Satz. Das muss deshalb betont werden, weil ja ein Lerner auf folgende Idee kommen könnte:

	1	2	
*...	und	hat	Jörg ...

Dem ist also nicht so, und das Gleiche gilt vor allem noch für *aber, oder* und *denn*:

Eva hat die Prüfung bestanden, aber Jörg ist leider durchgefallen.
Karin reist entweder morgen ab oder sie bleibt bis Sonntag.
Tina hat fleißig gelernt, denn sie wollte die Prüfung unbedingt bestehen.

Ein gesondertes Problem ergibt sich daraus, dass andere Wörter mit ähnlicher Funktion am Anfang eines folgenden Hauptsatzes stehen können:

Tina wollte die Prüfung unbedingt bestehen, deshalb hat sie sehr fleißig gelernt.

Das *deshalb* steht also nicht auf Position Null, sondern zählt mit. Um dieser Probleme Herr zu werden, empfiehlt sich zunächst einmal gründliches Studium der Übersicht im Anhang (*Hauptsätze und Nebensätze, S. 256*). Dort sind die wesentlichen Stellungsregeln erfasst, woraus zu ersehen ist, dass der Lernstoff keineswegs völlig ausufert. Aber das Problem liegt eben wieder darin, die jeweils passende Regel beim Sprechen schnell abzurufen.

Nebensätze

Auch im Zusammenhang mit den Nebensätzen sorgt wieder die Stellung der Verben für die größten Probleme. Sie sehen sofort am Beispiel, was gemeint ist:

Hauptsatz: Ich <u>fahre</u> morgen Vormittag mit meiner Freundin nach München.
Nebensatz: (Ich kann nicht kommen), weil ich morgen Vormittag mit meiner Freundin nach München <u>fahre</u>.

Viele Deutschlerner sprechen lange Zeit so, als hätten sie von dieser Regel, die verlangt, das Verb im Nebensatz ans Ende zu stellen, nie etwas gehört. Tatsächlich kennt sie jeder, der einen Kurs besucht hat; sie ist nur sehr schwer zu praktizieren.

Wer viel fragt ...

Zum Üben der Verb-Endstellung eignen sich gut die indirekten Fragesätze. Vergleichen Sie:

(1) Wann kommt Karin?
(2) Ich habe Jürgen gefragt, wann Karin kommt.

(1) ist wieder ein selbstständiger Hauptsatz (ein Fragesatz), bei (2) handelt es sich um Hauptsatz + Nebensatz mit Verb-Endstellung. Die typische falsche Lernerform wäre:

*Ich habe gefragt, wann kommt Karin.

Probieren Sie zuerst mit Partnerin aus:

A	B
Wann kommt Else? (Warum nicht?	Ich weiß nicht, wann Else kommt. ...)
Wo war Jens gestern?	Ich weiß nicht, wo Jens gestern war.
Wo liegt mein Geldbeutel? Wann fängt der Film an? Wo liegt Bad Homburg? Wann bekommt Eva ihr Kind? Wo sind die neuen DVDs? Wie lange dauert der Film? Wo ist meine Brille schon wieder? Wo wohnt Heike? Wann ist dein Deutschkurs zu Ende? Wie lange bleibt Marc noch in München? Wo sind die Kinder? Wie oft war deine Schwester schon in Deutschland?	

Ein besonderer Fall: Fragen ohne Fragewort. Das verknüpfende Wort am Anfang des Nebensatzes (die „Konjunktion") ist *ob:*

A	B
Kommt deine Schwester morgen? (Aber sie ist deine Schwester!	Ich weiß nicht, ob sie morgen kommt. ...)
Trinkt Lisa gerne Bier?	Ich weiß nicht, ob sie gerne Bier trinkt.
Ist Petra noch hier? Hat Gabriella meine neuen DVDs? Ist Susanne schon in München? Dauert der Film noch lange? Hat Eva ihr Kind schon bekommen? War Jens gestern auf der Party? Hat Denis seine Prüfung bestanden? Ist Klara noch im Krankenhaus? Hat Georg jetzt Arbeit gefunden? Lebt Sibylle noch in Wien?	

Ich hab leider überhaupt gar keine Ahnung

In der nächsten Übung sollen die einleitenden Hauptsätze abwechslungsreicher, länger und ganz besonders höflich ausfallen. Auf diese Art wird das lernende Gegenüber vom eigentlichen Thema, der Verb-Endstellung im Nebensatz, abgelenkt und zu vielen Fehlern verleitet – und vielleicht dazu, sich mit der Zeit auch unter solchen erschwerten Bedingungen an das Verb zu erinnern.

A	B
Wann kommt Jörg? (Aber Jörg ist dein Bruder!	Ich weiß leider nicht, wann er kommt. ...)
Wann beginnt die Vorstellung?	Tut mir Leid, aber ich habe völlig vergessen, wann die beginnt.
Um wie viel Uhr gibt es Frühstück?	Ich habe leider überhaupt keine Ahnung, um wie viel Uhr es Frühstück gibt.
Ist Herr Professor Müller schon da?	Ich kann Ihnen beim besten Willen nicht sagen, ob er schon da ist.
Wie viel Geld schuldest du mir?	Ich kann mich leider wirklich nicht erinnern, wie viel Geld ich dir schulde.

Wie weit ist es bis zum Bahnhof?
Wann zieht Eva um?
Wann fangen die Ferien an?
Wann haben wir uns kennen gelernt?
Geht Elke oft mit ihrem Freund aus?
Wie viel Bier hast du gestern getrunken?
Kocht Elvira gut?
Welches Datum haben wir heute?
Bin ich zu dick?
Wann hört der Film auf?
Wer räumt das Zimmer auf?
Was gibt es heute zu essen?
Trinkt Eva gerne Bier?
Wo ist dein Ehering?
Wer hat meine Brille versteckt?
Wann ist unser Hochzeitstag?
Wie heißt eure Lehrerin mit Vornamen?
Wer spült heute Geschirr?
Und wer trocknet ab?
Was gibt's heute im Fernsehen?
Wann ist mein Geburtstag?
Wie heißt die Hauptstadt von Tansania?
Was ist ein Neutrino?

Dass

Dass ist eine der häufigsten nebensatzeinleitenden Konjunktionen:

Er sagt, dass er morgen nicht kommen kann.

Interessant ist, dass dieses *dass* bei manchen Verben ausgelassen werden kann. Dabei ist die Wortstellung wieder normalisiert. Vergleichen Sie:

Ich glaube, er kommt morgen.
Ich glaube, dass er morgen kommt.

Das ist u. a. möglich bei *glauben, hoffen, annehmen, vermuten, denken* und auch bei *sagen:*

Ich hoffe, er kommt morgen.
Ich nehme an, er kommt morgen.
Er sagt, er kommt morgen.

Verneint allerdings nur mit *dass*:

Ich glaube nicht, dass er morgen kommt.

Weil, obwohl, damit

Hier sollen noch drei besonders wichtige Nebensatz-Konjunktionen besprochen werden: *weil, obwohl, damit*. *Weil* ist gewöhnlich unproblematisch – abgesehen von der leidigen Verb-Endstellung natürlich:

Ich kann heute nicht arbeiten, weil ich krank <u>bin</u>.

Heute setzt sich langsam ein *weil* mit Hauptsatz-Stellung des Verbs durch:

Sie geht nicht mehr so oft in die Disko, weil sie hat jetzt ein Kind.

Daran ist in familiärer Sprache natürlich nichts auszusetzen; schriftlich ist es nicht möglich, und es empfiehlt sich auch, Ihrer Partnerin diese Möglichkeit fürs Erste zu verschweigen.

Obwohl ist inhaltlich nicht ganz einfach. Der folgende Nebensatz sagt, dass etwas getan wird oder passiert, was nicht den Erwartungen, dem gewöhnlichen Gang der Dinge entspricht:

Er arbeitet, obwohl er krank ist.

Normalerweise bleibt man ja zu Hause. Vielleicht findet sich eine klare Entsprechung in der Sprache Ihrer Partnerin, ansonsten helfen am besten viele gute Beispiele.

Damit kann ebenfalls ein wenig vertrackt sein. Der folgende Satz bringt eine beabsichtigte Folge, einen Zweck zum Ausdruck.

Klaus hat seiner Tochter ein Auto gekauft, damit sie nicht mehr mit dem Bus in die Schule fahren muss.

Man verwendet diesen Nebensatztyp hauptsächlich dann, wenn die Subjekte in Haupt- und Nebensatz nicht identisch sind. Sind sie identisch, wird der *um ... zu*-Infinitiv vorgezogen:

Klaus hat sich ein Auto gekauft um schneller zur Arbeit zu kommen.

Damit also er selbst schneller zur Arbeit kommt. – Oft kann man diese Beziehung durch einen Kausalsatz mit einem Modalverb wiedergeben. Der Inhalt ist nicht immer ganz identisch, der Vergleich zeigt aber die Bedeutung von *damit* und *um zu* recht gut:

Klaus hat seiner Tochter ein Auto gekauft, weil er nicht möchte, dass sie weiter mit dem Bus zur Schule fährt.
Klaus hat sich ein Auto gekauft, weil er schneller zur Arbeit kommen möchte.

Es folgt zuerst eine Übung nur zu letzteren Sätzen mit *damit* oder *um zu*, dann eine Übung zu allen drei hier besprochenen Konjunktionen.

Um abzunehmen

Ihre Partnerin macht die Übung alleine, Sie korrigieren. Es geht darum, die Kausalsätze mit *weil* in Sätze mit *damit* oder in Infinitive mit *um ... zu* umzuformen.

Eva macht jetzt viel Sport, weil sie abnehmen möchte.
Eva macht jetzt viel Sport um abzunehmen.

Gabi raucht nicht mehr so viel, weil sie nicht möchte, dass ihre Zähne gelb werden.

....

Jens fährt nach England, weil er sein Englisch verbessern möchte.

....

Joachim schenkt seiner Freundin ein Klavier, weil er möchte, dass sie ihm Beethoven vorspielt.

....

Jennifer lädt Marc ein, weil sie möchte, dass er ihr bei der Mathe-Hausaufgabe hilft.

....

Marc geht häufig ins Fitness-Studio, weil er kräftiger werden möchte.

....

Günter hat sich ein Handy gekauft, weil er möchte, dass seine Freundin ihn immer erreichen kann.

....

Anschließend stellen Sie die passenden Fragen zu diesen Sätzen, *B* antwortet aus dem Kopf:

A	**B**
Warum macht Eva jetzt viel Sport?	Um abzunehmen natürlich.

Und gerne noch ein paar weitere *warum*-Fragen, auf die so zu antworten ist.

Weil, obwohl, damit, um zu?

Ihre Partnerin muss zuerst wieder alleine arbeiten. Sie bildet aus dem Ausdruck in Klammern einen Nebensatz, mit *weil, obwohl, damit, um zu*: je nachdem.

Karin trägt schon einen kurzen Rock (es ist noch ziemlich kalt)
Karin trägt schon einen kurzen Rock, obwohl es noch ziemlich kalt ist.

- Jens hat aufgehört zu rauchen (er wird nicht krank)
- Eva trinkt heute keinen Alkohol (sie muss noch Auto fahren)
- Anne lernt Japanisch (sie kann sich mit ihrem japanischen Freund unterhalten)
- Mehmet spielt sehr gut Basketball (er ist nicht sehr groß)
- Emilia fährt mit dem Rad zur Arbeit (sie bleibt schlank)
- Georg geht meistens sehr spät ins Bett (er muss immer früh aufstehen)
- Jenny geht heute früh ins Bett (sie muss morgen früh aufstehen)
- Elvira liebt Götz noch sehr (er hat sie sehr schlecht behandelt)
- Claudia singt ihrer Tochter ein Lied vor (sie schläft endlich ein)
- Karin hört BBC (sie verbessert ihr Englisch)
- Thea hat ihrem Mann einen Einkaufszettel geschrieben (er vergisst nicht alles)
- Lars hat die Hälfte vergessen (seine Frau hat ihm einen Einkaufszettel geschrieben)
- Thea geht selbst einkaufen (ihr Mann vergisst immer etwas)
- Emma sieht gerne Horrorfilme (sie ist eigentlich sehr ängstlich)
- Olaf macht einen Tanzkurs (er kann mit Carla tanzen)
- Carla hat keine Lust mit Olaf zu tanzen (er hat einen Tanzkurs gemacht)
- Gregor spielt gerne mit Elmar Schach (er verliert immer)
- Elmar spielt gerne mit Gregor Schach (er gewinnt immer)
- Gregor besucht einen Schachkurs (er verliert nicht immer gegen Elmar)
- Anne hat ihrem Freund einen Wecker geschenkt (er kommt nicht immer zu spät zur Arbeit)
- Uwe kommt immer zu spät zur Arbeit (seine Freundin hat ihm einen Wecker geschenkt)
- Carola ist bei den Schülern sehr beliebt (sie ist sehr streng)
- Björn schläft sehr gut (er trinkt sehr viel Kaffee)
- Elke hat ihrem Freund Nikotinpflaster geschenkt (er hört auf zu rauchen)
- Norbert hat nicht aufgehört zu rauchen (seine Freundin hat ihm Nikotinpflaster geschenkt)

Korrigieren Sie wieder und lesen Sie dann die Satzanfänge vor. Ihre Partnerin soll aus dem Kopf ergänzen, was sie behalten konnte, gleich in welcher (richtigen) Formulierung.

A	B
Jens hat aufgehört zu rauchen	damit er nicht krank wird. weil er nicht krank werden möchte. um nicht krank zu werden.

Natürlich sollte man wieder Bezüge zur traurigen Wirklichkeit herstellen:

B: Und warum hast du nicht aufgehört?

Die letzten schriftlichen Übungen könnten Sie auch in Lehrbüchern oder Lerngrammatiken finden, mit denen die Lernenden ja gewöhnlich alleine arbeiten. Versuchen Sie geeignete Übungen aus Lehrwerken Ihrer Partnerin in ähnlicher Form wie hier gemeinsam durchzunehmen. Bloß schriftliches Lösen solcher Übungen hinterlässt oft keinen allzu nachhaltigen Eindruck im Lernergedächtnis; es geht, wie ja schon mehrfach betont wurde, immer darum, das Augenmerk von der Form, der grammatischen Struktur, auf den Inhalt zu lenken.

Verb – Komma – Verb

Zum Thema Verbposition ist ein Nachtrag erforderlich. Anders als in den bisher gemachten Übungen kann ein Nebensatz einem Hauptsatz auch vorausgehen, mit Konsequenzen für die Verbstellung. Im Nebensatz steht ja das Verb am Ende. Aber was passiert dann im folgenden Hauptsatz? Ein Beispiel:

Wenn du so viel isst, passt dir die neue Hose nicht mehr.

Sie stellen fest, dass das Verb dort auf Position 1 (also direkt nach dem Komma) platziert wird, was man bei Betrachtung des ganzen Nebensatz-Hauptsatz-Gebildes aber auch so darstellen könnte: Der gesamte Nebensatz steht auf Position 1 – und damit das Verb im folgenden Hauptsatz wieder auf Position 2. Eine ganz simple Merkhilfe für diese Konstellation (Nebensatz vor Hauptsatz) lautet:

Verb – Komma – Verb

Also im Beispiel: ... *isst* Komma *passt* ... Eine Einschränkung ergibt sich nur aus der Möglichkeit, u. a. ein *dann* vorauszuschicken:

Wenn du so viel isst, dann passt dir die neue Hose nicht mehr.

Ihre Partnerin kann diese Regel erproben, indem sie die Sätze aus der letzten Übung umstellt:

B: Obwohl es noch ziemlich kalt ist, trägt Karin schon einen kurzen Rock. ...

Deshalb und *trotzdem*

Wie oben bemerkt, ist *deshalb* ein Adverb, das ohne Einfluss auf die Verbposition in normalen Hauptsätzen steht. Das Gleiche gilt u. a. für *trotzdem*. Um die Bedeutung dieser Wörter zu klären noch eine kurze Übung mit schon bekannten Sätzen. Wenn ihr die Aufgabe mündlich zu schwierig ist, sollte Ihre Partnerin sich zunächst schriftlich damit befassen.

B *formt um*

- Karin trägt schon einen kurzen Rock, obwohl es noch ziemlich kalt ist.
  → Es ist noch ziemlich kalt. Trotzdem trägt Karin schon einen kurzen Rock.
- Eva trinkt heute keinen Alkohol, weil sie noch Auto fahren muss.
  → Eva muss heute noch Auto fahren. Deshalb trinkt sie keinen Alkohol.
- Mehmet spielt sehr gut Basketball, obwohl er nicht sehr groß ist.
- Georg geht oft sehr spät ins Bett, obwohl er immer früh aufstehen muss.
- Jenny geht heute früh ins Bett, weil sie morgen früh aufstehen muss.
- Elvira liebt Götz noch sehr, obwohl er sie sehr schlecht behandelt hat.
- Emma sieht gerne Horrorfilme, obwohl sie eigentlich sehr ängstlich ist.
- Carla hat keine Lust mit Olaf zu tanzen, obwohl er einen Tanzkurs gemacht hat.
- Gregor spielt gerne mit Elmar Schach, obwohl er immer verliert.
- Elmar spielt gerne mit Gregor Schach, weil er immer gewinnt.

So und *also*

Ziemlich schwer wieder loszuwerden ist der falsche (d. h. englische) Gebrauch von *so*:

*So du hast die Prüfung bestanden?
*So, als er kam, Eva war schon weg.
*So er ist nach Hause gegangen.
*Er ist Deutscher, so er macht alles gründlich.

Lassen Sie Ihre Partnerin versuchen, diese Sätze umzuformulieren. Die angemessenen Ausdrücke – die sie ihr vorgeben können – sind *also, deshalb, dann, folglich* o. ä. (natürlich ist auch auf die Verb-Position zu achten):

Du hast also die Prüfung bestanden?
Und als er dann kam, war Eva schon weg.
Und deshalb ist er dann nach Hause gegangen.
Da er Deutscher ist, macht er alles gründlich./Er ist Deutscher, folglich macht er alles gründlich.

Das englische *so* deckt also Verschiedenes ab, was im Deutschen nicht einheitlich ausgedrückt werden kann, woraus sich umgekehrt ergibt, dass viel zu lernen ist um darauf verzichten zu können. Wie ein Lerner dieses *so* zu ersetzen weiß, gibt deshalb ganz gut Auskunft darüber, wie weit sein Gefühl für sprachliche Feinheiten schon entwickelt ist. Helfen Sie mit!

Wann, als und *wenn*

Auch die Angabe von Zeitpunkten oder Zeiträumen in der Vergangenheit kann durch Nebensätze erfolgen. Eine besonders häufige und besonders fehlerträchtige Art solcher Angaben ist die mit den Konjunktionen *als* oder *wenn*; sie soll daher noch behandelt werden. Typische Fehler wären:

*Wann ich ein Kind war, musste ich meiner Mutter immer in der Küche helfen.

*Wann ich nach Deutschland gekommen bin, hat es geregnet.

Dieser Fehler unterläuft wohl deshalb so oft, weil in vielen Sprachen tatsächlich das Fragewort *wann* auch als Konjunktion gebraucht wird (z. B. ital. *quando*, engl. *when*). Im Deutschen dagegen dient *wann* eben nur als Fragewort:

Wann bist du gekommen?

Daneben leitet es natürlich auch Nebensätze wie die folgenden ein:

Sie hat mir nicht gesagt, wann sie gekommen ist.

Aber die leiten sich ja vom Fragesatz ab. Dagegen haben die Beispielsätze oben nichts mit Fragesätzen zu tun, sondern bezeichnen Zeitpunkte oder -räume in der Vergangenheit. Und zu diesem Zweck verwenden wir im Deutschen in den allermeisten Fällen die Konjunktion *als*.

Vergleichen Sie noch die respektiven Fragen:

Was hat sie dir nicht gesagt? – Wann sie gekommen ist.

Wann hat es geregnet? – Als ich nach Deutschland gekommen bin.

Aber wenn diese Unterscheidungen verwirrend sein sollten, kommen Sie auch ohne sie aus, denn beim indirekten Fragesatz (*... wann sie gekommen ist*) gibt es fast nie Probleme. Also bräuchten Sie nur klar zu machen, dass *als* die Standardpräposition für die Angabe von Zeitpunkten in der Vergangenheit durch Nebensätze ist und dass hier *wann* nicht verwendet werden darf. Am einfachsten ist es, viele Sätze in die Partner-Sprache übersetzen zu lassen:

Als ich heute aufgestanden bin, war es noch ganz dunkel.

Als ich ein Kind war, gab es noch keine Computer.

Als ich nach Deutschland gekommen bin, gab es die Berliner Mauer noch.

Als ich zur Schule ging, musste man noch viele Gedichte auswendig lernen.

Geben Sie weitere Beispiele, bis alle Unklarheiten ausgeräumt sind, denn falsche Temporalsätze gehören zu den häufigsten Fehlern. – Eine Besonderheit ist zu erwähnen, die aber in der Praxis keine allzu große Rolle spielt. Statt *als* steht nämlich *wenn*, wenn es sich um eine wiederholte Aktivität in der Vergangenheit handelt; man kann in diesen Fällen folglich *jedes Mal* voranstellen:

(Jedes Mal) wenn ich nach Italien fuhr, regnete es.

(Jedes Mal) wenn ich zu spät in die Schule kam, musste ich eine Stunde länger bleiben.

Solche Sätze sind zwar nicht außergewöhnlich rar, aber im Verhältnis zu den normalen *als*-Sätzen fallen sie doch schwach ins Gewicht; deshalb sollte man sich zumindest die Grundstufe über auf Fehlervermeidung bei Letzteren konzentrieren.

Als ich noch jung war ...

Eine kurze Übung, um zu überprüfen, ob die Unterscheidung zwischen *wann*, *wenn* und *als* klar geworden ist; die Gewöhnung an das *als* ist meist eher langwierig und am besten durch beharrliches Korrigieren zu erreichen. Ihre Partnerin setzt *wann*, *wenn* oder *als* ein, Sie korrigieren.

B

- *Als* ich noch in Tansania lebte, hatte ich mehr Freunde.
- .... ich ihn zum ersten Mal traf, fand ich ihn nicht sehr sympathisch.
- .... ich während der Krankheit morgens ins Bad ging, erschrak ich immer vor meinem Spiegelbild.
- .... ich komme, habe ich dir doch geschrieben.
- .... ich gestern ins Bett gegangen bin, hat es schon geschneit.
- .... ich heute Morgen aufgestanden bin, lag ein halber Meter Schnee.
- .... ich ihn traf, wollte er jedes Mal Geld von mir.
- .... ich sie sah, habe ich mich sofort in sie verliebt.
- .... ich noch jung war, habe ich mich jedes Mal sofort verliebt, ... ich ein hübsches Mädchen sah.

Erst und *nur*

Anlässlich der Temporalsätze in der letzten Übung noch ein Nachtrag zum Thema Zeitangaben. Es geht um die schwierige Abgrenzung zwischen *erst* und *nur*.

Nur wird sehr oft falsch anstelle von *erst* verwendet:

*Ich bin doch nur 32.

Der Unterschied: Das – im Zusammenhang mit Zeitangaben sehr viel häufigere – *erst* bezeichnet ein frühes Stadium:

Ich bin erst seit zwei Tagen hier.
Ich habe erst zwei von fünf Aufgaben erledigt.
Ich bin erst 32.

Nur dagegen einen kurzen Zeitraum, Umfang o. ä:

Ich war nur zwei Tage in München.
Wir machen heute nur zwei von den fünf Übungen.
Die Friedensperiode dauerte nur 32 Jahre.

Systematisch gehört das *erst* eigentlich dem *schon* aus Kapitel *Zeitangaben* entgegengestellt:

Ich bin schon zwei Jahre hier. – Ich bin erst drei Tage hier.

Zwischenspiel

Das find ich toll!

Ihre Partnerin liest das Stichwort vor. Sie reagieren schnell und verwenden dabei immer Konstruktionen mit „*d*-Wörtern“: *das, den, damit, darauf, darüber, an die, über den* ... *B* notiert in einem Stichwort Ihre Reaktion.

Anregungen fürs Formulieren:

Die find ich toll.
Der gefällt mir.
Darauf freu ich mich.
Davor hab ich Angst.
Daran denk ich nicht gerne.
Darüber mach ich mir keine Gedanken.
Mit **der** möcht ich mich gerne einmal unterhalten.
An **den** denk ich oft ...
Darüber freu ich mich immer.
Darüber hab ich noch nie nachgedacht.
Den möcht ich kennen lernen.
Das macht mir keinen Spaß.
Das mach ich gar nicht gerne.
Den mag ich nicht.
Den kann ich nicht leiden.

Stichwort	**A** *reagiert*	**B** *notiert*
Madonna	Die finde ich toll.	toll
Regen	Darüber ärgere ich mich.	ärgern

Karl Marx – Bananen – John Lennon – Religion – Blumen – Haschisch – Sushi – nachts allein durch den Park gehen – Spinnen – Sauerkraut – Punker – nackt baden – Rolling Stones – Kampfhunde – Spaghetti Bolognese – der nächste Urlaub – schlechtes Wetter – Bier – betrunkene Männer – Erdbeereis – Machos – Politiker – bei 16 Grad im See schwimmen – Pizza Margherita – Chopin

Anschließend gibt Ihre Partnerin Ihre Miss- und Gefallensbekundungen wieder und dazu ein Urteil ab, oder sie gleicht sie mit eigenen Einschätzungen ab:

B: Also, du findest Madonna toll, das ist meiner Meinung nach ein bisschen pubertär ...

Sie können die Übung stattdessen oder beim nächsten Mal auch mit vertauschten Rollen machen; Ihre Partnerin sollte dabei aber nicht versuchen, ganz ohne Ausdrücke wie *darüber ärgere ich mich* oder *davor habe ich Angst* ... auszukommen.

Gefallen

Bei *gefallen* steht die Sache/Person, die gefällt, im Nominativ, was sehr häufig zu Fehlern führt, weil sich das Verb ja nach diesem Nominativ (Subjekt) richten muss:

Du gefällst mir – Er gefällt mir – Ihr gefallt mir ...

In vielen Sprachen kann man *gefallen* auch für das deutsche *schmecken* verwenden, während auf Deutsch eben zu unterscheiden ist:

Das Bild usw. gefällt mir.
Das Essen schmeckt mir.

Sich freuen

Sich freuen kann mit zwei Präpositionen verbunden werden. Mit *auf* bezieht sich der Ausdruck auf ein zukünftiges Ereignis, mit *über* auf ein mehr oder weniger gegenwärtiges:

Ich freue mich auf deinen Besuch.
Ich freue mich über die Blumen (die du mir mitgebracht hast).

Vor allem das wichtige *sich freuen auf* wird oft nicht recht angenommen, wohl deshalb, weil die muttersprachlichen Entsprechungen immer ganz anders ausfallen. Im Englischen entspricht *I look forward to = Ich blicke voraus*, auf Italienisch kommt man dem Gemeinten, wenn es sich um eine besonders intensive Vorfreude handelt, nahe mit dem Ausdruck *Non vedo l'ora = Ich sehe die Stunde nicht*. Und laut Türkisch-Lehrbuch könnte man es in dieser Sprache mit der schönen Formulierung versuchen:

Dört gözle bekliyorum. = Ich warte mit vier Augen.

Geben Sie viele Beispiele zu den beiden Varianten von *sich freuen* und achten Sie auf angemessene Übersetzung/Verwendung.

Finden

Finden + Adjektiv ist ebenfalls sehr wichtig, das Problem liegt in der kompakten Konstruktion mit nicht zu vergessendem Akkusativ:

Ich finde <u>dich</u> nett.
Ich finde dein<u>en</u> Freund sehr sympathisch.

21 Relativsatz (1)

Das Kapitel *Relativsatz* ist eines der schwierigeren der deutschen Grammatik, daher führt an gründlicher Befassung kein Weg vorbei.

Relativsätze sind Nebensätze wie:

Das Kind, das da auf der Schaukel sitzt, ist die Tochter von Karin.
Nächste Woche besuchen uns die Leute, mit denen wir letztes Jahr im Urlaub waren.

In vielen anderen (z. B. asiatischen) Sprachen gibt es keine vergleichbare grammatische Konstruktion. Stattdessen werden solche Beziehungen einfach durch Voranstellung zum Bezugswort ausgedrückt, was sich annäherungsweise so wiedergeben lässt:

Das da auf der Schaukel sitzen(de) Kind ist die Tochter von Karin.

In solchen Sprachen würde nun aber auch der kompliziertere zweite Satz durch ein solches vorangestelltes Attribut ausgedrückt, was im Deutschen ausgeschlossen ist. Daran lässt sich ermessen, in welchem Maß bei der Übertragung von der einen in die andere Sprache umzudenken ist.

Um Relativsätze richtig verwenden zu können, muss vor allem ihre Funktion gut verstanden werden. Wir wollen sie im Vergleich erläutern. Stellen Sie sich eine Situation vor, in der Sie eine Person unter vielen im Raum für jemanden identifizieren möchten. Sie könnten zu diesem Zweck zum Beispiel auf folgende Eigenschaften Bezug nehmen:

Der größere Mann ist Peter.
Der Mann mit der Krawatte ist Peter.
Der Mann am Fenster ist Peter.
Der stehende Mann ist Peter.

Alle unterstrichenen Wörter haben die gleiche Funktion, nämlich die von Attributen. Sie geben eine nähere Beschreibung, eine zusätzliche Information zu einem Nomen im Satz. Die gleiche Funktion hat auch der Relativsatz (der deshalb auch Attributsatz heißt). Beispiele:

Der Mann, der am Fenster steht, ist Peter.
Der Mann, der die gepunktete Krawatte trägt, ist Peter.
Der Mann, der steht, ist Peter, und der Mann, der sitzt, ist Klaus.

Man sieht: Der Relativsatz ist nichts anderes als ein Attribut, aber im Unterschied zu den einfachen Attributen oben eines in Form eines Nebensatzes, mit mindestens Subjekt und konjugiertem Verb. Und in einem kompletten Satz lassen sich natürlich (im Deutschen) mehr Informationen auf übersichtlichere Weise unterbringen als in einem vorangestellten Attribut:

Der Mann, der da hinten im Sessel sitzt und Zeitung liest, ist Klaus.

Wichtig zu verstehen ist vor allem: Der Relativsatz ist ein Attribut, d. h. eine zusätzliche Bestimmung (meistens) eines Nomens. Um für diese Funktion ein Gespür zu bekommen zunächst eine kleine Übung.

Welches Mädchen?

Es geht um einige Beispielsätze, in denen dieses Attribut erfragt werden muss. Ihre Partnerin braucht nur zu erkennen, welche Frage mit *welch-* hier sinnvoll ist.

A: Das Auto, das da hinten steht, gehört meiner Freundin.
B: Welches Auto gehört deiner Freundin?
A: Das Auto, das da hinten steht.

A: Das Mädchen, das immer so schön gesungen hat, ist ausgezogen.
B: Welches Mädchen ist ausgezogen?
A: Das Mädchen, das immer so schön gesungen hat.

- Das Kleid, das da im Schaufenster hängt, gefällt mir sehr.
- Der Junge, der immer so laut schreit, ist der Sohn unserer Nachbarin.
- Die CD, die dir so gefällt, war ziemlich teuer.
- Das schöne Buch, das da auf dem Tisch liegt, hat mir meine Freundin geschenkt.
- Die kaputten Fahrräder, die im Hof stehen, sollten wir endlich auf den Müll werfen.
- Der gelbe Mercedes, der immer vor unserem Haus parkt, gehört einem bekannten Politiker.
- Das hübsche Mädchen, das da drüben sitzt, ist die Freundin von meinem Bruder.
- Die Gläser, die oben im Schrank stehen, habe ich zum Geburtstag bekommen.

Als Nächstes ein kleiner analytischer Gewaltakt. Das Erfragen mit *welch-* und die Antwort darauf sind noch einigermaßen natürlich, aber jetzt soll der Relativsatz in einen selbstständigen Satz umgewandelt werden, wodurch eigentlich sein Sinn verloren geht. Betrachten Sie die Aufgabe:

Das Auto, das da hinten steht, gehört meiner Freundin.
Das Auto steht da hinten. Das Auto gehört meiner Freundin.

Hier geht gerade die Verknüpfung zweier Aussagen wieder verloren, um derentwillen der Relativsatz da ist. Aber dieses Zerlegen ist sehr nützlich um die Wahl des Einleitungswortes erklären zu können. Versuchen Sie es gemeinsam mit Partnerin, Lösungen sind angegeben.

- Das Mädchen, das immer so schön gesungen hat, ist ausgezogen.
  Das Mädchen hat immer so schön gesungen. Das Mädchen ist ausgezogen.
- Das Kleid, das da im Schaufenster hängt, gefällt mir sehr.
  Das Kleid hängt da im Schaufenster. Das Kleid gefällt mir sehr.
- Der Junge, der immer so laut schreit, ist der Sohn unserer Nachbarin.
  Der Junge schreit immer so laut. Der Junge ist der Sohn unserer Nachbarin.
- Das schöne Buch, das da auf dem Tisch liegt, hat mir meine Freundin geschenkt.
  Das schöne Buch liegt da auf dem Tisch. Das schöne Buch hat mir meine Freundin geschenkt.

- Die CD, die dir so gefällt, war ziemlich teuer.
  Die CD gefällt dir so. Die CD war ziemlich teuer.
- Die kaputten Fahrräder, die im Hof stehen, sollten wir endlich auf den Müll werfen.
  Die kaputten Fahrräder stehen im Hof. Wir sollten die kaputten Fahrräder endlich auf den Müll werfen.
- Der gelbe Mercedes, der immer vor unserem Haus parkt, gehört einem Politiker.
  Der gelbe Mercedes parkt vor unserem Haus. Der gelbe Mercedes gehört einem Politiker.
- Das hübsche Mädchen, das da drüben sitzt, ist die Freundin von meinem Bruder.
  Das hübsche Mädchen sitzt da drüben. Das hübsche Mädchen ist die Freundin von meinem Bruder.
- Die Gläser, die oben im Schrank stehen, habe ich zum Geburtstag bekommen.
  Die Gläser stehen oben im Schrank. Ich habe die Gläser zum Geburtstag bekommen.

Und gleich anschließend noch einige etwas schwierigere Fälle:

- Der Koffer, den ich gestern zum Bahnhof gebracht habe, ist gestohlen worden.
  Ich habe den Koffer zum Bahnhof gebracht. Der Koffer ist gestohlen worden.
- Dem Kellner, der uns so freundlich bedient hat, habe ich zwei Euro Trinkgeld gegeben.
  Der Kellner hat uns so freundlich bedient. Ich habe dem Kellner zwei Euro Trinkgeld gegeben.
- Ich fand den Taxifahrer, dem ich den Weg erklären musste, trotzdem ziemlich sympathisch.
  Ich musste dem Taxifahrer den Weg erklären. Ich fand den Taxifahrer trotzdem ziemlich sympathisch.

Sie sehen, dass das Bezugswort in den beiden Sätzen verschiedene Rollen übernehmen kann, zum Beispiel einmal als Subjekt fungiert und einmal als Objekt. Wenn möglich, lassen Sie sich aber nicht von der Theorie verwirren; versuchen Sie einfach zu erkennen, welcher Gegenstand es ist, auf den sich beide Sätze beziehen, und ergänzen Sie den jeweils zweiten Satz.

- Die junge Frau, der du deine Telefonnummer gegeben hast, war Peters Freundin.
  Du hast der jungen Frau deine Telefonnummer gegeben. Die junge Frau war Peters Freundin.
- Das Kind, das da hinten schwimmt, ist mein Neffe.
  Das Kind schwimmt dahinten. ...

- Die Lehrerin, der Karin die Blumen geschenkt hat, ist bei allen ziemlich beliebt.
  Karin hat der Lehrerin Blumen geschenkt. ...
- Ich hätte den Kindern, die uns gestern den Weg erklärt haben, gerne was geschenkt.
  Die Kinder haben uns den Weg erklärt. ...
- Das Foto, das ich Karin gezeigt habe, habe ich in Italien gemacht.
  Ich habe das Foto Karin gezeigt. ...
- Eine Socke von dir liegt noch unter dem Stuhl, der beim Tisch steht.
  Der Stuhl steht bei dem Tisch. ...

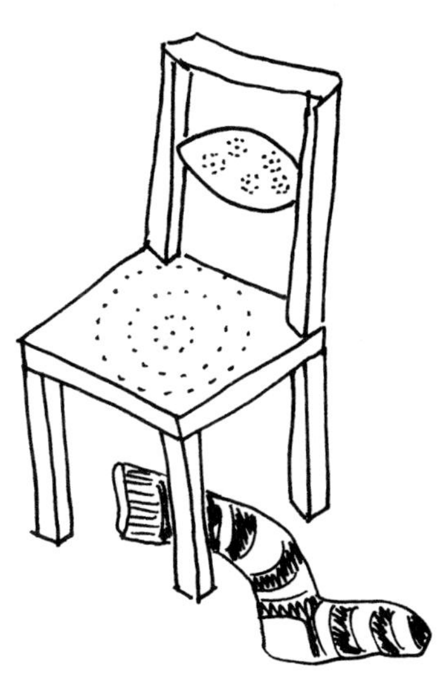

- Den Journalisten, den ich vorher angerufen habe, habe ich im Urlaub kennen gelernt.
  Ich habe den Journalisten vorher angerufen. ...
- Ich habe dem Jungen, den ich vorher fotografiert habe, eine Tafel Schokolade geschenkt.
  Ich habe den Jungen vorher fotografiert. ...
- Karin hat den Touristen, die wir gestern getroffen haben, die ganze Stadt gezeigt.
  Wir haben gestern die Touristen getroffen. ...
- Früher lebte die Familie von Bismarck auf dem Schloss, das du gestern besichtigt hast.
  Du hast das Schloss gestern besichtigt. ...
- Jemand hatte seinen Fotoapparat in dem Auto vergessen, das wir im Urlaub geliehen haben.
  Wir haben das Auto im Urlaub geliehen. ...

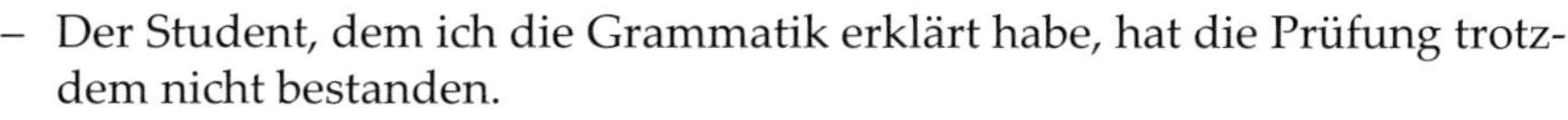

- Der Student, dem ich die Grammatik erklärt habe, hat die Prüfung trotzdem nicht bestanden.
  Ich habe dem Studenten die Grammatik erklärt. ...
- Die junge Italienerin, die ich neulich ins Kino eingeladen habe, ist jetzt wieder in Italien.
  Ich habe die junge Italienerin neulich ins Kino eingeladen. ...
- Die Engländerin, der ich neulich ein Päckchen geschickt habe, kommt bald nach Deutschland.
  Ich habe der Engländerin neulich ein Päckchen geschickt. ...
- Mit dem Fotoapparat, der da auf dem Tisch liegt, habe ich schon Tausende von Fotos gemacht.
  Der Fotoapparat liegt da auf dem Tisch. ...
- Über das Geschenk, das ich von Karin bekommen habe, habe ich mich am meisten gefreut.
  Ich habe das Geschenk von Karin bekommen. ...

Der Mann, der mit Elvira tanzte

Wenn die besprochene Art der Zerlegung von Relativsätzen klappt, lässt sie sich für die Praxis fruchtbar machen. Wir gehen jetzt den Weg von oben in die andere Richtung. Ziel ist ein Relativsatz, Ausgangspunkt müssen also zwei selbstständige Sätze sein, die sich auf den gleichen Gegenstand beziehen. Wir verwenden in der folgenden Übung noch einmal die Sätze von oben, bei denen nun aber das einleitende Wort zum Relativsatz (das Relativpronomen) fehlt.

Der Mann, ... gestern mit Elvira getanzt hat, ist Petras Freund.

Sie verwandeln zuerst den Relativsatz in einen selbstständigen Satz, wie wir es bisher praktiziert haben:

Der Mann hat gestern mit Elvira getanzt.

Dann – und das ist die Pointe des ganzen umständlichen Unternehmens – verwenden Sie den Artikel aus diesem Satz als Relativpronomen:

Der Mann, der gestern mit Elvira getanzt hat, ist Petras Freund.

Weitere Beispiele:

- Die Frau, ... ich mein Feuerzeug geliehen habe, ist plötzlich verschwunden.
  Ich habe der Frau mein Feuerzeug geliehen.
  Die Frau, der ich mein Feuerzeug geliehen habe, ist plötzlich verschwunden.
- Der Teller, ... Karin gestern gekauft hat, ist schon kaputt.
  Karin hat gestern den Teller gekauft.
  Der Teller, den Karin gestern gekauft hat, ist schon kaputt.
- Der Koffer, ... ich gestern zum Bahnhof gebracht habe, ist gestohlen worden.
  Ich habe den Koffer zum Bahnhof gebracht.
- Die junge Frau, ... du deine Telefonnummer gegeben hast, war Peters Freundin.
  Du hast ...
- Das Kind, ... da hinten schwimmt, ist mein Neffe.
  ...
- Die Lehrerin, ... Karin die Blumen geschenkt hat, ist bei allen ziemlich beliebt.
  Karin ...
- Dem Kellner, ... uns so freundlich bedient hat, habe ich zwei Euro Trinkgeld gegeben.
  ...
- Den Kindern, ... uns gestern den Weg erklärt haben, hätte ich gerne was geschenkt.
  ...

Und jetzt Sie:

- Das Foto, ... ich Karin gezeigt habe, habe ich in Italien gemacht.
- Den Journalisten, ... ich vorher angerufen habe, habe ich im Urlaub kennen gelernt.
- Dem Jungen, ... ich vorher fotografiert habe, habe ich eine Tafel Schokolade geschenkt.
- Den Touristen, ... wir gestern getroffen haben, hat Karin die ganze Stadt gezeigt.
- Auf dem Schloss, ... du gestern besichtigt hast, lebte früher die Familie von Bismarck.
- In dem Auto, ... wir im Urlaub geliehen hatten, hatte jemand seinen Fotoapparat vergessen.
- Der Student, ... ich die Grammatik erklärt habe, hat die Prüfung trotzdem nicht bestanden.
- Die junge Italienerin, ... ich neulich ins Kino eingeladen habe, ist jetzt wieder in Italien.
- Dem kleinen Jungen, ... gestern von einem Auto angefahren wurde, geht's schon besser.
- Die neuen Bücher, ... aus der Bibliothek verschwunden waren, sind gefunden worden.
- Die Engländerin, ... ich neulich ein Päckchen geschickt habe, kommt bald nach Deutschland.
- Unter dem Stuhl, ... beim Tisch steht, liegt noch eine Socke von dir.
- Neben dem Bild, ... an der Wand neben dem Fenster hängt, ist ein Herzchen von Karin.
- Mit dem Fotoapparat, ... da auf dem Tisch liegt, habe ich schon Tausende von Fotos gemacht.
- Über das Geschenk, ... ich von Sylvia bekommen habe, habe ich mich am meisten gefreut.
- Den Taxifahrer, ... ich den Weg erklären musste, fand ich trotzdem ziemlich sympathisch.
- Der Hund, ... du vorher streicheln wolltest, hat mich schon mal gebissen.

Aller Wahrscheinlichkeit nach wird sich Ihre Partnerin, auch wenn diese Übungen geklappt haben, noch nicht sehr sicher im Umgang mit den Relativsätzen fühlen. Die zu berücksichtigenden Bezüge sind kompliziert. Man sollte sich nicht in die Übungen verbeißen, gegebenenfalls auch auf andere zurückgreifen und sich mit dem Thema Zeit lassen. Wir bringen die Sache zu einem Ende und besprechen zwei wichtige Sonderregeln: beim nächsten Mal. Für diesmal noch eine einfachere Übung.

Guck mal, das ist die Frau!

Wir beschränken uns hier auf Relativpronomen im Nominativ und im Akkusativ, so dass schon ein paar Spontantreffer ohne langwieriges Zerlegen und Wiederzusammensetzen gelingen werden. Der deutsche Partner ist auf die Korrektor- und Kommentatorrolle beschränkt, die Partnerin verknüpft den Einleitungssatz mit den aufgeführten Hauptsätzen. Zu beachten sind die Wahl des richtigen Relativpronomens und natürlich die Verb-Endstellung – Relativsätze sind ja zu allem Übel auch noch Nebensätze.

B

Guck mal, das ist die Frau, die ...

Ich habe sie neulich im Supermarkt kennen gelernt.
→ Guck mal, das ist die Frau, die ich neulich im Supermarkt kennen gelernt habe.

Sie hilft mir immer bei den Hausaufgaben für den Deutschkurs.
Sie geht immer mit einer Katze spazieren.
Ich habe sie neulich fotografiert.
Ich habe sie neulich im Auto mitgenommen.
Sie hat mich gestern fotografiert.
Ich treffe sie immer beim Bäcker.
Sie gibt mir Klavierunterricht.
Ich habe sie mit meiner Schwester verwechselt.
Sie hat mich neulich im Auto mitgenommen.
Ich möchte sie gerne zu unserer Party einladen.
Sie hat mir ihr altes Fahrrad geschenkt.

Ein erfreuliches Fazit aus dieser Übung: Bei weiblichen Nomen ist sehr oft – eben im Nominativ und im Akkusativ – das Relativpronomen *die*. Um die Freude wieder ein wenig zu dämpfen, das Gleiche noch einmal mit männlichen Nomen:

B

Guck mal, das ist der Mann ...

Ich habe ihn gestern im Fernsehen gesehen.
Ich treffe ihn immer beim Fleischer.
Er gibt mir Cello-Unterricht.
Ich habe ihn neulich im Auto mitgenommen.
Ich habe ihn mit meinem Bruder verwechselt.
Ich habe ihn neulich fotografiert.
Er hat mich neulich im Auto mitgenommen.
Ich möchte ihn gerne zu unserer Party einladen.
Er hat mich neulich fotografiert.
Er geht immer mit einem Kater spazieren.
Er hilft mir bei den Hausaufgaben für den Deutschkurs.
Ich habe ihn auf Evas Party kennen gelernt.

Zwischenspiel

Stadt-Land-Verb

Stadt	*Land*	*Persönlichkeit*	*Verb*	*Adjektiv*	*Nomen*
Aachen	...	...	...	...	...

Anschließend müssen natürlich Sätze gebildet werden, z. B. mit Wörtern aus den letzten vier Rubriken:

Attila arbeitete nie unter einem alten Apfelbaum!

Kofferpacken, verschärft

A: Ich nehme einen grünen Rock mit.
B: Ich nehme einen grünen Rock und eine blaue Hose mit.
C (oder wieder *A*): Ich nehme einen grünen Rock und eine blaue Hose und ein dickes Buch mit.

Wer zuerst aussteigt, hat verloren.

Interviews

Eine nicht ganz einfache Form der Auswertung von Zeitungs-Interviews besteht darin, zunächst der Partnerin nur die Fragen vorzulesen und sie anstelle des Interviewten antworten zu lassen – nach eigenem Gutdünken oder wie sie es dem eigentlich Befragten zutraut. Dazu ist natürlich eine gewisse Sachkenntnis – oder viel Fantasie – notwendig:

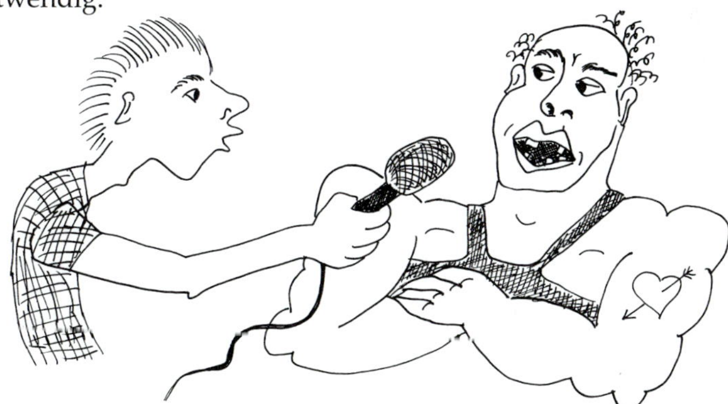

A *liest*: Glauben Sie, die Vogelgrippe wird zur Epidemie, Herr Prof. B.?
B *frei*: ...

Der Vergleich mit den tatsächlichen Antworten kann im Anschluss dann recht interessant werden, und dem Verständnis ist schon ein wenig vorgearbeitet.

Was passt (jetzt schon wieder) nicht?

Manchmal gibt es eine (oder mehrere) grammatische Lösungen und daneben eine inhaltliche. Um die grammatische herauszufinden, empfiehlt es sich, die Wörter in andere Formen zu setzen oder damit kurze Sätze zu bilden.

essen	trinken	rauchen	schlafen
weil	obwohl	aber	damit
sich ärgern	Angst haben	sich fürchten	sich ekeln
aufwachen	aufstehen	aufräumen	einschlafen
viel	schlecht	gern	gut
Ärger	Freude	Trauer	Wut
hinter	neben	unten	vor
Sonne	Mond	Venus	Waage
Kasten	Essen	Fernsehen	Leben
warten	aufpassen	sich aufregen	sich freuen
Tag	Abend	Nacht	Morgen
sprechen	heiraten	flirten	sich unterhalten
Fahrt	Gang	Sprung	Schlaf
verabredet sein	verheiratet sein	verliebt sein	verlobt sein
überlegen	nachdenken	übersetzen	unterhalten
oben	auf	über	unter
einen Gefallen	weh	Leid	Spaß
mein kleines	das große	meine neue	dieses alte
erzählen	arbeiten	fernsehen	aufmachen
auf einem grünen	in einer blauen	unter einem alten	vor einem gelben
Glühbirne	Sonne	Mond	Feuer

Zu *Fahrt, Gang, Sprung, Schlaf* vgl. Sie Kapitel *Nomen* S. 84ff.

22 Relativsatz (2)

Einige Sonderfälle in Sachen Relativsatz sind noch zu besprechen. Erstens sind Artikel und Relativpronomen nicht immer identisch. Zwar gilt, wie in den Übungen aus Kapitel *Relativsatz (1)*, S. 202ff. gezeigt:

Ich habe dem Mann die Wohnung gezeigt.
Das ist der Mann, dem ich die Wohnung gezeigt habe.

Aber: Ich habe den Kindern die Schokolade geschenkt.
Da sind die Kinder, denen ich die Schokolade geschenkt habe.

Relativpronomen Dativ Plural = *denen*

Und schließlich gibt es eine weitere Besonderheit betreffend Sätze wie:

Der Mann, dessen Auto da im Parkverbot steht, wird Strafe bezahlen müssen.

In zwei Sätzen:

Der Mann wird Strafe bezahlen müssen. Das Auto des Mannes steht im Parkverbot.

Sie haben also ein Bezugswort – *der Mann* – und einen Relativsatz. In diesem Relativsatz wird etwas gesagt nicht über das Bezugswort, sondern über einen Gegenstand, der zu diesem Bezugswort gehört. Als Relativpronomen wird für diesen Fall für maskuline und neutrale Bezugswörter *dessen*, für feminine Bezugswörter und für Bezugswörter im Plural *deren* verwendet. Beispiele:

Der Bankräuber, dessen Foto in allen Zeitungen ist, wird sicher bald gefasst.
Das Tier, dessen Genom am besten erforscht ist, ist die Fruchtfliege.
Die Frau, deren Auto da im Parkverbot steht, wird Strafe bezahlen müssen.
Die Kinder, deren Ball ins Fenster geflogen ist, werden Ärger kriegen.

Genus und Numerus des Wortes, das im Relativsatz folgt, spielen keine Rolle:

Der Mann, dessen Freund/dessen Freunde/dessen Freundin/dessen Auto ...

Zu beantworten ist also nur eine Frage. Ist das Bezugswort im Hauptsatz

Maskulinum oder Neutrum → dessen
Femininum oder im Plural → deren.

Der Mann, dessen Hund ...

Ihre Partnerin verwendet immer *dessen* oder *deren*, auch wenn andere Lösungen möglich wären.

B: Der Mann ist auch krank/Sein Bruder ist letzte Woche gestorben.
→ Der Mann, dessen Bruder letzte Woche gestorben ist, ist auch krank.

- Gestern habe ich die Frau getroffen/Ihr Hund hat neulich Karin gebissen.
- Das ist die Aufgabe/Ihre Lösung war so schwer.
- Ich habe neulich mit einem Mann gesprochen/Seine Kinder leben alle im Ausland.

- Die Stadt ist heute sehr reich/Ihr Bürgermeister war früher Kommunist.
- Die Kneipe ist alt/Wir haben ihren Wirt kennen gelernt.
- Der Polizist wurde nur leicht verletzt/Sein Hund wurde getötet.
- Das Gericht ist sehr gut/Seine Zubereitung dauert mehrere Stunden.
- Das Haus muss dringend renoviert werden/Sein Besitzer lebt im Ausland.
- Das Land ist für Touristen wenig interessant/Seine Bevölkerung lebt hauptsächlich von Landwirtschaft.
- Das Gerät ist sehr teuer/Unser Lehrer hat uns seine Bedienung erklärt.

Der Mann, mit dem die Frau ...

Relativsätze werden auch mit einer dem Relativpronomen vorausgehenden Präposition gebildet. Das macht die ganze Angelegenheit noch ein wenig komplizierter, obwohl eigentlich nichts Neues gelernt zu werden braucht. Vergleichen Sie:

- Der Mann, ... ich gestern gesprochen habe, war lange in China.
  Ich habe gestern <u>mit dem</u> Mann gesprochen.
  Der Mann, <u>mit dem</u> ich gestern gesprochen habe, war lange in China.

Verfahren Sie nach bewährtem Schema:

- Die Frau, ... ich mich zuerst so geärgert hatte, hat mich zum Essen eingeladen.
  Ich habe mich über ...

- Gestern kam ein Brief, ... ich mich sehr gefreut habe.
  Ich habe mich ...

- 1996 ist ein Jahr, ... ich oft denke.
  Ich denke oft ...

- Endlich ist das Päckchen gekommen, ... ich so lange gewartet habe.
  Ich habe lange ...

Jetzt ohne Hilfestellung:

- Peter hat sich von der Frau, ... er seit zehn Jahren zusammenlebt, getrennt.
- Ich denke oft an den Tag, ... ich Karin kennen gelernt habe.
- Da drüben steht die Frau, ... ich den Tipp bekommen habe.
- Erinnerst du dich noch an die Nacht, ... Elsa plötzlich vor der Tür stand?
- Der Typ, ... ihr gerade sprecht, steht übrigens neben euch.
- Das Glas, ... du getrunken hast, war aber ziemlich schmutzig.
- Das Messer, ... du schneidest, ist doch total stumpf.
- Die Geschichte, ... ihr so lacht, finde ich gar nicht lustig.
- Der Kellner, ... den ich mich beschwert habe, arbeitet nicht mehr dort.
- An den Roman, ... du uns immer vorgelesen hast, kann ich mich sehr gut erinnern.

- Das Grab, ... er beerdigt wurde, gibt es nicht mehr.
- Dem Kerl, ... du gestern gestritten hast, hätte ich am liebsten eine Ohrfeige gegeben.
- Mit der Frau, ... du immer erzählst, bin ich früher oft schwimmen gegangen.
- Über den Brief, ... Lisa von ihrer Verlobung schreibt, habe ich mich nicht sehr gefreut.
- Die Behauptung, ... du so stark zweifelst, halte ich für wahr.
- Das Geschäft, ... du dich erkundigt hast, gibt es heute nicht mehr.
- Die alte Pension, ... wir immer übernachtet haben, ist heute ein Büro.

Guck mal, das ist die Frau II

Hier kommen noch einmal alle denkbaren Varianten des Relativsatzes vor und können dem Ableitungs-Schema aus Kapitel *Relativsatz (1)* S. 202ff. entsprechend geübt werden. Ihre Partnerin kann entweder zunächst den einfachen Satz und dann den Relativsatz bilden oder direkt nach Vorgabe Letzteren.

Vorgabe	**B**
lieben	(Ich liebe die Frau.) Das ist die Frau, die ich liebe.
am liebsten unterhalten	(Ich unterhalte mich am liebsten mit der Frau.) Das ist die Frau, mit der ich mich am liebsten unterhalte.
ihr Hund ist krank	(Der Hund der Frau ist krank.) Das ist die Frau, deren Hund krank ist.
manchmal spazieren gehen (mit)	(Ich gehe ...)
immer denken (an)	(Ich denke ...)
oft schreiben (Dativ)	(Ich schreibe ...)
jede Nacht träumen (von)	(Ich träume ...)
interessieren (für)	(Ich interessiere mich ...)
nie ärgern (über)	(Ich ärgere mich ...)
manchmal flirten (mit)	(Ich flirte ...)
nie streiten (mit)	(Ich streite ...)
mich gut verstehen (mit)	(Ich verstehe mich ...)
alles geben (Dativ)	(Ich gebe ...)
gestern kennen gelernt haben	(Ich habe ...)
100 Euro geliehen haben (Dativ)	(Ich habe ...)
einen Heiratsantrag gemacht haben (Dativ)	(Ich habe ...)
ihr Fahrrad kaputt gemacht haben	(Ich habe ...)
auf ihren Besuch freuen	(Ich freue ...)
ihr Mann ist gestorben	(Der Mann ...)

Ebenso, nur mit männlichem Gegenstand des Interesses und noch sparsameren Vorgaben. So sind dann fast immer zwei Lösungen möglich, unter denen *B* nach Geschmack wählen kann.

Vorgabe	**B**
lieben	Das ist der Mann, den ich liebe. Das ist der Mann, der mich liebt.
gerne unterhalten	Das ist der Mann, mit dem ich mich am liebsten unterhalte. Das ist der Mann, der sich am liebsten mit mir unterhält.
sein Hund ist krank	Das ist der Mann, dessen Hund krank ist.
manchmal spazieren gehen	
immer denken	
oft schreiben	
jede Nacht träumen	
interessieren	
nie ärgern	
manchmal flirten	
nie streiten	
gut verstehen	
alles geben	
gestern kennen gelernt	
100 Euro geliehen haben	
einen Heiratsantrag gemacht	
Fahrrad kaputt gemacht	
auf Besuch freuen	
seine Frau ist gestorben	
seine Kinder leben in Spanien	

Relativsätze lernen mit Shakespeare

Um wieder ein wenig ins Gespräch mit Ihrer Partnerin zu kommen, könnten Sie sich abschließend nach den Leuten erkundigen, mit denen sie in letzter Zeit gesehen wurde:

Othello A: Ach übrigens, wer war eigentlich <u>dieser Typ, mit dem</u> du dich gestern im Supermarkt unterhalten hast?

Desdemona B: Wer? Ach der! Das war nur <u>ein Mann, den</u> ich beim Tennisspielen kennen gelernt habe. Ich weiß gar nicht, wie der heißt.

Zwischenspiel

Raten relativ

Sie machen das altbekannte Ratespiel, aber jetzt ein bisschen komplizierter.

A schreibt ein Wort auf einen Zettel. Als Vorgabe gibt er an, ob es sich um Person, Tier oder Sache handelt. *B* muss in zehn Ja/Nein-Fragen herausfinden, was auf dem Zettel steht, ist aber dabei an bestimmte Formulierungen gebunden. Wenn es eine Sache ist z. B.:

Ist das eine Sache, die man essen kann?
Ist das eine Sache, mit der man in Urlaub fahren kann? ...

Kurz: Es handelt sich um eine als Spiel verkappte Relativsatz-Übung. Hoffentlich durchschaut Ihre Partnerin den Trick nicht.

Unvorhersehbare Konsequenzen

Notieren Sie beide eine Zahl zwischen 1 und 10. Dann lesen zuerst Sie den zu Ihrer Zahl gehörenden *wenn*-Satz, Ihre Partnerin ergänzt die unter ihrer Nummer stehende Fortsetzung.

Die Aufgabe von *B* besteht darin, die logische Lücke vom ersten zum zweiten Teil auszufüllen – mit weiteren *wenn*-Sätzen.

A *(hat 1 notiert)*	**B** *(hat 4 notiert)*
Wenn man verliebt ist ...	... bleibt man fit.

A *fragt*: Weshalb bleibt man fit, wenn man verliebt ist?
B *klärt*: Wenn man verliebt ist, läuft man immer der Person nach, in die man verliebt ist. Wenn man immer einer Person nachläuft, bewegt man sich viel. Wenn man sich viel bewegt, bleibt man fit.

„Logik“ ist dabei natürlich in Anführungszeichen zu setzen und es dürfen noch verwildertere und verschlungenere Denkpfade beschritten werden. Einen Punkt gibt es für jeden erkennbar ernst gemeinten Versuch, einen denkbaren Zusammenhang zwischen *A*-Satz und *B*-Satz herzustellen. Danach mit vertauschten Rollen weiter.

Wenn *A* und *B* die gleiche Zahl notiert haben, erhält der jeweilige *B*-Spieler einen Sonderpunkt ohne die Aufgabe lösen zu müssen und der andere ist wieder dran. Sie streichen die doppelt notierten von Ihrer Liste und machen so lange weiter, bis alle Nummern ausgestrichen sind.

Sehr nützlich kann hier die Befolgung der Regel „Verb-Komma-Verb“ im Falle vorangestellter Nebensätze sein. Vgl. dazu Kapitel *Hauptsatz und Nebensatz*, S. 196.

A/B

1. Wenn man jeden Tag die Zeitung liest –
2. Wenn man sich über alles aufregt –
3. Wenn man im August nach Italien fährt –
4. Wenn man täglich Gymnastik macht –
5. Wenn man verliebt ist –
6. Wenn man zu viel fernsieht –
7. Wenn man viel raucht –
8. Wenn man gut Englisch spricht –
9. Wenn man nicht tanzen kann –
10. Wenn man nicht gut schwimmen kann –

B/A

1. ist man gut informiert.
2. bekommt man Magenprobleme.
3. gibt es auf der Autobahn lange Staus.
4. bleibt man fit.
5. verliert man den Appetit.
6. wird man dumm.
7. wird man krank.
8. findet man leichter Arbeit.
9. sollte man nicht in die Disko gehen.
10. sollte man nicht alleine ins tiefe Wasser gehen.

Ebenso, nur jetzt mit neun Zahlen und etwas persönlicher:

A/B

1. Wenn du mir nicht beim Kochen hilfst –
2. Wenn du dich nicht beeilst –
3. Wenn du so viel isst –
4. Wenn du so viel trinkst –
5. Wenn du mir nicht bei den Hausaufgaben hilfst –
6. Wenn du keine Brötchen holst –
7. Wenn du nicht aufhörst zu schnarchen –
8. Wenn es morgen regnet –
9. Wenn du nicht mit mir tanzt –

B/A

1. musst du das Geschirr spülen.
2. kommen wir zu spät.
3. passt dir die neue Hose nicht mehr.
4. müssen wir mit dem Taxi nach Hause fahren.
5. bekomme ich schlechte Noten.
6. müssen wir Brot von vorgestern essen.
7. musst du im Wohnzimmer schlafen.
8. gehen wir nicht ins Schwimmbad.
9. tanze ich mit Jörg.

23 Konjunktiv (1)

Beim Konjunktiv bereiten besonders zwei Punkte oft Schwierigkeiten. Erstens gibt es zwei Konjunktive, und es ist wichtig zu verstehen, in welchem Verhältnis diese zueinander stehen. Es sind dies Konjunktiv I (K I):

Er sagte, er <u>habe</u> keine Zeit.

und Konjunktiv II (K II):

Wenn ich mehr Zeit <u>hätte</u>, würde ich häufiger schwimmen gehen.

Es handelt sich dabei nicht um verschiedene Zeitstufen der gleichen Form, wie oft fälschlich von Lernern unterstellt; die Konjunktive haben völlig verschiedene Funktionen. Der K I dient fast nur als Modus der indirekten Rede, wenn also wiederzugeben ist, was eine andere Person gesagt hat. Der K II drückt dagegen gewöhnlich aus, dass etwas nur in der eigenen Vorstellung oder als Wunsch existiert, nicht aber in der Wirklichkeit.

Zweitens kann der Konjunktiv II seinerseits auf zwei verschiedene Weisen gebildet werden, ohne dass damit ein Bedeutungsunterschied verbunden wäre – ein solcher wird aber von vielen Lernern zu Unrecht hineininterpretiert.

Die Formenbildung der beiden Konjunktive ist nicht sonderlich schwierig. Vergleichen Sie dazu Anhang S. 249f.

Die Präsidentin sagte, sie habe ... – Konjunktiv I

Zunächst einige knappe Bemerkungen zum K I. Ein Beispiel:

Jens sagt, er freue sich sehr auf Gabis Besuch.

Die Verwendung des K I macht deutlich, dass Worte eines Dritten wiedergegeben werden. Eigentlich ist das gar nicht nötig, weil ja ausdrücklich gesagt ist, dass diese Worte von Jens stammen. Aber setzen wir den ersten Satz fort:

Jens sagt, er freue sich sehr auf Gabis Besuch. Er sei ein bisschen in sie verliebt.

Hier sehen Sie, dass der K I doch ganz nützlich sein kann. Wir wissen jetzt nur dank des Konjunktivs, dass Jens selbst gesagt hat, dass er in Karin verliebt ist. Vergleichen Sie:

Jens sagt, er freue sich sehr auf Gabis Besuch. Er ist ein bisschen verliebt in sie.

Hier würde der Gesprächspartner mit einer Frage reagieren:

Wer sagt das, du oder er?

Allerdings ist so ein Dialog deshalb ziemlich unwahrscheinlich, weil in der gesprochenen Sprache der K I ohnehin fast nie verwendet wird. Man würde sich stattdessen vielleicht so ausdrücken:

Jens sagt, er freut sich sehr auf Gabis Besuch. Er ist ein bisschen verliebt in sie, sagt er.
Oder aber: ... verliebt in sie, glaube ich.

Also: Der K I ist sehr nützlich in der geschriebenen Sprache, z. B. in der Sprache der Nachrichten. Hier kommt es darauf an, klar zu machen, wer etwas gesagt hat: der Journalist oder der Politiker, über den er berichtet. Beim Sprechen kommt aber Ihre Partnerin sehr gut ohne Konjunktiv I aus. Fürs Erste am wichtigsten ist die Vermeidung des Missverständnisses, der K I bezeichne bei gleicher Funktion wie der K II nur eine andere Zeitstufe. Dem ist nicht so, die beiden Konjunktive haben grundsätzlich völlig verschiedene Funktionen. – Im Folgenden ist nur noch vom K II die Rede.

Konjunktiv II: Wenn ich zwei Vöglein wär ...

... flög ich hinter mir her, spricht der Dichter. Wir beschäftigen uns dagegen zuerst mit formalen Fragen, dann mit den Funktionen und Höhenflügen der Fantasie.

Das Hauptproblem: Der K II lässt sich auf zwei Arten bilden, wobei die verschiedenen Formen völlig identische Bedeutung haben. Lerner suchen aber oft eine der formalen entsprechende inhaltliche Verschiedenheit. Zur Illustration der K II in einer seiner Hauptfunktionen, zur Bezeichnung eines nicht wirklich bestehenden Sachverhaltes:

> Wenn ich mehr Geld hätte, ginge ich auf Weltreise.
> Wenn ich mehr Geld haben würde, würde ich auf Weltreise gehen.

Die Bedeutung ist exakt die gleiche, dennoch gibt es Verwendungsunterschiede. Die Form mit *würde* + Infinitiv kann zwar immer gebraucht werden, sie wird aber bei einigen Verben als zu umständlich empfunden, und zwar eben bei *sein* und *haben* und bei den Modalverben *müssen, können* usw.

Dagegen gibt es recht viele Verben, die nur ganz selten in der eigentlichen, einfachen Konjunktivform (*ginge, läse* ...) gebraucht werden. Sie hören sicher selbst, dass

> ich läse, du äßest, er tränke ...

etwas antiquiert wirken.

Ein weiterer Grund, weshalb bisweilen einfache Konjunktivformen nicht verwendet werden: Der K II der schwachen Verben (vgl. Anhang *Zeitstufen des Verbs*, S. 247) ist vom Präteritum nicht unterschieden:

> Als ich zu ihr kam, <u>kochte</u> sie gerade Gulasch.
> Wenn ich Zwiebeln im Haus hätte, <u>kochte</u> ich Gulasch.

Zusammenfassend also die Verwendungsregeln für die beiden gleichbedeutenden Möglichkeiten der Konjunktivbildung:

- *Würde* + Infinitiv geht immer, bei *sein, haben* und Modalverben werden aber die einfachen Formen vorgezogen.
- Die einfachen Formen sind zum Teil nur schriftsprachlich gebräuchlich, aber auch dort kann durchaus die *würde*-Umschreibung verwendet werden. Gleich eine Übung dazu.

Was äßest du gerne??

Ihre Partnerin entscheidet, ob die einfache oder die *würde*-Form die angezeigtere ist, Sie kommentieren diese Entscheidung.

Wenn ich mehr Zeit hätte,

mehr lesen	→ würde ich mehr lesen (besser nicht: *läse ich mehr*)
mehr lesen können	→ könnte ich mehr lesen (besser nicht: *würde ich mehr lesen können*)
zufriedener sein	→ wäre ich zufriedener (besser nicht: *würde ich zufriedener sein*)

mehr mit Kindern spielen können
weniger Stress haben
mehr lernen können
öfter spazieren gehen
manchmal schwimmen gehen
mehr Bücher lesen können
nicht so nervös sein

Wenn ich nicht krank wäre,

mehr essen dürfen
nicht so oft zum Arzt gehen müssen
weniger Probleme haben
nicht so oft zu Hause bleiben
öfter tanzen gehen
öfter Bier trinken dürfen
nicht so traurig sein

Interview

Machen Sie, um Ihre Partnerin ein wenig an die neuen Formen zu gewöhnen, ein kleines Interview mit ihr. Sie soll dabei Ihre Fragen möglichst wörtlich – nur mit den grammatisch nötigen Veränderungen – wiederholen, z. B.:

A: Was würdest du machen, wenn du eine Million gewinnen würdest?
B: Wenn ich eine Million gewinnen würde, (dann) würde ich ein Haus kaufen.

Übrigens ist dieser vorangestellte *wenn*-Satz ein klassischer Anwendungsfall für die in Kapitel *Hauptsatz und Nebensatz*, S. 196 vorgestellte „Verb-Komma-Verb"-Regel: ... *würde* Komma *würde* ... – wobei ein *dann* eingefügt werden kann.

- Was würdest du machen, wenn Sean Connery in der U-Bahn neben dir sitzen würde?
- Was würdest du machen, wenn deine beste Freundin dir nicht zum Geburtstag gratulieren würde?
- Was würdest du machen, wenn ich alleine in Urlaub fahren würde?
- Was würdest du machen, wenn du Bundeskanzler/in wärst?
- Was würdest du machen, wenn deine Tochter um zwei Uhr nachts noch nicht zu Hause wäre?
- Was würdest du machen, wenn du zehn Jahre jünger wärst?
- Was würdest du machen, wenn ich zu viel trinken würde?
- Was würdest du machen, wenn am Sonntag der Kühlschrank leer wäre?
- Was würdest du machen, wenn deine Nachbarn bis nachts um drei laute Musik hören würden?
- Was würdest du anziehen, wenn du den Wiener Opernball besuchen würdest?
- Welche Sprache würdest du lernen, wenn du mehr Zeit hättest?
- In welchem Land würdest du leben, wenn du wählen könntest?

Machen Sie noch ein bisschen weiter, und diskutieren Sie auch fragwürdige Partnerinnen-Antworten.

Fantastische Zeiten

Im Anhang sehen Sie, dass die eben besprochenen Formen unter „Gegenwart oder Zukunft" rubriziert sind.

Beispiele:

Wenn Karin hier wäre, könnten wir Skat spielen.
Wenn Karin morgen kommen würde, könnten wir zusammen baden gehen.

Natürlich lässt sich auch für die Vergangenheit Nichtwirkliches ausdrücken. Zum Beispiel:

- Wenn ich gestern Zeit gehabt hätte, hätte ich das Buch von Grass endlich zu Ende gelesen.
- Wenn du mehr gelernt hättest, hättest du die Prüfung bestanden.
- Wenn du gestern hier gewesen wärst, hättest du was Gutes zu essen gekriegt.
- Wenn du gestern nicht so viel getrunken hättest, wärst du jetzt nicht so müde.

Die Bildung dieses K II für die Vergangenheit ist also auch recht einfach: *haben/sein* + Partizip II (*gemacht, gekommen* ...). Machen Sie sich und Partnerin dabei aber noch einmal das Wichtigste klar:

Die beiden zuerst besprochenen Formen, der einfache Konjunktiv (*ich ginge*) und die würde-Form (*ich würde gehen*), drücken beide das Gleiche aus, nämlich Irrealität oder einen Wunsch, und zwar bezogen auf Gegenwart oder Zukunft. Die Form *wäre/hätte* + Partizip II dagegen drückt zwar auch Irrealität oder einen Wunsch aus, aber bezogen auf die Vergangenheit.

Und jetzt wird auch klar, woher die häufig bei Lernern zu beobachtende Konfusion kommt: Wir verwenden die Wörter *wäre* und *hätte* sowohl für die Gegenwart als auch für die Vergangenheit. Nur: Einmal sind sie dabei Vollverben, das andere Mal Hilfsverben:

- *Wenn ich Zeit hätte ...: Hätte* ist, als einziges Verb in diesem Satz, Vollverb (*Zeit haben*), also Gegenwart.
- *Wenn ich ein Stipendium bekommen hätte ...: Hätte* dient als Hilfsverb zur Bildung der Vergangenheitsform des Konjunktivs von *bekommen*.

Da hier große Konfusionsgefahr besteht, machen Sie mit Ihrer Partnerin folgende Übung.

Gestern oder heute?

A	B
Wenn ich Geld hätte	jetzt (heute, morgen)
Wenn ich Geld haben würde	jetzt (heute, morgen)
Wenn ich Geld gehabt hätte	früher/gestern
Wenn ich Italienisch könnte	
Wenn ich einen Ferrari hätte	
Wenn ich dich nicht kennen gelernt hätte	
Wenn ich das Handy nicht gehabt hätte	
Wenn ich einen Hund hätte	
Wenn ich Papst wäre	
Wenn ich zehn Jahre jünger wäre	
Wenn ich nicht so viel getrunken hätte	
Wenn ich weniger geraucht hätte	
Wenn du besser aufgepasst hättest	
Wenn du nicht das hübsche Kleid getragen hättest	
Wenn du mehr Geld hättest	
Wenn du Kinder haben würdest	
Wenn du ein berühmter Pianist wärst	
Wenn du in Berlin gewesen wärst	
Wenn du nicht dieses schicke Hemd getragen hättest	
Wenn du zur Party gekommen wärst	
Wenn du mehr Zeit gehabt hättest	
Wenn du öfter in Dresden wärst	

Warum sollte Ihre Partnerin nicht versuchen, auch diese Sätze angemessen zu ergänzen? Dabei ist noch zu bemerken, dass die Zeitstufe der Ergänzung nicht von der des ersten Satzes abhängen muss. Zum Beispiel:

Wenn du besser aufgepasst hättest ...

kann in zwei Zeiten ergänzt werden:

... dann wärst du nicht gefallen.
... dann hättest du jetzt keine Beule.

Wenn sie die Grundbedeutung des Konjunktivs II verstanden haben, neigen viele Lerner dazu, ihn zu häufig anzuwenden, z. B. auch für generell gültige Sachverhalte. So entstehen zumindest merkwürdige und manchmal falsche Sätze wie:

(*)Wenn man eine volle Flasche ins Tiefkühlfach legen würde, würde sie platzen.

Stattdessen ein einfacher *wenn*-Satz im Indikativ:

Wenn man eine volle Flasche ins Tiefkühlfach legt, platzt sie.

Vergleichen Sie die ersten zehn Sätze in *Zwischenspiel (22)*, die typische Beispiele für solche allgemein gültigen Aussagen sind – und folglich nicht im Konjunktiv stehen.

Um eine kleine Hilfestellung zu erhalten, kann man ausprobieren, ob ein nachgestellter Satz mit *aber* einen guten Sinn ergibt; in diesem Fall handelt es sich um einen echten Anwendungsfall für den Konjunktiv:

Wenn ich Geld hätte, würde ich ... – Aber leider hab ich ja keins.

Im Fall von allgemein gültigen Aussagen dagegen ist so ein Nachsatz:

Aber man legt keine volle Flasche ins Tiefkühlfach ...

ziemlich sinnlos.

Zwischenspiel

Dann würd ich Gazellen fressen

Ihre Partnerin schreibt ein zu erratendes Wort auf ein Blatt und muss das damit Bezeichnete anschließend beschreiben oder umschreiben, wobei sie allerdings an bestimmte Formulierungen gebunden ist:

B *(„Löwe")*

Wenn ich das wäre:
... dann würde ich sehr viel schlafen
... dann hätte ich eine Krone
... dann würde ich in Afrika leben ...

Sie dürfen nach jedem Satz einen Tipp abgeben. Haben Sie falsch getippt, bekommt die Partnerin einen Punkt und fährt fort in ihrer Beschreibung, bis Sie schließlich die Lösung gefunden haben. Anschließend Seitenwechsel. – Zu empfehlen ist ein gelegentlicher Perspektivwechsel, um auch andere Personen des Verbs zu üben, z. B.:

Wenn du das wärst:
... dann würdest du sehr viel schlafen
...

Sie können auch vorab eine Liste mit Rate-Wörtern erstellen, aus der dann auszuwählen ist.

Dann würde ich mich sofort scheiden lassen

Formulieren Sie schriftlich eine (möglichst dramatische) Situation im Konjunktiv:

Wenn das Haus brennen würde ...

Diese darf natürlich nicht ausgesprochen werden, dafür aber die vorgestellten Reaktionen:

... würde ich sofort meinen Geldbeutel holen.
... würde ich schnell telefonieren.
...

Die Aufgabe der Partnerin – und im Wechsel dann Ihre – besteht darin, den Satz zu erschließen, von dem die konjunktivischen Aktivitäten ihren Ausgang nahmen. Anregungen:

Wenn du mich verlassen würdest ...
Wenn es kein Fernsehen gäbe ...
Wenn es keine Autos gäbe ...
Wenn ich 64 wäre ...
Wenn ich zehn Kinder hätte ...

„Fragebogen"

Ein Interview von der Kinderseite des Berliner TAGESSPIEGELS. Verfahren Sie damit wie folgt:

- Zeigen Sie Ihrer Partnerin zunächst nur die Zeichnung und lassen Sie sie Vermutungen zur Identität des Kindes anstellen. Geben Sie ihr dann die Daten: Jayant, 12 Jahre, aus Neu Delhi in Indien.
- Welche Fragen würde Ihre Partnerin dem Jungen in einem Interview stellen?
- Lesen Sie gemeinsam das Interview, klären Sie unbekannte Wörter.
- Notieren Sie die Schlüsselwörter zu jeder Frage untereinander auf einem Blatt Papier.
- Interviewen Sie sich gegenseitig unter Zuhilfenahme nur dieser Stichwörter und notieren Sie in Kurzform die Antworten.
- Tragen Sie, am besten vor Publikum, beide Ihr neues Wissen über den interviewten Partner in zusammenhängender Form vor oder rekapitulieren (und kommentieren) Sie nur diejenigen Ergebnisse, die am interessantesten – oder besonders befremdlich – für Sie waren:

B: Wenn er einen Safe hätte, würde er seine Comic-Sammlung darin aufbewahren. Das ist meiner Meinung nach etwas ...

Jayant, 12, aus Neu Delhi in Indien

- Was machst du am liebsten?
  Lesen.
- Was war das Schönste an dieser Woche?
  Meine Versetzung in die nächste Klasse.
- Was hättest du diese Woche lieber nicht erlebt?
  Meinen Bruder.
- Welches Geräusch hat dich in dieser Woche am meisten gestört?
  Der Gesang meines Bruders.
- Wovon hast du diese Woche geträumt?
  Vom Geld.
- Wenn du einen Wunsch frei hättest, welcher wäre das?
  Ich wäre gerne reich.
- Was stört dich am meisten?
  Wenn es nicht genug Süßigkeiten gibt.
- Was würdest du gerne an dir ändern?
  Nichts.
- Was würdest du gerne an deinen Eltern ändern?
  Auch nichts.
- Was würdest du gerne an der Welt ändern?
  Die Korruption abschaffen.
- Wenn du genug Geld hättest, was würdest du dir als Erstes kaufen?
  Eine Fahrkarte zum Mond.
- Wenn du einen Safe hättest, was würdest du darin aufbewahren?
  Mich selbst.
- Was würdest du gerne im Handumdrehen lernen?
  Segeln.
- Wie alt wärst du jetzt gerne und warum?
  Ich bin wie ich bin.
- Worüber freust du dich am meisten?
  Über Witze.
- Was isst du am liebsten?
  Grillhähnchen und Knoblauchbrot.

24 Konjunktiv (2)

Formenbildung und Grundfunktionen der beiden Konjunktive wurden in Kapitel *Konjunktiv (1)*, S. 217ff. geklärt. Hier sollen einige sehr nützliche Anwendungsweisen des Konjunktivs II besprochen werden.

Ich würde gerne mal wieder ...

Eine einfache und häufig gebrauchte Formulierung für Wünsche ist die Wendung *ich würde gerne mal* – u. a. die ideale Ausdrucksweise für verträumtes Luftschloss-Bauen:

> Ich würde gerne mal drei Wochen im Bett liegen bleiben und lesen.
> Ich würde gerne mal auf dem Fahrrad durch die Sahara fahren.

Oft glaubt man nicht so recht an die Realisierbarkeit so formulierter Wünsche. Oder man spricht über eine ferne Zukunft und die Wünsche, die man sich dann erfüllen will.

Dagegen wird das einfache *ich würde gerne* (immer mit *gerne*!) oft für einen höflich formulierten Wunsch verwendet, dessen Realisierung erwartbar ist – eigentlich also eine Bitte, als Wunsch formuliert:

> Ich würde gerne ein paar Kopien aus diesem Buch machen, geht das?
> Ich würde gerne mit Herrn Maier sprechen, ist das möglich?

Die gleiche Konstruktion mit *hätte* und *wäre:*

> Ich hätte gerne drei Brötchen.
> Ich wäre gerne ein berühmter Pianist.

In den letzten Beispielen hören Sie, wie der K II je nach Inhalt und Situation verschiedene Nuancen ausdrückt. Das eine die nüchterne Standard-Formulierung fürs Bestellen im Restaurant oder beim Bäcker, das zweite eher ein Fantasieren und Träumen.

Wichtiger als diese feinen Unterschiede ist aber, dass Ihre Partnerin den K II für Wünsche überhaupt verwendet. Er ist einfach zu handhaben, klingt sehr gut und hilft Fehler vermeiden, z. B. solche, die mit dem Verb *wünschen* sehr oft passieren:

> *Ich wünsche alleine sein.

Möglich ist hier nur ein sehr förmliches:

> Ich wünsche alleine zu sein.

Stattdessen im nicht-aristokratischen Alltag viel besser:

> Ich wäre jetzt gerne alleine!

Dabei ist unbedingt zu beachten, dass diese Wunsch-Formulierung nur mit *gerne (lieber, am liebsten)* funktioniert:

> *Ich wäre ein berühmter Pianist.

hat alleine keinen Sinn und ist kein vollständiger Satz. Man kann natürlich sagen:

> Ich wäre jetzt ein berühmter Pianist, wenn ich mehr geübt hätte.

Aber das ist kein Wunsch. Als Wunsch also nur mit *gerne, lieber, am liebsten*:

Ich wäre gerne ein berühmter Pianist.
Aber ich wäre lieber ein berühmter Sportler.
Und ich wäre am liebsten ...

Eine weitere Verwendung des K II hat ebenfalls mit dem Wünschen zu tun, nämlich die im „irrealen Wunschsatz". Er sieht entweder aus wie ein Nebensatz mit *wenn:*

Wenn ich nur mehr Zeit hätte!
Wenn ich bloß diese Person nie kennen gelernt hätte!

oder mit Erststellung des Verbs:

Hätte ich bloß mehr Zeit!
Hätte ich nur diese Person nie kennen gelernt!

Wie Sie am Ausrufezeichen sehen, ist das ein sehr starker Wunsch, der Ausruf einer Person, die unter ihrer realen Situation vielleicht ein wenig leidet. Wichtig: Diese Sätze funktionieren nur mit *nur* oder *bloß*. An der Stelle lässt sich auch noch einmal das Verb *wünschen* ins Spiel bringen, in einer diesmal weder seltenen noch aristokratischen, trotzdem nicht ganz einfachen Verwendungsweise, nämlich nun selbst im Konjunktiv:

Ich wünschte, ich hätte mehr Zeit!

als fast ebenso expressives Äquivalent zu:

Hätte ich nur mehr Zeit!

Wer sagt denn so was?

Um Ihre Partnerin mit den Verwendungsweisen des Konjunktivs etwas vertraut zu machen, besprechen Sie mit ihr die folgenden Sätze. Handelt es sich um Bitten oder Wünsche, realisierbar oder nicht? Dann denken Sie sich gemeinsam oder einzeln Situationen aus, in denen diese Sätze gesprochen werden könnten. Sie können dabei so verfahren:

– zunächst lesen Sie beide den Satz und klären gegebenenfalls seine Bedeutung
– dann fabulieren Sie gemeinsam ein wenig über den möglichen Äußerungskontext, führen also z. B. eine kleine Geschichte bis zum Moment, in dem der Satz gesprochen wird
– was dann natürlich Ihrer Partnerin überlassen bleibt: ohne noch einmal ins Buch zu schauen.

Hätte ich nur den Stadtplan mitgenommen!

A/B: Das ist ein Wunsch, nicht realisierbar.
A/B: Ein Deutscher ist zum ersten Mal in Shanghai. Er geht spazieren. Er verirrt sich. Leider hat er auch seinen Geldbeutel im Hotel vergessen. Er wird langsam hungrig und müde. Er sagt:
B: Hätte ich nur den Stadtplan mitgenommen!

Wenn ich nur nicht so viel Geld ausgegeben hätte!
Ich würde heute gerne mal in Champagner baden.
Ich wäre jetzt am liebsten bei dir, mein Schatz.

Ich hätte gerne ein Pfund Kartoffeln.
Ich würde heute gerne ins Kino gehen.
Hätte Karin nur die Karten nicht vergessen!
Ich wäre am liebsten aus dem Zimmer gerannt.
Ich würde dich gerne mal wieder sehen.
Ich würde lieber draußen warten.
Elsa würde dich gerne mal zum Essen einladen.
Ich würde heute am liebsten im Bett liegen bleiben.
Ich hätte gerne einen kleinen Tiger.
Ich hätte ihm am liebsten etwas an den Kopf geworfen.
Hätte Peter nur nicht so viel getrunken!
Ich wäre jetzt am liebsten am Meer.
Ich würde gerne mit Frau Müller sprechen.
Käme nur Eva endlich!
Wenn nur endlich der Sommer anfangen würde!

Bedenken Sie, dass die irrealen Wunschsätze manchmal ganz nützlich sein können, dass aber die Wunschformulierung mit *würde, hätte, wäre + gerne* in Alltagssituationen eine viel wichtigere Rolle spielt. (Beim Bäcker sollte man nicht: *Hätte ich nur drei Brötchen!* sagen.)

Du solltest mal ...

Auch für die Formulierung von Ratschlägen eignet sich der Konjunktiv II sehr gut:

Wenn ich du wäre, würde ich mehr Sport treiben.
An deiner Stelle würde ich mit dem Fahrrad zur Arbeit fahren.
(= Wenn ich an deiner Stelle wäre ...)
Du solltest weniger Schokolade essen.
Es wäre gut, wenn du dich mehr bewegen würdest.

Ihre Partnerin sollte nicht Ratschläge mit dem Verb *raten* oder eine Empfehlung mit dem Verb *empfehlen* formulieren. Das ist zwar nicht falsch, klingt aber meistens ziemlich steif:

Ich empfehle dir weniger zu essen.

Besser schon im Konjunktiv:

Ich würde dir empfehlen weniger zu essen.

Aber am besten:

Du solltest weniger essen.

Höfliche Aufforderungen und Bitten

Die Standardformulierung für höfliche Aufforderungen ist: *würden Sie bitte ...* (+ Infinitiv):

Würden Sie mir bitte noch etwas Brot bringen.

Von Deutschlernern hört man dagegen (neben einfachem Imperativ) öfter:

Könnten Sie bitte ...

Wahrscheinlich erscheint ihnen die *würden*-Form ein wenig geheimnisvoll. Ein Deutscher verwendet *könnten Sie*, wenn er z. B. jemanden um einen Gefallen bittet, also keinen Anspruch darauf hat, dass seinem Ansinnen nachgekommen wird:

Könnten Sie mir vielleicht zehn Euro leihen?

Würden Sie bitte verwendet er dagegen als höfliche Aufforderung, wenn er mit irgendeiner Form von Befugnis ausgestattet ist. Ein Lehrer sagt etwa zu jungen Schülern:

Schlagt bitte das Buch auf Seite 19 auf.

Aber zu Erwachsenen im Seminar:

Würden Sie bitte das Buch auf Seite 19 aufschlagen.

Könntest du mir mal den Konjunktiv erklären?

Diskutieren Sie noch einmal gemeinsam, in welcher Funktion der Konjunktiv in den folgenden Beispielen verwendet wird. Als Ratschlag, als Wunsch? Eher als höfliche Aufforderung oder als Bitte?

Vorgabe	**A/B** *kommentieren*
Würdest du mir bitte mal die Zeitung geben?	höfliche Aufforderung
Könntest du mir einen Gefallen tun?	Bitte
Du solltest dich mehr bewegen.	Rat
Wenn nur schon Sommer wäre!	Wunsch
An deiner Stelle würde ich mehr lernen.	
Würden Sie bitte hier warten?	
Ich hätte gerne ein Kätzchen.	
Würden Sie mir bitte noch ein Glas bringen?	
Könnten Sie mir die Aufgabe noch mal erklären?	
Würden Sie bitte das Fenster öffnen?	
Wenn ich du wäre, würde ich nicht mehr mit ihr reden.	
Wäre es nicht besser, wenn du dich ein bisschen mehr anstrengen würdest?	
Hättest du bloß den Fotoapparat mitgenommen!	
Könntest du nicht mal ein bisschen schneller fahren?	
Wenn du bloß nicht so faul wärst!	
Würden Sie mir bitte Informationen über Ihr neues Produkt zusenden?	

Denken Sie sich noch einige Situationen aus, in denen die Sätze geäußert worden sein könnten.

Hätte ich nur mehr Geld!

Für Wünsche: Konjunktiv II + *gerne* oder irreale Wunschsätze. Die Letzteren verwendet man nur für sehr starke Wünsche. Ihre Partnerin soll sich für eine der beiden Möglichkeiten entscheiden und diese Entscheidung auch rechtfertigen.

Vorgabe	**B**
Italien fahren	Ich würde gerne mal nach Italien fahren. – Ein normaler Wunsch, ich muss nicht unbedingt fahren.
mehr Geld	Hätte ich nur mehr Geld! – Das ist ein sehr starker Wunsch, weil ...
berühmter Schauspieler sein	Ich wäre gerne ein berühmter Schauspieler. – ...
zwei Brötchen	Ich hätte gerne zwei Brötchen. – ...

Sushi essen
blond
einen berühmten Schauspieler kennen lernen
einen Computer, der sprechen kann
schwarze Haare
Swahili lernen
reich
1 kg Bananen
brünett
auf dem Fahrrad durch ganz Europa fahren
besser Englisch sprechen
drei Kinder
rote Haare
eine Freundin, die eine Yacht im Mittelmeer hat
einen Campingurlaub in der Türkei machen
aufhören zu rauchen
einen Mann, der kochen kann
mehr Zeit haben
mehr Haare
jung
abnehmen
durch ganz Deutschland wandern
die Relativitätstheorie verstehen
einen Mann, der bügeln kann
öfter mit dir zusammen etwas unternehmen
10 cm größer
mit dem Motorrad durch Russland fahren
Klavier spielen lernen
fünf Rindersteaks

Er tut doch nur so

Ein weiterer interessanter Anwendungsfall für den K II. Die klassische Formulierung des „hypothetischen Vergleichs“ ist:

Er tut so, als ob er ... wäre./ Er tut so, als wäre er ...

Sie drückt aus, dass jemand nur scheinbar etwas ist oder tut, aber in Wirklichkeit ...:

Er tut so, als ob er mich nicht verstanden hätte.
(Aber in Wirklichkeit versteht er genau.)

Sie tut so, als würde sie mich zum ersten Mal sehen.
(Aber wir kennen uns seit Jahren.)

Dieses *als ob* kann man auch in vielen anderen Fällen verwenden:

Er schaute mich an, als ob ich etwas sehr Merkwürdiges gesagt hätte.
Sie sprach so laut, als würde sie uns für schwerhörig halten.

Wie wär's mit uns beiden?

Sehr nützlich für Vorschläge: *Wie wäre es ...?*

Wie wäre es, wenn wir mal wieder ins Kino gehen/gingen? Hast du Lust?
Wie wär's mit 'nem Bier? = Was hältst du davon, ein Bier zu trinken?

Das hättest du nicht tun sollen!

Häufig verwendet und sehr nützlich, aber auch ein bisschen schwierig sind Modalverbkonstruktionen mit K II der Vergangenheit:

Was, du hast die Kinder alleine gelassen?
Das hättest du nicht tun dürfen!

Die Kinder haben einen Horrorfilm angeschaut?
Das hättest du ihnen nicht erlauben sollen.

Beachten Sie hier das besondere Partizip des Modalverbs! (Vgl. Anhang *Zeitstufen des Verbs*, S. 247.)

Wie man sieht, lässt sich mit dem Konjunktiv einiges anfangen. Seien Sie ein aufmerksamer Zuhörer und schlagen Sie Ihrer Partnerin bisweilen fantastische, jedenfalls konjunktivische Formulierungs-Alternativen vor.

Es folgen zwei Übungen zu noch nicht behandelten Ausdrücken mit Konjunktiv II.

Sonst ...

Der Konjunktiv II für die Vergangenheit. Zunächst eine häufige, aber nicht ganz einfache Verwendungsweise in Sätzen mit *sonst*. – Sie sind aufs Korrigieren und süffisante Anmerkungen beschränkt.

B *liest*	**B** *ergänzt*
Ich hatte leider deine Nummer nicht. (dich anrufen)	Sonst hätte ich dich angerufen.

- Ich hatte leider deine Adresse nicht. (dir eine Karte aus dem Urlaub schreiben)
- Ich hatte leider deine Kontonummer nicht. (dir dein Geld überweisen)
- Ich hatte unglaublich viel zu tun. (dich im Krankenhaus besuchen)
- Ich hatte leider kein Geld dabei. (ein Geburtstagsgeschenk für dich kaufen)
- Mein Fahrrad war leider kaputt. (mit dir auf den Ausflug kommen)
- Ich hatte fürchterliche Rückenschmerzen. (dir beim Umzug helfen)
- Ich war so müde. (Kaffee für dich machen)

Machen Sie noch etwas weiter mit eigentlich unentschuldbaren Unterlassungen:

A: Und das Sushi, das du mir versprochen hast?
B: Ich musste leider Hausaufgaben machen. Sonst hätte ich natürlich Sushi für dich gemacht.

Fast wäre was passiert!

Ebenfalls sehr gebräuchlich: *Fast* + K II der Vergangenheit. – Ihrer Partnerin entgeht keines der von Ihnen zu verantwortenden Beinahe-Desaster: Rechtfertigen Sie sich.

B *liest*		**B** *ergänzt*
Pass doch auf! Fast	(die alte Frau da überfahren)	Fast hättest du die alte Frau da überfahren!
	(A: Ich hatte Grün!	B: ...)

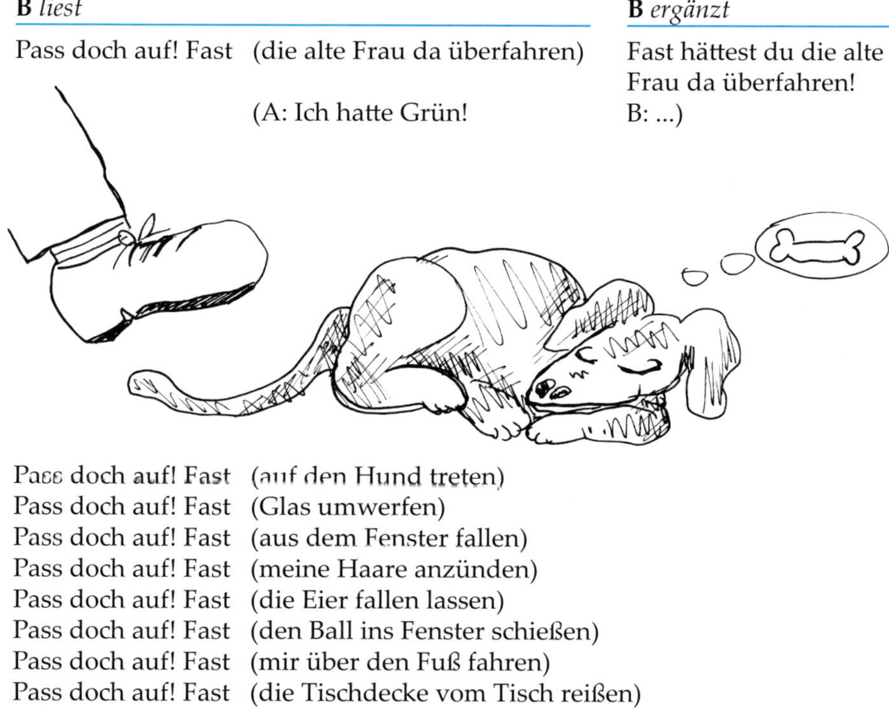

Pass doch auf! Fast (auf den Hund treten)
Pass doch auf! Fast (Glas umwerfen)
Pass doch auf! Fast (aus dem Fenster fallen)
Pass doch auf! Fast (meine Haare anzünden)
Pass doch auf! Fast (die Eier fallen lassen)
Pass doch auf! Fast (den Ball ins Fenster schießen)
Pass doch auf! Fast (mir über den Fuß fahren)
Pass doch auf! Fast (die Tischdecke vom Tisch reißen)

Zwischenspiel

Ich bräuchte 'ne Quittung

Ihre Partnerin braucht wieder Rat und Hilfe. Sie formuliert Fragen und Bitten, jetzt auch im Konjunktiv, und zählt auf Ihre Unterstützungsbereitschaft, die sich in höflich-knapper Weise ausdrückt. Gehen Sie zuerst ganz auf die Schnelle die Liste durch, nur um die Formulierungen zu erproben.

B	A
wechseln Könnten sie mir vielleicht Geld wechseln?	Aber selbstverständlich.
Kaffee Ich hätte gerne eine Tasse Kaffee.	Kommt sofort.
Telefonzelle Könnten Sie mir vielleicht sagen, wo es hier eine Telefonzelle gibt?	Gleich an der Ecke.

Ihre Partnerin hat sicher schon bemerkt, dass man in Deutschland auch ohne übermäßigen Gebrauch besonders höflicher Formulierungen durchkommt. Aber vielleicht hat sie ja Lust, zur Besserung der Sitten beizutragen.

In jedem Fall noch einige leere Floskeln:

Würden Sie mir bitte eine Tasse Kaffee bringen?
Wissen Sie zufällig, wo hier in der Nähe eine Telefonzelle ist?
Wären Sie so nett, mir ein Taxi zu rufen?
Wären Sie so freundlich, mir zehn Dollar zu wechseln?
Würden Sie mir freundlicherweise ein Glas Wasser bringen?
Dürfte ich Sie bitten das Fenster zu öffnen?

ein Supermarkt in der Gegend?
eine Quittung
wie viel Uhr?
die nächste Bushaltestelle?
die Tür aufhalten
ein Glas Wasser
fünf Briefmarken zu 55 Cent
hier unterschreiben
ein Taxi rufen
eine Plastiktüte
ein Taxistand?
wo der Bus nach Basel abfährt?

die nächste U-Bahn?
zeigen, wo das Telefon ist
die Haare ganz kurz
das Rathaus?
das Fenster schließen
der nächste Geldautomat?
eine Sprachschule hier in der Nähe?
die nächste Apotheke?
Ihre Telefonnummer?
mich morgen anrufen?
zehn Euro leihen?
Briefkasten?

Anschließend lassen Sie sich eine Geschichte einfallen, die mit einer gewissen Zwangsläufigkeit zu einem der Sätze hinführt, und dann die Partnerin raten, welches dieser ist:

> **A:** Ein Fremder kam einmal nach Deutschland. In der Tasche hatte er keinen Euro, sondern nur einige Dollar. Er war etwas hungrig. Er fragte jemanden: ...?...
>
> **B:** Könnten Sie mir vielleicht Geld wechseln?

Danach umgekehrt.

> Mittlerweile ist Ihre Partnerin auch schon in der Lage, den bis jetzt nur verstandenen Ausdruck *sich auskennen* selbst anzuwenden. Er passt sehr gut als Einleitung zum eigentlichen Auskunftersuchen:
>
> Entschuldigung, kennen Sie sich hier aus? Ich suche ...

Wünsche raten

Kennen Sie einander? Erraten Sie wechselweise Ihr geheimstes Begehren. Sie lesen beide die Liste und notieren insgeheim Ihre sechs größten Wünsche daraus (als Ziffern). Dann blicken Sie sich gegenseitig ins Herz, erraten die Partnerwünsche und formulieren sie in Konjunktiven.

Ich nehme an, du wärst gerne/am liebsten ...
Ich vermute, du würdest gerne/am liebsten ...
Ich bin sicher, du hättest gerne ...

1. jetzt im Urlaub
2. aufhören zu rauchen
3. ein schnelleres Auto
4. fünf Kinder
5. mehr Zeit für dein Hobby
6. in einem fernen Land leben
7. mehr Zeit für mich
8. eine Weltreise machen
9. mehr Geld
10. zehn Zentimeter größer (als ich)
11. ein berühmter Schriftsteller
12. zehn Jahre jünger
13. einen anderen Job
14. zehn Kilo abnehmen
15. deutsche(r) Bundeskanzler(in)
16. mehr Sport treiben
17. öfter ausgehen
18. mehr Küsse
19. mehrere Fremdsprachen lernen
20. ein Haus am Meer

Wer mehr Treffer hat, kennt den anderen besser.

25 Passiv

Beim Passiv werden zwei Formen unterschieden, ein Vorgangs- und ein Zustandspassiv. Hier die Formen für das Präsens, die gesamte Konjugation finden Sie im Anhang.

Vorgangspassiv: Das Fenster wird geschlossen.
Zustandspassiv: Das Fenster ist geschlossen.

Die einzige nur das Passiv betreffende Besonderheit bei der Formenbildung ist die Form *worden*. Das doppelte *ge-* klang wohl in altdeutschen Ohren nicht sehr schön, so wurde eines davon gestrichen: Es heißt *gemacht worden* statt *gemacht geworden*. (Aber natürlich auch bei Partizipien ohne *ge-*: *fotografiert worden* ...). Perfekt und Plusquamperfekt lauten daher:

Das Fenster ist geschlossen worden.
Das Fenster war geschlossen worden.

Zustandspassiv

Von den beiden Passivarten Vorgangspassiv und Zustandspassiv ist das Erstere das bei weitem wichtigere. Es kann auch von einer viel größeren Zahl von Verben gebildet werden. Wir behandeln deshalb das Zustandspassiv hier nur kurz anhand einiger typischer Beispiele:

Ist der Tisch gedeckt?
Das Fenster ist geschlossen.
Der Brief war geöffnet, als er ankam.
Ist mein Hemd gebügelt?
Ist Aufgabe 16 schon gemacht?
Das Bild ist leider schon verkauft.

Das Problem mit diesem Zustandspassiv ist, dass es von vielen Verben gar nicht gebildet werden kann oder oft einfach ungebräuchlich ist. Zum Beispiel klingt (auch abhängig vom Kontext) der Satz:

(*)Das Auto ist gekauft.

viel merkwürdiger als der Satz:

Das Auto ist verkauft.

Das Zustandspassiv lässt sich also als grammatisches Phänomen nicht sehr gut oder nur sehr umständlich erklären. Es sollte deshalb für den Anfang nicht allzu leichtfertig auf eigene Faust verwendet werden. Günstiger ist es, sich mit seiner Verwendung zunächst durch Lernen einer Anzahl von Ausdrücken wie der oben aufgeführten vertraut zu machen.

Vorgangspassiv

Das Vorgangspassiv wird häufig verwendet um Vorgänge zu beschreiben, ohne dabei alle beteiligten Personen nennen zu müssen.

Guck mal, da wird gerade ein Auto abgeschleppt.

Die Angabe der Handelnden ist überflüssig – Autos werden eben vom Abschleppdienst abgeschleppt – oder das Interesse gilt dem Vorgang, aber nicht den Akteuren. Wir geben einige Beispiele, um die Funktion deutlich zu machen:

In Italien wird im Mai gewählt.
In Deutschland wurde schon lange nicht mehr gestreikt.
In Osteuropa wurde viel mehr gelesen als im Westen.
In Berlin wird gerade ein neuer Bahnhof gebaut.

Oft wird auch eine beteiligte Person genannt, aber eben nicht die handelnde:

Peter ist gestern operiert worden.
Karin hat Angst vor Hunden, weil sie schon mehrmals gebissen worden ist.
Kinder werden heute nicht mehr so streng erzogen wie früher.

Hier interessiert, was mit Personen passiert, nicht wer handelt. An diesen Beispielen sehen Sie auch, dass das Passiv von Verben mit ganz unterschiedlicher Verwendungsweise gebildet werden kann, nämlich von:

Verben mit Akkusativobjekt oder Akkusativobjekt + weiteren Objekten:

Jemand beißt jemanden. → Karin wird (von einem Hund) gebissen.

Jemand zeigt jemandem etwas. → Der Keller wird mir (vom Vormieter) gezeigt.

Verben mit Dativobjekt:

Jemand hilft jemandem. → Dem Verletzten wird (von Passanten) geholfen.

Verben mit Präpositionalobjekt:

Jemand sorgt für jemanden. → Für die Kinder wird (von Karin) gesorgt.

Der wichtigste und häufigste Passivtyp ist der von Verben mit Akkusativobjekt. Diese Passivsätze lassen sich wie folgt aus Aktivsätzen ableiten:

Der Hund beißt <u>den Mann</u>. → <u>Der Mann</u> wird von dem Hund gebissen.

Der Vormieter zeigt mir <u>den Keller</u>. → <u>Der Keller</u> wird mir vom Vormieter gezeigt.

Das Akkusativobjekt des Aktivsatzes wird zum Subjekt des Passivsatzes. Das bedeutet natürlich auch, dass nun das Hilfsverb *werden* mit diesem Subjekt übereinstimmen muss:

Der Vormieter zeigt mir den Keller. → Der Keller <u>wird</u> mir vom Vormieter gezeigt.

Der Vormieter zeigt mir die Räume. → Die Räume <u>werden</u> mir vom Vormieter gezeigt.

Im Folgenden wird dieser häufigste Passivtyp geübt.

Die Pommes kochen oder dünsten?

Ihre Partnerin hat in Stichworten anstehende Erledigungen notiert, die jedoch Ihnen als Beauftragtem nicht unmittelbar einleuchten. *B* muss in ihren spöttisch-mitleidigen Instruktionen darauf achten, ob das Subjekt des Passivsatzes im Singular oder im Plural steht.

A	Vorgabe	B
Und die Zwiebel?	(schneiden)	Die Zwiebel wird natürlich geschnitten.
Und die Kartoffeln?	(schälen)	Die Kartoffeln werden natürlich geschält.
Und der Salat?	(waschen)	
Und das Hähnchen?	(braten)	
Und die Pommes?	(frittieren)	
Und der Orangensaft?	(auspressen)	
Und das Geschirr?	(spülen)	
Und das Fenster?	(putzen)	
Und die Gläser?	(in den Schrank stellen)	
Und das Silberbesteck?	(polieren)	
Und der Teppich?	(saugen)	
Und der Boden?	(wischen)	
Und die Kinder?	(ins Bett bringen)	
Und der Ficus?	(abstauben)	
Und der Knopf?	(annähen)	
Und die Hemden?	(bügeln)	
Und das Radio?	(reparieren)	
Und das Zimmer?	(aufräumen)	
Und die Katze?	(füttern)	
Und die Bücher?	(zurückgeben)	

In den Antwortsätzen wäre auch eine andere Konstruktion am Platz, nämlich ein „Modalverb mit Passiv Infinitiv". Das wirkt zu Anfang ein wenig kompliziert, prägt sich aber schnell ein und ist nützlich. Der Passiv Infinitiv ist immer der gleiche (Partizip II + *werden*), diesmal ist es das Modalverb, das entweder im Singular oder im Plural stehen muss.

A	Vorgabe	B
Und die Zwiebel?	(schneiden)	Die Zwiebel muss natürlich geschnitten werden.
Und die Kartoffeln?	(schälen)	Die Kartoffeln müssen natürlich geschält werden.

Diese Modalverb-Konstruktionen lassen sich auch in den Konjunktiv setzen. Scheut man z. B. davor zurück, jemandem allzu direkte Anweisungen zu geben, kann man sich wie folgt ausdrücken:

A	Vorgabe	B
Und die Zwiebel?	(schneiden)	Die Zwiebel müsste geschnitten werden.
Und die Kartoffeln?	(schälen)	Die Kartoffeln müssten geschält werden.

Probieren Sie aus, wie sich eine solche kultivierte Ausdrucksweise auf die häusliche Atmosphäre auswirkt:

B: Jetzt könnte aber langsam mal Essen gekocht werden.
Das Geschirr müsste übrigens noch gespült werden.

Auch sehr geeignet um Projekte auf die lange Bank zu befördern. Überlegen Sie gemeinsam, was eigentlich alles gemacht werden müsste:

B/A: Der Keller müsste auch mal wieder aufgeräumt werden. ...

Keine Linsen im Töpfchen

Hier geht es um das Perfekt mit der Sonderform *worden*. – Die beiden Sprecherinnen in der folgenden Übung kann man sich als Aschenputtels böse Stiefschwestern vorstellen.

Schwester A	Schwester B
Das Fenster ist offen.	Warum ist es nicht geschlossen worden?
Das Zimmer ist unaufgeräumt.	?
Das Geschirr ist immer noch schmutzig.	?
Die Knöpfe fehlen immer noch.	?
Die Ballkleider sind immer noch zerknittert.	?
Das Spinnrad ist immer noch kaputt.	?
Die Tauben sind immer noch hungrig.	?
Die Linsen sind immer noch unsortiert.	?

Und weiter mit Gebr. Grimm:

Der Drache lebt immer noch.	?
Die Großmutter liegt immer noch in ihrem Bett.	?
Die Hexe ist noch nicht im Backofen.	?
Schneewittchen schläft immer noch.	?

Da hier zuletzt vom langen Schlaf die Rede war, noch eine allerletzte Anmerkung zu dem, was ihm vorausgeht. Viele Lerner sagen:

(*)Gestern habe ich um 10 Uhr geschlafen.

In den meisten Fällen ist gemeint:

Gestern bin ich um 10 Uhr ins Bett gegangen.

Oder, wenn sie tatsächlich im letzten Moment noch einen Blick auf den Wecker erhaschen konnten:

Gestern bin ich um 10 Uhr eingeschlafen.

Zwischenspiel

Unten finden Sie eine Reihe sehr häufig gebrauchter und nützlicher Ausdrücke, die teilweise aber nicht ganz einfach zu verwenden sind. Ihre Partnerin muss ja – neben den Ausdrücken selbst – auch lernen, in welcher Weise andere Satzteile anzuschließen sind. Beispiel: *hoffen* kann auf folgende Arten verwendet werden:

Ich hoffe auf bessere Zeiten.
Ich hoffe darauf, dass du mich unterstützt.
Ich hoffe, du kommst morgen.
Ich hoffe, dass du morgen kommst.
Ich hoffe, morgen die Arbeit abschließen zu können.

Manche dieser Verwendungsweisen sind eher selten, solche finden Sie unten nicht. Wenn Unklarheiten bestehen, suchen Sie gemeinsam weitere Beispiele.

Sie können die Übung zunächst mit vertauschten Rollen machen, so dass also die Partnerin Ihnen die Anfänge vorliest und Sie frei ergänzen.

A *liest vor*	**B** *ergänzt frei*	(**A** *kontrolliert*)
Ich würde gerne mal	im Wald übernachten.	Infinitiv (Inf.)
Ich habe vor	mir einen Porsche zu kaufen.	zu + Inf.
Ich denke oft an	meinen letzten Urlaub.	Nomen
Ich glaube	dass Karin krank ist.	dass
Ich freue mich auf		Nomen
Ich habe Angst davor		zu + Inf./dass
Ich mag		nur Nomen!
Ich schaffe es nicht		zu + Inf.
Ich warte seit langem darauf		zu + Inf./dass
Ich bin fest überzeugt		dass
Ich halte nichts von		Nomen
Ich verstehe überhaupt nicht		dass/warum/...
Ich kann nicht glauben		dass
Ich habe erfahren		dass
Ich habe nicht gewusst		dass
Ich bin der Meinung		dass
Ich habe dreimal versucht		zu + Inf.
Ich halte Jens für		Nomen/Adj.
Ich habe beschlossen		zu + Inf.
Ich hätte gerne		Nomen
Karin hat behauptet		dass
Jens hat mich gebeten		zu + Inf.
Meiner Meinung nach		(weiter mit Verb)
Ich freue mich darauf		zu + Inf.
Ich bin nicht in der Lage		zu + Inf.
Ich wäre gerne		Nomen, Adj., ...

A *liest vor*	**B** *ergänzt frei*	(**A** *kontrolliert*)
Maria hat mich aufgefordert		zu + Inf.
Ich liebe		nur Nomen!
Ich bin gespannt		ob, wann, wie ...
Ich bin neugierig		ob, wann, wie ...
Ich halte nichts davon		zu + Inf.
Eva hat von mir verlangt		zu + Inf./dass
Ich bemühe mich		zu + Inf.
Ich lege Wert auf		Nomen
Ich verstehe nichts von		Nomen
Es macht mir nichts aus		zu + Inf./dass
Ich träume manchmal davon		zu + Inf.
Wir haben vereinbart		zu + Inf./dass
Ich interessiere mich nicht dafür		ob, wie ...
Ich erinnere mich nicht mehr daran		dass/wie ...
Dass ich so müde bin, liegt daran		dass

Nach dem ersten Durchgang sollte man dann ein Thema auswählen, auf das sich alle Äußerungen beziehen.

Entweder umfassender, wie Politik, Kunst, Sport:

A	**B**
Ich würde gerne mal	mit der Kanzlerin sprechen.
Ich habe vor	Bürgermeisterin zu werden.
Ich denke oft an	den Mai 68.
Ich glaube,	dass Anna Meier Präsidentin wird.

Oder spezifischer: unser nächster Urlaub, die Arbeit ...:

A	**B**
Ich freue mich auf	das italienische Eis.
Ich habe Angst davor,	dass es wieder so lange Staus gibt.
Ich mag	diese romantischen kleinen Fischerdörfer.
Ich schaffe es nicht	das italienische *-r* zu rollen.

Aus obigen, durchweg sehr nützlichen Ausdrücken müssen kurz vor Schluss noch ein paar besonders heikle herausgegriffen werden.

Erfahren

Das Verhältnis zwischen *erfahren* und *wissen* ist das Gleiche wie zwischen *kennen lernen* und *kennen*. Vergleichen Sie:

Wann hast du das erfahren? – Seit wann weißt du das?
Wann hast du ihn kennen gelernt – Seit wann kennst du ihn?

Erfahren haben hat eine sehr ähnliche Bedeutung wie *gehört haben*.

Beschließen

Das Wort wird von Lernern kaum verwendet, weil sie ungerechtfertigterweise *entscheiden* vorziehen:

(*)Ich habe entschieden nach Italien in Urlaub zu fahren.

Diese Ausdrucksweise ist nur richtig, wenn auch wirklich eine Alternative erwogen wurde. *Beschließen* passt auch ohne diese Einschränkung und wird entsprechend häufiger verwendet.

Halten von und *halten für*

sind nützlich für verschiedene Formen von Beurteilungen, aber kompliziert. Die Konstruktion von *halten für* ist: *jemanden für [Adjektiv/Nomen] halten*:

Ich halte ihn für intelligent/für einen intelligenten Mann.
Ich halte das für vernünftig/für einen vernünftigen Vorschlag.

Halten von bringt dagegen eine nicht näher spezifizierte Wertschätzung oder Abneigung zum Ausdruck und wird nur mit *viel, wenig* o. ä. verwendet:

Ich halte viel/wenig/nichts von diesem Mann/von diesem Vorschlag.

In Prüfungen glänzen

Solche Ausdrücke wurden übrigens auch deshalb immer wieder herausgegriffen, weil ihrer Verwendung in (mündlichen) Prüfungen eine Bedeutung zukommen kann, die über ihren Nutzen in der Alltagskommunikation noch hinausgeht. Eine einzige clever platzierte Formulierung wie:

Ich halte diese Frau für eine sehr begabte Politikerin.

kann ein paar Extrapunkte einbringen, zumindest wenn sie nicht wie auswendig heruntergeleiert wirkt und völlig aus dem sonstigen Prüflings-Vortrag heraussticht. Vergleichen Sie das brave:

Ich finde, diese Frau ist eine sehr begabte Politikerin.

Zu dieser Kategorie gehören, um unter vielen nur noch drei besonders nützliche zu nennen, auch die Ausdrücke *ich habe vor* statt *ich möchte* sowie *meiner Meinung/Ansicht nach* und *ich bin der Meinung/Ansicht* anstelle von *ich glaube* (Siehe S. 80 und S. 133).

(Anmerkung in Klammern: Auch wenn sich dann Prüfer doch nicht so leicht bluffen lassen, kann doch wenigstens die Aussicht darauf Lerner stark zur Wortschatzarbeit motivieren.)

Schluss: Unter Linden

Zum Schluss: Romantik pur und ohne grammatische Komplikationen, dafür mit Reimen. Die Ausführung bleibt natürlich dem Lernpaar überlassen; vielleicht findet sich ja ein gemütlicher Platz unter einer nahe gelegenen Linde.

Du bist min

Als Verfasserin des Gedichtleins kann man sich eine bayerische Nonne des 12. Jahrhunderts vorstellen. Der angesprochene Mönch im Nachbarkloster hatte Liebesbotschaften in kunstreichem Latein verfasst; die Nonne aber antwortet in schlicht ergreifenden, (mittelhoch-)deutschen Versen und gibt damit eine frühe Probe für den „deutschen Herzenston".

Du bist min, ich bin din:
des solt du gewis sin.
du bist beslozzen
in minem herzen:
verlorn ist das sluzzelin:
du muost och immer darinne sin.

Unter der Linden

Von Walter von der Vogelweide, dem berühmtesten deutschen Minnesänger. Im folgenden Gedicht denkt ein Mädchen zurück an eine Nacht mit dem Geliebten. In der ersten Strophe beschreibt sie die Szene:

Under der linden
an der heide
da unser zweier bette was,
da mugt ir finden
schone beide
gebrochen bluomen unde gras.
vor dem walde in einem tal,
tandaradei,
schone sanc diu nachtegal.

Wüsste irgendjemand, was hier vorgefallen ist, schließt sie in der letzten Strophe,

... so schamt ich mich.
wes er mit mir pflaege [was er mit mir machte]
niemer niemen [niemals niemand]
befinde daz, wan er und ich,
und ein kleinez vogellin:
tandaradei
daz mac wol getriu sin.

Das Vögelein wird also nichts ausplaudern.

Liedt

Von Martin Opitz, 1624. Die Vergänglichkeit alles Irdischen war *das* Thema des Barock. Wenn allerdings die Vergänglichkeit gerade der weiblichen Schönheit so nachdrücklich – und ungalant – betont wurde, konnte das einen sehr durchschaubaren praktischen Zweck haben: Drumb laß uns jetzt geniessen ...

Ach Liebste laß uns eilen
Es schadet das verweilen
Der schönen Schönheit gaben
Daß alles/was wir haben/
Der Wangen zier verbleichet/
Der äuglein fewer weichet/
Das Mündlein von Corallen
Die Händ/alß Schnee verfallen/
Drumb laß uns jetzt geniessen
Eh dann wir folgen müssen
Wo du dich selber liebest/
Gib mir/daß/wann du gibest/

wir haben Zeit:
Uns beider seit.
Fliehn fuß für fuß
Verschwinden muß/
Das Haar wird greiß/
Die flamm wird Eiß.
Wird ungestallt.
Und du wirst Alt.
Der Jugent frucht/
Der Jahre flucht.
So liebe mich/
Verlier auch ich.

Abschied von seiner ungetreuen Liebsten

Von Johann Christian Günther, geschrieben 1715. Günther war ein für seine Zeit recht individualistisch gesinnter und ungewohnt aufsässiger Poet, der dann auch in bürgerlich-frommen wie in Adelskreisen nur überall anecken konnte. Und offensichtlich machte er auch in Liebesdingen nicht nur glückliche Erfahrungen.

Wie gedacht,
Vor geliebt, jetzt ausgelacht.
Gestern in die Schoos gerissen,
Heute von der Brust geschmissen,
Morgen in die Gruft gebracht.
Wie gedacht,
Vor geliebt, jetzt ausgelacht.

Dieses ist
aller Jungfern Hinterlist:
Viel versprechen, wenig halten;
Sie entzünden und erkalten
Öfters, eh ein Tag verfliest.
Dieses ist
Aller Jungfern Hinterlist.

Der Autor schimpft noch einige Strophen lang weiter auf das ungetreue Weib. Schließlich wenden sich aber die Dinge doch noch zu einem – etwas überraschenden – Happy End:

Weg mit dir,
Falsches Herze, weg von mir!
Ich zerreiße deine Kette,
Denn die kluge Henriette
Stellet mir was Bessres für.
Weg mit dir,
Falsches Herze, weg von mir!

Nähe des Geliebten

Von Johann Wolfgang von Goethe – es wird klassisch.

Ich denke dein, wenn mir der Sonne Schimmer
Vom Meere strahlt.
Ich denke dein, wenn sich des Mondes Flimmer
In Quellen mahlt.

Ich sehe dich, wenn auf dem fernen Wege
Der Staub sich hebt,
In tiefer Nacht, wenn auf dem schmalen Stege
Der Wandrer bebt.

Ich höre dich, wenn dort mit dumpfem Rauschen
Die Welle steigt.
Im stillen Haine geh ich oft zu lauschen,
Wenn alles schweigt.

Ich bin bei dir, du seyst auch noch so ferne,
du bist mir nah.
Die Sonne sinkt, bald leuchten nur die Sterne,
O! wärst du da!

Der Handschuh

Von Friedrich Schiller. Der große Dramatiker macht auch aus seinen Balladen sehr spannende kleine Dramen.

Vor seinem Löwengarten,
Das Kampfspiel zu erwarten,
Saß König Franz,
Und um ihn die Großen der Krone,
Und rings auf hohem Balkone
Die Damen in schönem Kranz.

Und wie er winkt mit dem Finger,
Auf tut sich der weite Zwinger,
Und hinein mit bedächtigem Schritt
Ein Löwe tritt,
Und sieht sich stumm
Rings um,
Mit langem Gähnen,
Und schüttelt die Mähnen,
Und streckt die Glieder,
Und legt sich nieder.

Außerdem betreten noch ein Tiger und zwei Leoparden die Szene. Da geschieht es:

Da fällt von des Altans Rand
Ein Handschuh von schöner Hand
Zwischen den Tiger und den Leun
Mitten hinein.

Und zu Ritter Delorges spottenderweis
Wendet sich Fräulein Kunigund:
„Herr Ritter, ist Eure Lieb so heiß,
Wie Ihr mirs schwört zu jeder Stund,
Ei, so hebt mir den Handschuh auf."

Wie es weitergeht? Wenn *A* den Rest nicht auswendig kann, kehrt *B* ihm spottenderweis den Rücken, besorgt Schillers Balladen – und lernt vielleicht selbst ein paar auswendig?

Heinrich Heine

Mit Heinrich Heine haben wir die Epoche der Romantik eigentlich schon übersprungen – und sind doch noch einmal unter einer Linde gelandet.

Mir träumte wieder der alte Traum:
Es war eine Nacht im Maye,
Wir saßen unter dem Lindenbaum,
Und schwuren uns ewige Treue.

Das war ein Schwören und Schwören auf's Neu'.
Ein Kichern, ein Kosen, ein Küssen;
Das ich gedenk des Schwures sey,
Hast du in die Hand mich gebissen.

O Liebchen mit den Äuglein klar!
O Liebchen, schön und bissig!
Das Schwören in der Ordnung war,
Das Beißen war überflüssig.

Grammatikübersichten

Sie finden hier zu einigen zentralen Grammatik-Themen der Grundstufe übersichtlich gestaltete, aber aufs Allerwesentlichste reduzierte Darstellungen, die v. a. rasche Orientierung im Regeldschungel erlauben sollen.

Es sind also mal mehr, mal weniger Details und Sonderregeln ausgelassen, die aber ohnehin, gerade bei Anfängern, oft nur Verwirrung stiften. Trotzdem: Wer sich etwa auf Prüfungen wie das „Zertifikat Deutsch" vorbereiten will, wird seine Grammatikkenntnisse über das in diesem Anhang – und überhaupt in diesem Buch – Dargestellte hinaus noch ein wenig erweitern müssen.

Die Konjugation (Präsens)

– Die ganz große Mehrzahl der Verben wird im Präsens wie das zuerst aufgeführte *spielen* konjugiert.

– Die Besonderheiten bei *heißen* und *arbeiten* (*s*-Verlust und *e*-Einfügung) sind durch die Auslaute: *ß/s/x/z* bzw. *t/d* bedingt. Weitere Beispiele: *grüßen, heizen, rasen ... – warten, reden ...*

– Den Vokalwechsel in der zweiten Reihe weisen viele starke Verben auf. (Starke Verben sind solche, die das Präteritum ohne *-t* und das Partizip II auf *-en* bilden. Siehe unten.) Neben *a/ä-* und *e/i*-Wechsel tritt *o/ö-* und *au/äu*-Wechsel auf: *ich stoße – du stößt, ich laufe – du läufst ...*

– Wie *gelten* und *halten* werden nur wenige andere starke Verben mit *-t* oder *-d* im Stammauslaut konjugiert; sie sind hier wegen des sehr häufigen Fehlers: **er giltet*, **er hältet* ... (in falscher Analogie zu *er arbeitet*) aufgeführt.

– *Sein, haben* und *werden* haben zu lernende besondere Formen.

– Nur *wissen* und die sechs Modalverben werden nach dem angegebenen besonderen Schema konjugiert. (Vergleichen Sie dazu aber unter „Zeitstufen des Verbs" unten die Konjugation starker Verben im Präteritum).

– *Möchte* hat als einziges Verb diese Präsens-Konjugation mit *-e* für die dritte Person. Sie entspricht der Präteritum- (bzw. identischen Konjunktiv-) Konjugation schwacher Verben (*möchte* ist eigentlich Konjunktiv II von *mögen*).

– Die Imperative („Befehlsformen") machen merkwürdigerweise zwar den *e/i*-Wechsel *geben – gib!* mit, nicht aber den *a/ä-* und die oben angegebenen anderen Vokalwechsel: *schlafen – schlaf!, stoßen – stoß!* ... Dies zu beachten – und die im Grammatik-Kapitel (S. 37) gemachten Bemerkungen zum Thema – ist wichtiger als die ziemlich komplizierten Regeln zum Endungs-*e* für die *du*-Form. Man behelfe sich fürs Erste so: Je weniger salopp der Ton und je schwieriger auszusprechen vorausgehende Konsonantenverbindungen (*atm-e, öffn-e*), desto unentbehrlicher das *-e*. Immer mit *-e* auch *entschuldige!*

Verben im Präsens

Normale Konjugation

Infinitiv	-en	spiel - en	heiß - en	arbeit - en
ich	-e	spiel - e	heiß - e	arbeit - e
du	-st	spiel - st	heiß - t	arbeit - est
er/sie/es	-t	spiel - t	heiß - t	arbeit - et
wir	-en	spiel - en	heiß - en	arbeit - en
ihr	-t	spiel - t	heiß - t	arbeit - et
sie/Sie	-en	spiel - en	heiß - en	arbeit - en

Verben mit *e/i*-Wechsel und *a/ä*-Wechsel

Infinitiv	-en	geb - en	schlaf - en	gelten	halt - en
ich	-e	geb - e	schlaf - e	gelt - e	halt - e
du	-st	gib - st	schläf - st	gilt - st	hält - st
er/sie/es	-t	gib - t	schläf - t	gilt	hält
wir	-en	geb - en	schlaf - en	gelt - en	halt - en
ihr	-t	geb - t	schlaf - t	gelt - et	halt - et
sie/Sie	-en	geb - en	schlaf - en	gelt - en	halt - en

sein, haben, werden

Infinitiv	sein	haben	werden
ich	bin	habe	werde
du	bist	hast	wirst
er/sie/es	ist	hat	wird
wir	sind	haben	werden
ihr	seid	habt	werdet
sie/Sie	sind	haben	werden

Modalverben und *wissen*

Infinitiv	-en	können	müssen	dürfen	mögen	wollen	sollen	wissen
ich	- ø	kann	muss	darf	mag	will	soll	weiß
du	-st	kannst	musst	darfst	magst	willst	sollst	weißt
er/sie/es	- ø	kann	muss	darf	mag	will	soll	weiß
wir	-en	können	müssen	dürfen	mögen	wollen	sollen	wissen
ihr	-t	könnt	müsst	dürft	mögt	wollt	sollt	wisst
sie/Sie	-en	können	müssen	dürfen	mögen	wollen	sollen	wissen

möchte

Infinitiv	-	kein Infinitiv
ich	-e	möcht - e
du	-est	möcht - est
er/sie/es	-e	möcht - e
wir	-en	möcht - en
ihr	-et	möcht - et
sie/Sie	-en	möcht - en

Imperativ

du	Sie	ihr
spiel(e)!	spielen Sie!	spielt!
arbeite!	arbeiten Sie!	arbeitet!
gib!	geben Sie!	gebt!
schlaf(e)!	schlafen Sie!	schlaft!
sei!	seien Sie!	seid!
hab(e)!	haben Sie!	habt!
werde!	werden Sie!	werdet!

Zeitstufen des Verbs

	Gegenwart	Vergangenheit			Zukunft	
	Präsens	**Perfekt**	*oder*	**Präteritum**	**Futur** (oder Präsens!)	
Schwache Verben						
ich	mach - e	habe	gemach - t	mach - t - e	werde	machen
du	mach - st	hast		mach - t - est	wirst	
er, sie, es	mach - t	hat		mach - t - e	wird	
wir	mach - en	haben		mach - t - en	werden	
ihr	mach - t	habt		mach - t - et	werdet	
sie/Sie	mach - en	haben		mach - t - en	werden	
Starke Verben						
ich	trink - e	habe	getrunk - en	trank	werde	trinken
du	trink - st	hast		trank - st	wirst	
er, sie, es	trink - t	hat		trank	wird	
wir	trink - en	haben		trank - en	werden	
ihr	trink - t	habt		trank - t	werdet	
sie/Sie	trink - en	haben		trank - en	werden	

Von den (insgesamt etwa 170) starken Verben sind immer die drei „Stammformen“: Infinitiv, Präteritum und Partizip II zu lernen:

gehen – ging – gegangen
sehen – sah – gesehen
kommen – kam – gekommen ...

Vgl. im Englischen *go – went – gone ...*

Unregelmäßige Verben

Gewöhnlich werden Verben mit *-t* in den Vergangenheitsformen (*gespiel-t, spiel-t-e*) als „schwach", Verben ohne *-t* im Präteritum und mit *-en* für das Partizip II (*trank, getrunk-en*) als „stark" bezeichnet. Daneben, oder besser: dazwischen gibt es noch eine kleine Gruppe von Verben, die man oft als „unregelmäßig" bezeichnet. *Kennen, denken, brennen, rennen, bringen* und einige andere haben ein normales Präsens und bilden auch Partizip II und Präteritum mit dem *-t* der schwachen Verben. Sie weisen aber für beide Vergangenheitsformen ähnliche Veränderungen des Wortstamms auf wie die starken Verben:

ich	bring - e	habe gebrach - t	brach - t - e
ich	denk - e	habe gedach - t	dacht - t - e
ich	kenn - e	habe gekann - t	kann - t - e

Partizip II

Die Partizipien II werden in den meisten Fällen mit vorangestelltem *ge-* gebildet; bei Verben allerdings, die schon eine Vorsilbe wie *er-, zer-, ver-, be-, ge-, ent-* haben, entfällt dieses *ge-*:

Ich habe erzählt, ich habe mich bedankt, ich habe etwas entdeckt ...

Auch solche Verben, die auf *-ieren* enden, haben Partizip ohne *ge-*:

Ich habe fotografiert, kopiert ...

Partizip II der Modalverben

Eine Besonderheit ist für die Partizipien der Modalverben zu vermerken. Diese sind ganz regelmäßig, wenn ihnen kein Infinitiv zugeordnet ist:

Ich habe das nicht gekonnt.

Mit einem Infinitiv zusammen lauten sie aber anders, sie behalten nämlich selbst einfach die Form ihres Infinitivs:

Ich habe nicht kommen können.
Ich habe nicht kommen dürfen. ...

Das gilt dann auch in den unten besprochenen Fällen des Konjunktivs II für die Vergangenheit, wo ja ein Partizip II benötigt wird:

Ich hätte kommen müssen.

und des Modalverbs mit Passiv Infinitiv:

Das hätte gemacht werden müssen.

Perfekt mit *sein* oder mit *haben*?

Zur Verwendung von *sein* oder *haben* für die Bildung des Perfekts vgl. Kapitel *Vergangenheit (1)*, S. 126f.

Plusquamperfekt

Drittes Vergangenheits-Tempus ist das *Plusquamperfekt*, das aber sehr einfach zu bilden ist: Präteritum von *sein* oder *haben* + Partizip II. Vergleichen Sie:

Perfekt: ich habe gemacht ich bin gegangen
Plusquamperfekt: ich hatte gemacht ich war gegangen

Verwendet wird dieses Tempus um gewissermaßen noch einen zweiten Schritt zurück in die Vergangenheit zu tun:

Ich habe um 10 Uhr Kaffee getrunken. Vorher hatte ich schon Sport getrieben.

Eine besonders häufige Verwendung ist die mit *nachdem*:

Nachdem ich Sport getrieben hatte, frühstückte ich.

Zukunft/Futur

Die Zukunft wird im gesprochenen Deutsch meist mit den Präsensformen des Verbs ausgedrückt:

Morgen/Nächste Woche/Nächsten Sommer fahre ich nach Wien.

Die Verwendung des Futurs mit *werden* hängt zum Teil von der Stilebene ab – je förmlicher, desto eher verwendet man das *werden*-Futur – und zum Teil von anderen Faktoren wie z. B. der Vorsätzlichkeit der Handlung. Die Futurformen werden, auch im gesprochenen Alltagsdeutsch, häufig zum Ausdruck von Vermutungen gebraucht, die sich nicht auf die Zukunft zu beziehen brauchen:

Sie wird jetzt zu Hause sein. = Ich vermute, sie ist jetzt zu Hause.
Sie wird gestern spät ins Bett gegangen sein. = Ich vermute, sie ist gestern spät ins Bett gegangen.

Konjunktiv

Konjunktiv I

Der K I wird v. a. für die indirekte Rede verwendet:

Jörg sagte, er <u>habe</u> heute keine Zeit.

In gesprochenem Deutsch verzichtet man allerdings meist auf diesen Konjunktiv:

Jörg hat gesagt, er hat heute keine Zeit/dass er heute keine Zeit hat.

Die Formen des Präsens werden in sehr regelmäßiger Weise vom Infinitiv abgeleitet, nur *sein* weicht etwas ab:

Infinitiv	sehen	müssen	haben	tun	sein
ich	seh - e	müss - e	hab - e	tu - e	sei
du	seh - est	müss - est	hab - est	tu - est	sei - st
er	seh - e	müss - e	hab - e	tu - e	sei
wir	seh - en	müss - en	hab - en	tu - en	sei - en
ihr	seh - et	müss - et	hab - et	tu - et	sei - et
sie	seh - en	müss - en	hab - en	tu - en	sei - en

Perfekt: Ich habe gesehen, du habest gesehen ...
Ich sei gekommen, du seist gekommen ...

Konjunktiv II

Zu den Funktionen des K II vgl. Kapitel *Konjunktiv (1)* und *Konjunktiv (2)*.

- Schwache Verben

Die Konjunktivformen der schwachen Verben sind identisch mit denen des Präteritums:

Präteritum	=	Konjunktiv II
ich spielte		ich spielte

- Starke Verben

Die Formen der starken Verben werden abgeleitet vom Präteritum und weisen, wo möglich, Umlaut auf:

Präteritum		Konjunktiv II	Präteritum	Konjunktiv II
ich ging →	ich	ging - e	sah →	säh - e
	du	ging - est		säh - est
	er	ging - e		säh - e
	wir	ging - en		säh - en
	ihr	ging - et		säh - et
	sie	ging - en		säh - en

Anstelle dieser einfachen Konjunktiv-Formen kann immer die *würde*-Umschreibung (*würde* + Infinitiv) verwendet werden:

ich würde gehen
du würdest gehen ...

Die folgende Tabelle macht deutlich, dass einfache Form und *würde*-Umschreibung bedeutungsgleich sind, was insbesondere auch heißt, dass sie die gleiche Zeitstufe bezeichnen: Sie beziehen sich auf ein gegenwärtiges (oder auch zukünftiges) Geschehen, die Form *wäre/hätte* + Partizip II dagegen auf ein vergangenes. – In Klammern stehen jeweils die in gesprochener Sprache weniger gebräuchlichen Formen.

Gegenwart		**Vergangenheit**
so	*oder* **so**	**nur so**
ich würde gehen	(ich ginge)	ich wäre gegangen
ich würde essen	(ich äße)	ich hätte gegessen
ich würde spielen	(ich spielte)	ich hätte gespielt
...	...	...
(ich würde haben)	ich hätte	ich hätte gehabt
(ich würde sein)	ich wäre	ich wäre gewesen
(ich würde können)	ich könnte	ich hätte gekonnt
...	...	(*)

(*Beachte: *Ich hätte kommen können* statt *gekonnt* – vgl. dazu S. 248 *Partizip der Modalverben*)

Passiv

Wichtigster Passivtyp ist das Vorgangspassiv von transitiven Verben.

Vorgangspassiv: *werden* + Partizip II

Präsens	Das Fenster	wird	geschlossen.	
Präteritum	Das Fenster	wurde	geschlossen.	
Perfekt	Das Fenster	ist	geschlossen	worden. (*statt* geworden)
Plusquamperfekt	Das Fenster	war	geschlossen	worden. (*statt* geworden)

Die einzige Besonderheit bei der Bildung des Vorgangspassivs ist die Form *worden* statt *geworden*.

Zustandspassiv: *sein* + Partizip II

Präsens	Das Fenster	ist	geschlossen.	
Präteritum	Das Fenster	war	geschlossen.	
Perfekt	Das Fenster	ist	geschlossen	gewesen.
Plusquamperfekt	Das Fenster	war	geschlossen	gewesen.

Modalverb mit Passiv Infinitiv

Häufig verwendet werden auch die Konstruktionen mit Modalverb und einem Passiv Infinitiv. Hier ist wieder die besondere Form des Modalverb-Partizips zu beachten (vgl. dazu S. 248 *Partizip der Modalverben*).

Präsens	Das Fenster	muss	geschlossen werden.
Perfekt	Das Fenster	hat	geschlossen werden müssen. (*statt* gemusst)
Präteritum	Das Fenster	musste	geschlossen werden.
Plusquamperfekt	Das Fenster	hatte	geschlossen werden müssen. (*statt* gemusst)

Deklination

Nomen

Im Singular sieht man den deutschen Nomen meist nicht an, in welchem Fall sie stehen. Nur der Genitiv der Maskulina und der Neutra ist ausgezeichnet durch ein *-(e)s*, sonst ändert sich nirgendwo etwas gegenüber dem Nominativ.

Pluralformen müssen zu jedem Wort gelernt werden, sind dann aber für alle Fälle außer dem Dativ die gleichen. Und auch dieser Dativ Plural ist mit dem Nominativ Plural identisch, wenn dieser bereits auf *-n* endet: *die Frauen – den Frauen.* Andernfalls erhält er ein *-n: die Männer – den Männern;* nur bei Wörtern, die einen *s*-Plural bilden, hat er kein *-n*: *den Sofas, den Taxis ...*

	Mask.	Neutrum	Fem.	Plural
Nominativ	Mann	Kind	Frau	verschiedene Formen
Akkusativ	Mann	Kind	Frau	wie Nominativ Plural
Dativ	Mann	Kind	Frau	*-n (-s)*
Genitiv	Mannes	Kindes	Frau	wie Nominativ Plural

Nur maskuline Nomen fallen unter das folgende noch einfachere Deklinationsschema: immer *-n*, außer im Nominativ Singular. Die meisten dieser Nomen bezeichnen Lebewesen.

	Mask.	Neutrum	Fem.	Plural
Nominativ	Kollege	–	–	Kollegen
Akkusativ	Kollegen	–	–	Kollegen
Dativ	Kollegen	–	–	Kollegen
Genitiv	Kollegen	–	–	Kollegen

Einige weitere Beispiele: *der Mensch – den Menschen, der Nachbar – den Nachbarn, der Herr – den Herrn (im Plural: die Herren), der Kunde – den Kunden, der Affe – den Affen, der Psychologe – den Psychologen;* außerdem die (sehr zahlreichen) Nationalitätsbezeichnungen auf *-e*: *der Pole – den Polen, der Franzose – den Franzosen ...;* auch alle Wörter auf *-ant* und *-ent* gehören dazu: *der Demonstrant – den Demonstranten, der Präsident – den Präsidenten ...*

Personalpronomen

Die Formen der Personalpronomen werden oft als recht einprägsam empfunden. Ein Lernproblem stellen am ehesten die verschiedenen Funktionen von *sie* und *ihr* dar. – Die Genitivformen des Personalpronomens finden sehr selten Verwendung und sind deshalb eingeklammert; sie dürfen v. a. nicht mit Possessivpronomen verwechselt werden. Ein Beispiel:

Wir gedenken seiner (= des berühmten Mannes).

Nominativ	ich	du	er, sie, es	wir	ihr	sie/Sie
Akkusativ	mich	dich	ihn, sie, es	uns	euch	sie/Sie
Dativ	mir	dir	ihm, ihr, ihm	uns	euch	ihnen/Ihnen
(Genitiv	meiner	deiner	seiner, ihrer, seiner	euer	unser	ihrer/Ihrer)

Artikel und Pronomen

Die folgende Übersicht gibt das Endungs-Grundschema aller deklinierbaren Wörter außer den schon behandelten Nomen und Personalpronomen wieder. Zu diesen Wörtern zählen etwa:

der/die/das, dieser, welcher, jeder, ein, kein, mein ...

Nur auf die Adjektive ist unten noch gesondert einzugehen, aber auch deren Deklination steht in Beziehung zu dieser Tabelle. – Die Anordnung ist nicht *er-sie-es*-Plural, sondern *er-es-sie*-Plural. So werden Gemeinsamkeiten zwischen maskulinen und neutralen und zwischen femininen und Pluralformen besser sichtbar.

	Mask.	Neutrum	Fem.	Plural
Nominativ	**-r** *(ein)*	**-s** *(ein)*	**-e**	**-e**
Akkusativ	**-n**	**-s** *(ein)*	**-e**	**-e**
Dativ	**-m**	**-m**	**-r**	**-n**
Genitiv	**-s**	**-s**	**-r**	**-r**

Aufgeführt sind nur die Endungen der Wörter, genauer: nur der auslautende Konsonant oder Vokal. Daher lässt sich nicht in allen Fällen die volle Form des etwas unregelmäßig gebildeten bestimmten Artikels *der, die, das* ableiten. Dessen Formen sind:

	Mask.	Neutrum	Fem.	Plural
Nominativ	der	das	die	die
Akkusativ	den	das	die	die
Dativ	dem	dem	der	den
Genitiv	des	des	der	der

Das *-e* der femininen und der Pluralform wird natürlich nicht gesprochen, sondern erscheint nur in der Schreibung: *die* = [di:].

Als Beispiel für ein so dekliniertes Pronomen *dieser*:

	Mask.	Neutrum	Fem.	Plural
Nominativ	dieser	dieses	diese	diese
Akkusativ	diesen	dieses	diese	diese
Dativ	diesem	diesem	dieser	diesen
Genitiv	dieses	dieses	dieser	dieser

Auch der unbestimmte Artikel *ein* und die Verneinungsform *kein* sowie die Wörter *mein, dein, sein, ihr* ... nehmen die in der Haupttabelle aufgeführten Endungen. Allerdings ist hier eine wichtige Abweichung zu beachten. Diese Wörter haben im Nominativ von Maskulina und Neutra und im Akkusativ der Neutra gewissermaßen ihre Endungen abgeworfen. Der Nominativ der Maskulina beispielsweise ist daher *mein* und nicht *meiner*.

In der Haupttabelle sind die drei Fälle von Endungsverlust bei *ein* usw. blau hervorgehoben.

Wenn diese Wörter allerdings ohne folgendes Nomen verwendet werden, nehmen sie die Endungen wieder an:

Vor Nomen: Hier ist dein Stift.
Ohne Nomen: Nein, das ist deiner.

Adjektiv

	Mask.	Neutrum	Fem.	Plural
Nominativ	**-r** *e* (*ein großer*)	**-s** *e* (*ein großes*)	**-e** *e*	**-e** *n*
Akkusativ	**-n** *n*	**-s** *e* (*ein großes*)	**-e** *e*	**-e** *n*
Dativ	**-m** *n*	**-m** *n*	**-r** *n*	**-n** *n*
Genitiv	**-s** *n*	**-s** *n*	**-r** *n*	**-r** *n*

Die fett gedruckten Endungen an erster Stelle sind die der Tabelle *Artikel und Pronomen*, sie gelten also gewöhnlich für die dem Adjektiv vorausgehenden Wörter. An zweiter Stelle stehen dann die Endungen des Adjektivs. Als Beispiel der Nominativ der Maskulina:

der große, dieser große, welcher große, jeder große ...

Die drei blau gedruckten Felder bezeichnen wieder eine wichtige Abweichung. Hier haben ja *ein, mein* ... ihre Endungen verloren, die dann, gewissermaßen zur Kompensation, das Adjektiv erhält, wenn es diesen Wörtern folgt:

ein großer, mein großer, ein großes, mein großes ...

In allen anderen Fällen ergibt sich aber keine Abweichung.

Wenn dem Adjektiv kein Artikel o. dgl. vorausgeht, nimmt es selbst die unterstrichenen Endungen, z. B. im Dativ:

mit großer Freude, mit großem Engagement ...

Aber im Genitiv von Maskulina und Neutra behält es das *-n*:

im Sommer letzten Jahres

Wo? und *wohin?*

Aus dem umfangreichen Bestand der Präpositionen sind hier nur einige sehr häufig verwendete und besonders fehlerträchtige aufgeführt.

Die meisten Präpositionen haben immer den gleichen Kasus (entweder Akkusativ oder Dativ oder Genitiv). Nur die im Folgenden aufgeführten neun „Wechselpräpositionen" haben sowohl Akkusativ als auch Dativ, abhängig davon, ob sie auf die Frage *wo?* oder die Frage *wohin?* antworten.

	wo?	**wohin?**
	bei *(immer mit Dativ)*	**zu** *(immer mit Dativ)*
Person	bei Peter	zu Peter
	bei meinen Eltern	zu meinen Eltern
	beim Bäcker	zum Bäcker
Ort	(beim Bahnhof = in der Nähe)	zum Bahnhof, Kino ...
	in	**nach**
Länder, Städte	in Italien	nach Italien
	in Berlin	nach Berlin
	in, auf, an, vor, hinter, unter, über, zwischen, neben	
	(mit Dativ)	*(mit Akkusativ)*
Ort	im Wohnzimmer	ins Wohnzimmer
	in der Bäckerei	in die Bäckerei
	auf dem Tisch	auf den Tisch
	neben der Tür	neben die Tür
	an der Wand	an die Wand
(auch Länder mit Artikel)	in der Türkei	in die Türkei
	im Irak	in den Irak
Beachte:	**zu** Hause	**nach** Hause

Zeitangaben

Wichtige Präpositionen

um: um zwanzig Uhr

an: am Tag, an diesem Tag ...
am Vormittag, Nachmittag, Abend (aber: in der Nacht)
am Montag, Dienstag ...
am 16. Februar ...
an Weihnachten, Ostern, Pfingsten ...

in: in dieser Woche, in diesem Monat/Jahr ...
im Januar, Februar ...
im Frühling, Sommer, Herbst, Winter

Anmerkung: Das Jahr wird ohne Präposition angegeben. Ein häufiger Fehler:
(*)In 1973.

Nur im Wirtschaftsdeutsch verwendet man manchmal die Präposition *in* vor Jahreszahlen, ansonsten immer ohne:
Ich bin 1973 geboren. 1989 ist die Mauer gefallen.

Seit, vor, in (mit Dativ)

Im Unterschied zu den oben aufgeführten haben diese häufig verwendeten Präpositionen immer einen Bezug zur Sprechzeit. *Vor einem Jahr* heißt z. B.: ein Jahr vor dem Sprechzeitpunkt. Verwendungsbeispiele:

(Heute ist der erste August.)

Wann hat der Kurs angefangen? – Vor einem Monat.
= Der Kurs hat am ersten Juli angefangen.

Seit wann arbeitest du hier? – Seit einem Monat.
= Ich arbeite seit dem ersten Juli hier.

Wann fährst du in Urlaub? – In einem Monat.
= Am ersten September fahre ich in Urlaub.

Zeitangaben im Akkusativ (ohne Präpositionen)

Eigentlich recht einfach: ein nackter Akkusativ für einige sehr nützliche Zeitangaben. Trotzdem kommt es häufig zu Lerner-Fehlern. Zur Verwendung dieser Akkusative vgl. Kapitel *Zeitangaben*.

Wie lange bleibst du in Italien? – Einen Monat.
(= Mein Aufenthalt dauert insgesamt einen Monat.)

Wie lange bist du schon hier? – (Schon) einen Monat.
(= Ich bin vor einem Monat hierher gekommen.)

Wie lange bleibst du noch? – Noch einen Monat.
(= Ich gehe in einem Monat weg.)

Wie oft gehst du schwimmen? – Jeden Tag.
Jedes Wochenende.

Wann kommst du mich besuchen? – Nächsten Dienstag vielleicht.
Diesen Monat geht's leider nicht mehr.
Ich war doch letzten Sonntag bei dir!

Hauptsätze und Nebensätze

Sätze können auf unterschiedliche Weise miteinander verknüpft werden und die Verknüpfungsweise hat Konsequenzen für die Wortstellung. Zu beachten ist v. a. die Unterscheidung zwischen Verbindung durch:

- koordinierende Konjunktionen: *und, oder, aber, denn* stehen auf einer Null-Position zwischen zwei Hauptsätzen, auf sie folgen also Hauptsätze mit normaler Verbstellung.
- subordinierende Konjunktionen: *dass, weil, ob, wenn* und sehr viele andere Konjunktionen leiten Nebensätze mit Verb-Endstellung ein.

– Wörter wie *deshalb, somit, trotzdem* ... fungieren ähnlich wie Konjunktionen, stehen aber im Satz auf Position 1 oder manchmal auch Position 3 bei ansonsten normaler Wortstellung.

Zwei Hauptsätze (verknüpft durch *und, aber, oder, denn)*

Hauptsatz			+	Hauptsatz		
1	**2**	**...**	**(0)**	**1**	**2**	**...**
Jens	spielt	Gitarre	und	seine Freundin	spielt	Klavier.
Ich	fahre	mit dem Auto	oder	ich	nehme	den Zug.
Eva	trinkt	gerne Wein,	aber	ihr Freund	mag	keinen Alkohol.
Jens	ist	kräftig,	denn	er	trainiert	jeden Tag.

Die Konjunktionen *und, aber, oder, denn* stehen zwischen zwei normalen Hauptsätzen. Das Verb im Folgesatz wird somit wie immer auf die zweite Stelle platziert.

Hauptsatz + Nebensatz

Hauptsatz	+	Nebensatz	
			Ende
Jens ist kräftig,		weil er jeden Tag	trainiert.
Jens ist glücklich,		wenn er jeden Tag ins Fitnessstudio	gehen kann.
Jens ist schwach,		obwohl er jeden Tag	trainiert.
Jens weiß nicht,		ob er morgen Zeit zum Trainieren	hat.
Jens weiß nicht,		wie lange er morgen	trainieren kann.
Jens ist ein Mann,		der sehr viel	trainiert.

Weil, wenn, obwohl, ob und viele andere Konjunktionen (und ebenso die Relativpronomen wie im letzten Beispielsatz) leiten Nebensätze ein. In Nebensätzen steht das Verb am Ende.

Nebensätze können auch vor dem Hauptsatz stehen:

Nebensatz (= Position 1)	+	Hauptsatz	
		(2)	...
Weil er jeden Tag trainiert hat,		ist	Jens sehr stark geworden.
Wenn er ins Fitnessstudio gehen kann,		ist	Jens glücklich.
Wie lange er morgen trainieren kann,		weiß	Jens noch nicht.

Der ganze Nebensatz steht dann gewissermaßen auf Position 1 des Hauptsatzes.

Bestimmte Wörter können aber noch zwischen Nebensatz und Verb stehen:

Wenn er ins Fitnessstudio gehen kann, *dann* ist Jens glücklich.
Wie lange er morgen trainieren muss, *das* weiß Jens noch nicht.

Die simple Regel für den häufigen Fall des vorangestellten Nebensatzes (ohne eingeschobenes *dann* o. ä.) ist eine der nützlichsten für richtigen Satzbau:

Verb – Komma – Verb

Adverbien *deshalb, trotzdem ...*

Hauptsatz	+	Hauptsatz		
		1	**2**	**...**
Peter trainiert jeden Tag.		Deshalb	ist	er stark.
	oder	Er	ist	deshalb stark.
Peter trainiert nie.		Trotzdem	ist	er stark.
	oder	Er	ist	trotzdem stark.

Deshalb, trotzdem ... sind keine Konjunktionen, sondern normale Satzglieder (*Adverbien*) in normalen Hauptsätzen. Anders als Konjunktionen müssen sie nicht unbedingt am Satzanfang stehen.

Register

Die Wörter und Ausdrücke in diesem Register stellen keinen Grundwortschatz dar, auch das im Buch verwendete Vokabular ist nicht vollständig erfasst. Aufgenommen sind einerseits solche wichtigen Ausdrücke, bei deren Verwendung oft Fehler unterlaufen, und andererseits solche, die zwar nützlich und an sich problemlos zu handhaben sind, die aber von Lernern dennoch oft nicht ins eigene Vokabular übernommen werden. – Außer auf wichtigen Wortschatz wird auf Sachbegriffe (Grammatik, Aussprache, Lerntechnik) und auf Äußerungstypen wie „Aufforderung“ verwiesen; diese Einträge sind fett gesetzt.

A

abholen 78
Adjektiv 40, 161, 169, 175
Ahnung, die
  keine Ahnung haben 192
Akkusativ 99
als *(größer als)* 155
als *(als ich aufwachte)* 198
am liebsten 98
ander- 176
anders 176
anfangen 79
Angst, die 14, 183
  Angst haben vor 238
anmachen 77
annehmen 139
anziehen, sich 81
ärgern 179
Artikel 40
auf 109
auffordern 239
Aufforderungen **227**
aufhören 79
aufpassen auf 180
aufregen über, sich 180
aufstehen 128
aufwachen 78, 128
ausgehen 77
auskennen, sich 83, 233
ausmachen 77
ausschalten 77
Aussprache 25
aussteigen 77
ausziehen, sich 77

B

bedeuten 48
begegnen 182
behaupten 238
bei 109
  bei mir zu Hause 137
bekommen 71, 82
bemühen, sich 239
Beruf, der
  von Beruf 49
beschließen 238, 240
besorgen 89
bestehen aus 188
Bett, das
  ins Bett gehen 71, 80, 81
bevorzugen 157
bis 115
bitten 238
Bitten 227
bleiben 149
brauchen 65, 69, 82, 147

D

damit 193
dass 193
Dativobjekt 99, 100
Deklination 90, 99, 251
denen 211
denken 179
der, die, das 95
deren 211
dessen 211
deutsch 86
Deutscher, der 86, 177
  die Deutsche 86
dieser 90, 95, 141
  dieses Jahres 171
doch 57, 72, 131
drücken 188
dürfen 65, 69, 150

E

eigentlich 128
ein 94
eineinhalb 148
einschalten 77
einschlafen 127, 128
einsteigen 77
einverstanden 183
einziehen 77
empfehlen 227
entscheiden 240
entschuldigen 82, 83
Entschuldigung, die 82, 83
erfahren 238, 239
erinnern 179, 239
erledigen 89
erst 199
etwas
  etwas Gutes 172

F

fast 231
Femininum 84
Fernsehen, das 78
fernsehen 78
Fernseher, der 78
finden 100
  gut finden 201
freuen, sich 201
  freuen auf 179, 238
  freuen über 179
Frisur, die 94

G

geben
  es gibt 65, 82, 132
geblieben 126
geboren 98
gefallen 200, 201
Gefallen, der
  jmdm. einen Gefallen tun 140
Gegend, die
  in der Gegend 82
gehen
  Wie geht es? 23
Genitiv 100
genug 155
Genus 38, 84
gerade 53
gerne 22, 68, 225
  lieber 155, 157, 225
  am liebsten 155, 225
gespannt sein 239
gewesen 126
glauben 62
Glück, das
  zum Glück 61

H

Haar, das
  die Haare 94
halten für 134, 238, 240
halten von 238, 240
handeln
  sich handeln um 185
hängen 152
hätte gerne 225
Hauptsatz 189, 256
Haus, das
  nach Hause 115
  zu Hause 115
heiraten 183
heißen 48, 66
helfen 82, 101
her sein 132
hinten 135
hinter 109
hoffen 238
holen 73

I

ihnen 104
ihr 104, 106
immer noch 146
Imperativ 37, 72
in 144
  in zwei Jahren 144
  in *(lokal)* 109
interessieren 179, 239
Intonation 32
Irak, der 113

J

Jahr, das
  dieses Jahres 171
jeder 90
jemand 55

K

Käse, der 84
Kasus 38, 90, 99
kein 61, 145
kein mehr 95
kennen 154
Konjugation 51, 60, 245
Konjunktiv 217, 225, 249
können 65, 200
kümmern 179

L

Lage, die
  in der Lage sein 238
lange
  wie lange 147
Lautbildung 25
legen 152
Lehrmaterial 19
leiden können 200
leider 61
lernen 47
Lerntechnik 11
letzt- 141
  im Sommer letzten Jahres 254
lieben 101, 239
lieber 157
Lieblings- 158
liegen 152
liegen an 188, 239
Lust, die
  Lust haben 68, 230

M

manchmal 59
Maskulinum 84
mehr 145, 177
mehrere 177

Meinung, die
  meiner Meinung nach 133, 224, 238
  ich bin der Meinung 133, 238
mit 109
  bei *statt* mit 137
möchte 60, 70, 151
Modalverben 68, 69
mögen 70, 98, 101, 151
müssen 65, 69, 150

N

nachdenken über 180
nächst- 141
  nächsten Jahres 171
Nähe, die
  in der Nähe 82
Name, der 84
nämlich 172
neben
  bei *statt* neben 137
Nebensatz 41, 189, 256
neugierig sein 239
Neutrum 84
nicht 61
nicht mehr 145
nie 59
noch 142, 145
noch ein 131
noch nie 130, 146
Nomen 84
Numerus 84
nur 199

O

ob 191
oben 135
obwohl 193
oft 59
Ortsangabe 35

P

Partizip 34, 41
Passiv 234, 251
Perfekt 34
Personalform des Verbs 41
Präpositionen 109, 115, 135, 154
  Verben mit Präsitionen 179
Präteritum 34, 126, 149
Pronomen 90, 104

Q

Quatsch 138

R

raten 227
Ratschläge 227
Recht, das
  Recht haben 139
Relativsatz 202, 211
Richtungsangabe 35
Ruhe, die
  in Ruhe lassen 72

S

sagen
  Wie sagt man das? 66
schaffen
  es schaffen zu 238
schenken 101
schicken 101
schmecken 201
schon 142, 145, 147
schon mal 130
schon wieder 129
schreiben
  Wie schreibt man das? 66
Schweiz, die 113
sehen
  Das sehe ich auch so. 133
sein *(Pronomen)* 106

sein *(Verb)*
  gewesen 34, 126, 130, 136, 143
seit 144
selten 59
setzen 152
sitzen 152
so ... wie 155
so tun als ob 230
solche 94
sollen 70, 227
sonst 230
Sorge, die
  sich Sorgen machen um 183
Spaß, der
  etwas macht (mir) Spaß 68, 200
spazieren gehen 124
Spaziergang, der
  einen Spaziergang machen 124
sprechen 179
  Wie spricht man das? 66
stehen 119, 152
stellen 152
stimmen 59, 61, 139
streiten 179
studieren 47

T

telefonieren 179
Texte
  Arbeit mit Texten 89, 108
toll 200
träumen 179
treffen, sich 182
Türkei, die
  in die Türkei 113

U

überlegen 180
überzeugt sein 238
um ... zu 194
umsteigen 77
umziehen 77
umziehen, sich 77
unten 135
unterhalten, sich 179
unterwegs 136

V

verabreden, sich 179
Verben 33, 190
  Modalverben 68
  trennbare Verben 76
  Personalform 41
  Partizip I 41
  Partizip II 41, 122
  Passiv 234
  Infinitiv 41
  Verben mit Präpositionen 179
verboten 23
vereinbaren 239
Vereinigten Staaten, die 113
Vergleich 155, 230
verheiratet sein mit 183
verlangen 239
verliebt sein in 183
vermuten 62, 139
vermutlich 139
Vermutungen 249
Verneinung 61
versuchen 238
viel 59
Vokabeln 13, 46, 88
Vokale 26
Vokalwechsel 51
vor *(temporal)*
  vor zwei Jahren 144
vor *(lokal)* 109
Vorgangspassiv 234
vorhaben 80, 238
vorne 135

Vorschläge 230
vorschlagen 134
vorziehen 157

W

wahrscheinlich 139
wann 198
warten 179
was für ein 93
Wechselpräpositionen 117
weil 193
welcher 90, 93
wenig 59
wenn 198
werden 71
  worden 234
  würde gerne 225
  würden Sie bitte 227
Wert, der
  Wert legen auf 183, 239
wie lange 132, 142, 147
wie wäre es, wenn 230
wissen 155
wo 34, 254
Wochenende, das
  am Wochenende 49
wohin 34, 254
Wortstellung 41, 54, 256
Wünsche 225
wünschen 225
Wunschsatz, irrealer 226

Z

Zeitangaben 141, 255
zu 109, 115, 137
zuhören 71
Zustandspassiv 234
zutreffen 139
zwar
  und zwar 172